19세기 동아시아의 패러다임 변환과 다중거울

국립중앙도서관 출판시도서목록(CIP)

19세기 동아시아의 패러다임 변환과 다중거울/
강상규 지음.
--서울: 논형, 2012
　　p. ;　 cm

ISBN 978-89-6357-138-6 94150: ₩18000

한국 근대사[韓國近代史]

911.059-KDC5
951.902-DDC21　　　　　 CIP2012005911

19세기 동아시아의 패러다임 변환과 다중거울

강상규 지음

2013년도
대한민국학술원 선정
우수학술도서

이 도서는 교육부의 지원으로
대한민국학술원에서 선정한
"2013년도 우수학술도서"임.

논형

19세기 동아시아의 패러다임 변환과 다중거울

초판 1쇄 발행 2012년 12월 20일
초판 2쇄 발행 2013년 7월 30일

지은이 강상규
펴낸곳 논형
펴낸이 소재두
등록번호 제2003-000019호
등록일자 2003년 3월 5일
주소 서울시 관악구 성현동 7-77 한림토이프라자 6층
전화 02-887-3561
팩스 02-887-6690
ISBN 978-89-6357-138-6 94150
값 18,000원

과거와의 대화를 꿈꾸는 21세기 젊은 벗들에게

책을 펴내며

2001년의 9.11테러 사건과 2011년 3월 11일, 일본을 강타한 대지진과 쓰나미에 이은 대규모의 후쿠시마 원전 방사능 누출사태. 이 거대한 사건들은 세계에 실시간으로 생방송되었고, 인류가 어렵게 구축해온 문명의 바벨탑이 하루아침에 사라질 수도 있음을 보여주는 듯했다. 21세기의 시대적 흐름과 빈발하는 크고 작은 사건들을 마주하고 있노라면, 각국의 정치적 지도력과 위기관리능력, 인류문명과 지구의 미래에 대한 불안감과 우려를 떨치기 어렵다. 21세기, 우리는 지금 어디에 서 있으며 어디로 가고 있는 것일까? 아울러 우리는 21세기에 벌어지는 다양한 사태들을 어떠한 역사적 시야를 가지고 조망하며, 무엇을 어떻게 준비하여야 하는 것일까?

21세기의 도전을 직시하고 적절한 미래적 시야를 확보하기 위해, 필자는 과거로의 시간여행을 통해 19세기와 20세기 동아시아와 한반도의 경험을 나름대로 재검토하고 재음미하며 재구성해가고 있는 중이다. 왜냐하면 역사적 경험에는 현재의 상황을 다양하게 반추해 볼 수 있는 수많은 위기상황이 존재하고 있었으며 아울러 위기를 극복하려는 치열한 고민과 모색의 장면 또한 존재하고 있기 때문이다. 아울러 미래에 대한 의미 있는 탐구는 과거를 관통하는 역사의 움직임을 깊이 이해할 때 비로소 온전히 가능해질 수 있다는 소박한 믿음 때문이기도 하다. 이 과정에서 얻은 작은 성과를 2007년에 『19세기 동아시아의 패러다임 변환과 제국 일본』이라는 이름으로, 그리고 2008년에는 『19세기 동아시아의 패러다임 변환과 한반도』라는 서투른 책으로 펴낸 바 있다. 이 책들의 문제의식은 기본적으로 다음과 같은 것이었다.

19세기 동아시아의 상황은 흔히 전근대에서 근대로의 발전과정이라는 관점에서 일반적으로 이해되어왔다. 하지만 19세기 동아시아는 상이한 문명간의 충돌과 패러다임 변환이라는 보다 복합적이고 상호구성적인 틀 위에서 검토되어져야할 필요가 있다.

19세기 천하질서는 근대 국제질서라는 상이한 대외질서관념과 만나게 된다. 흔히 '서세동점'으로 표현되는 이 시기는 그동안 오래도록 지속되어오던 천하질서가 동아시아 지역에서 붕괴되고, 서구의 근대 국제질서로 재편되어가는 과정이었다. 동아시아 삼국은 이 과정에서 이른바 '예의 관념'에 기반한 천하질서로부터 '국가평등관념'에 근거한 근대 '국제' 질서로 동아시아 세계를 구성하는 패러다임의 변동을 겪어야 했다. 이것은 동아시아 국가 '간' 관계의 패러다임 변동이 천하질서하의 '조공 책봉관계'에서 근대국제질서의 수평적이고 독립적이며 그런 만큼 전체적으로는 '무정부적인 관계'로 전환하는 것을 의미한다. 이것은 중화문명권의 관점에서 보면, '문명 기준'이 완전히 '역전'되는 것을 의미하는 것이기도 했다.

동아시아 삼국은 19세기라는 문명사적 전환기의 상황에서 이른바 예의(禮義) 관념에 기반한 '중화적 세계질서'와 국가평등 관념에 근거한 '근대 국제질서'가 서로 얽혀 교착하는 양상을 보였다는 점에서는 동일한 경험을 공유하고 있었다. 하지만 동아시아 지역에 나타난 '서구의 충격'이란 실제로 동아시아 삼국이 처한 각각의 외압의 성격이나 강도, 타이밍의 차이, 지정학적 위치, 기존 정치질서의 안정성 등의 여부에 따라 그 충격의 객관적 여파 곧 '위기상황'의 내용이 다를 수밖에 없었다. 게다가 중화문명 내에서의 위상과 중화문명의 수용 혹은 체감의 양상, 국가내부의 구조와 전통, 그리고 하나의 국가 내부에서도 개개인의 정치적인 위상과 구체적 정황 등의 차이에 따라 주관적 '위기의식'의 성격에도 적지 않은 편차가 존재했다.

위기와 위기의식, 혹은 위기담론은 서로 긴밀히 연결되어 있음에도 불구하고 다른 차원의 논의라고 할 수 있다. 위기가 절대온도라고 하면, 위기의식은 체감온도에 가깝다. 위기상황에서 세계관과 사유방식, 관념이나 신념의 차이는, 현실적으로 무엇을 지킬 것이며 무엇을 양보할 것인가를 결정하는 데 매우 결정적인 영향을 미칠 수 있다.

그렇다면 한중일 삼국에서는 19세기라는 서세동점의 상황에서 어떠한 위기의식을 가졌던 것일까. 삼국에서 나타난 위기의식의 차이를 어떻게 유의미하게 읽을 수 있을 것인가. 한편 조선 위정자나 지식인들의 위기의식은 대체로 어떤 것이었을까. 위기의식 혹은 위기담론의 내용에 차이가 존재하고 있었다면, 그것을 어떻게 이해해야 하는가. 19세기를 전근대에서 근대로의 발전과정이라는 관점에서만이 아니라, 상이한 문명 간의 충돌과 패러다임 변환이라는 틀 위에서 검토한다면 기존의 해석과 어떻게 달라지는 것인가.

한-중-일, 동아시아 삼국은 일방적으로 위기의 상황에 의해 기계적으로 반응하는 단일한 존재가 아니라, 어떠한 역사적 상황에서 문화나 정체성과 같은 관념적인 요소의 영향을 받으며 자신의 선택에 의해 행동하는 존재들이었으며, 동아시아 삼국의 행위자들은 긴 시간 동안 역사적으로 그리고 간주관적으로 형성된 관념의 주체들이었다. 따라서 19세기 서세동점의 위기상황에서 어떠한 위기의식과 위기담론이 나타났는지를 입체적이고 중층적으로 이해하기 위해서는 중화문명 내에서 각국의 위상, 중화문명의 수용 혹은 체감의 양상, 국가내부의 정치구조와 문화적 전통, 그리고 국가 내부에서도 개개인의 정치적인 위상과 구체적인 정황의 차이 등을 면밀하게 고려해야만 한다.

이번에 새로 내놓는 『19세기 동아시아의 패러다임 변환과 다중거울』도 역시 이러한 문제의식과 이어져 있음은 두말할 나위가 없을 것이다. 하지만 부끄럽게도 아직도 여전히 안개 속을 헤매는 가운데 탐색한 내용을 정리한 조촐한 중간 보고서를 묶은 것이라고 할 수 있다. 본서의 대체적인 내용은 다음과 같다.

우선 1장에서는 우리가 스스로의 과거 그중에서도 조선사를 서술하고 기억하는 방식이 어떤 방식으로 이루어져왔는지를 검토한다. 여기서는 유럽에서 만들어진 근대적 지식체계가 동아시아와 조선을 어떤 시선으로 바라보았는지, 그리고 근대일본은 근대학문의 방식을 빌어 '객관적 사실'이라는 이름으로 조선의 모습을 어떻게 형상화하였는지를 살펴보았다. 그리고 그것들이 어떠한 연유로 지금까지 우리의 주변을 배회하고 있으며 이를 건강하게 극복하는 방법은 무엇인가를 제시해보았다. 역사를 보는 시각을 다루고 있다는 점에서 이 책의 서론에 해당하는 내용이라고 할 수 있을 것이다.

다음 2장에서는 조선개화파의 원조로 알려진 박규수라는 인물과 국왕 고종의 정치적 영향관계를 다루었다. 기존의 개화파 중심의 역사서술에서 박규수는 개화의 선구자로서 그와 개화파 간의 교류에 대해서는 주목받을 수 있었지만, 국왕을 가까이서 보좌하며 국왕의 선생으로 그가 갖는 정치사적 의미는 간과되어져 왔다. 따라서 여기서는 19세기라는 문명사적 전환기, 문명 표준이 뒤바뀌는 시대적 상황에서 박규수의 고뇌가 청년국왕으로 이어지는 경위를 탐색해 보았다.

3장에서는 19세기 후반이라는 격동의 시대에 나타난 수많은 논쟁 가운데 가장 격렬하면서도 집요하게 진행되었던 사건이지만 지금까지 전혀 주목받지 않았던 1884년 여름 의복제도의 개혁공방을 살펴보았다. 여기서는 의제개혁의 경위가 일본과 어떻게 연관되어 있는 무엇이며, 개혁의 주체는 누구인지, 그리고 이를 둘러싼 찬반논란이 어떻게 전개되었는지를 통해 이 사건이 이 시대를 이해하는데 왜 그토록 중요한 의미를 가진 사건인지를 현미경과 망원경을 번갈아 살펴가며 풀어보려고 했다.

이어지는 4장에서는 19세기 동아시아 패러다임 변환의 양상을 구체적으로 이해하기 위해, 우리에게 너무나 익숙한 '주권국가', '국제관계'와 현상이나 표현들이 동아시아 한자문명권에 등장하게 된 것이 언제 어떠한 과정을 거쳐 정착된 것인지를 탐구한다. 여기서는 유럽에서 'sovereignty' 및 'international'과 같은 개념이 등장하게 된 경위가 무엇인지, 그리고 이러한 새로운 개념이 19세기라는 서세동점의 시대에 한자문명권에 번역되어 들어와 동아시아 삼국에 전파, 수용되는 역사적 맥락과 의미에 대해 분석해보았다.

마지막으로 5장에서는 동아시아의 19세기와 20세기, 그리고 21세기가 어떻게 이어지는지를 거칠게나마 검토해보려고 했다. 이를 위해 우선 19세기 동아시아에서 어떠한 패러다임의 전환이 있었는지, 그리고 거대한 전환의 과정에서 다른 동아시아 국가들은 어떤 위기의식을 가지고 어떠한 대응을 했는지를 살펴보았다. 그리고 당시 동아시아 삼국의 각기 다른 선택이 이후 어떠한 다른 결말로 이어졌으며, 또한 어떻게 다르면서도 닮아있는지를 조망해보았다. 새로운 세기의 한반도는 어디로 가야하며, 동아시아와 한반도의 역사적 경험에서 무엇을 배워야할 것인지를 고민해보았다.

이 책이 나오기까지 일일이 거론할 수 없을 만큼 많은 분들의 학은을 입었다. 그중에서도 서울대학교 외교학과의 은사님들, 도쿄대학의 선생님들, 한국/동양정치사상사학회 회원들, 방송대 일본학과의 교수님들께 고개 숙여 감사드리고 싶다. 그리고 아내 한수영은 오늘도 변함없이 따뜻하고 섬세한 사랑으로 나를 지켜주는 지적 동반자이다. 아울러 방송대 학생들의 맑은 눈망울들은 어두운 밤을 지키는 별빛처럼 내 삶의 소중한 등대가 되어준다.

2012년

강상규

차례

일러두기

본서에 수록된 내용은 기존에 학술지에 발표한 글을 수정 보완한 것이다. 원 논문의 제목과 출처는 다음과 같다.

1장.「근대지식체계와 조선사 이미지」, 한국/동양정치사상사학회『동양정치사상사』9권 2호 (2010.9)

2장.「박규수와 고종의 정치적 관계 연구」, 한국/동양정치사상사학회『동양정치사상사』11권 1호(2012.3)

3장.「1884년 의제개혁에 대한 정치적 독해: 문명사적 전환기의 현실정치 공간과 한일관계 의 한 측면」, 서울대 국제문제연구소『세계정치』12권(2010.2)

4장.「동아시아 문명권에서 '주권'과 '국제'개념의 탄생:『만국공법』의 판본 비교와 번역」, 한 국중국학회『중국학보』62집(2010.12)

5장.「동아시아의 전환기 경험과 새로운 세기의 시대정신: 과거와 미래의 대화 」, 고려대학 교 한국학연구소『한국학연구』32집(2010.3)

1장 — 근대지식체계와 조선사 이미지

1장
근대지식체계와 조선사 이미지

 20세기에 진행된 한국의 민족주의 사학이나 내재적 발전론, 민중사학의 입장은 식민사학이나 '서구의 아시아에 대한 문명적 편견'에 대해서는 강렬한 거부감을 표명하면서도 조선의 정치를 '후진적'이라고 본다는 점에서는 거의 그대로 닮아 있다. 우리에게 상식으로 받아들여지고 있는 조선에 대한 이해는 어떻게 형성된 것일까? 저들은 우리를 어떻게 인식해 왔으며, 우리는 과거를 어떻게 '기억' 혹은 '망각'하고 있는 것일까?

 이 글은 우리의 과거 그중에서도 19세기 조선을 기억하는 방식의 계보를 '구조와 과정'이라는 관점에서 분석하는 것을 목표로 한다. 이를 위해 본 연구는 '근대인의 지식체계와 조선사 이미지의 형성', '동아시아 지역 차원의 수용과 굴절', '20세기 한반도의 경험과 굴절'이라는 세 개의 장으로 나누어 분석한다. 본 연구는 조선사를 서술하고 기억하는 방식의 논리적 '구조'를 이해하기 위하여 근대적 지식체계에 입각한 시공간에 대한 구획방식을 비판적으로 검토하였다. 그리고 근대적 지식체계에 입각한 조선사의 이미지가 역사적 '과정'에서 '객관적 사실 혹은 진실'이라는 이름으로 동아시아 지역, 나아가 한국인의 의식 속에 구체적으로 자리잡아가게 되는 경로 혹은 계보를 추적함으로써 조선에 대한 이미지가 만들어진 경위를 계보학적으로 이해하고자 했다.

1. 문제의식의 소재

21세기 벽두에 일본열도에 한류 붐이 일기 시작하자, 얼마 지나지 않아 이른바 '혐한류'현상이 마치 역풍처럼 불어 닥쳤다. 20세기 후반 '이념의 시대'가 할퀴고 간 자리에 나타난 이러한 현상의 저변에는 강렬한 민족주의적 기류가 흐르고 있지만, 거기에는 간과해서는 안 될 매우 전형화된 상징들이 반복적으로 나타나고 있다는 점에 주목할 필요가 있다. 혐한류의 언설에는 일본이 조선을 지배하는 행위가 필요할 뿐만 아니라 정당한 것이었다는 논리가 깔려 있으며, 19세기 후반 이래 다양한 방식으로 표출되어오던 식민지 조선에 대한 부정적인 고정관념들이 깔려 있다.[1] 21세기에 나타난 이러한 현상은 과거에 대한 기억 혹은 망각의 문제가 단순히 과거의 문제가 아니라 현재 나아가 미래로 이어지는 문제임을 보여주는 사례라고 할 수 있다.

그러면 이러한 조선에 대한 부정적인 이미지는 흔히 지적되는 것처럼, 단지 일본 제국주의의 식민사관의 결과이며 이에 대해 우리는 이미 극복한 것처럼 정리하고 넘어가면 되는 것일까?

예컨대 샤를 달레(Claude Charles Dallet, 1829~1878)의 『조선교회사』(1874년)의 경우를 살펴보기로 하자. 이 글은 조선이 일본과의 근대적인 방식의 조약관계를 맺기도 이전인 1874년에 이미 파리에서 출간되어, 이후 한

---

1) 山野車輪, 『嫌韓流』1, 2(東京: 晋遊舍, 2005, 2006) 참조.

국의 역사, 정치, 제도, 언어, 풍속 등에 걸친 서양인에 의한 최초의 체계적이고 본격적인 기념비적 저서로서, 지금까지도 가장 중요한 사료 중의 하나로 꼽히고 있는 자료이다. 여기에 등장하는 조선의 정치에 관한 다음과 같은 묘사는 조선사에 대한 부정적인 이해가 식민사관의 결과라고만 할 수 없는 보다 복잡한 문제임을 분명히 드러내주고 있다.

> 이른바 정치생활이며 진보며 혁명이라는 것은 조선에 존재하지 않는다. 백성은 아무 것도 아니며 아무 것에도 관여하지 않는다. 양반만이 권력을 쥐고 있고, 백성을 짜서 한껏 많은 돈을 빼내기 위해서만 백성을 상대한다. 양반은 자기네끼리 철천지원(徹天之冤)을 품고 서로 잡아먹으려는 여러 당파로 나누어져 있다. 그러나 이렇게 그들이 갈라진 원인이나 취지가 정치와 행정의 원리를 달리함에 있는 것은 전혀 아니다. 그들은 관직과 사무상의 권력을 다투고 있을 뿐이다. (조선 정치사는) 근 3세기 전부터 피비린내 나는 헛된 싸움의 따분한 이야기에 불과하다.[2]

이러한 내용을 접하게 되면, 후일 식민사관에 의해 왜곡 날조되었다는 이른바 정체사관이나 당파성론 등에 입각한 조선정치사 서술을 미리 솜씨 좋게 압축해 놓은 듯한 인상을 받게 된다. 그러면 샤를 달레의 이러한 논의를 어떻게 해석해야 하는 것일까?

예컨대 미국의 대중적 역사가로서 한국에도 번역되어 소개된 바 있는 수잔 와이스 바우어(Susan Wise Bauer)의 네 권으로 된 저작, 『세계역사 이야기(The Story of the World)』(Peace Hill Press, 2002~2005) 시리즈를 살펴보면 한반도에 관한 내용은 근대 시기를 다룬 제4권에 와서야 비로소 처음 등

---

2) Dallet, *Histoire de L'Englise de Corée*, p. 19; 일본어 번역판, 『朝鮮事情』(東京: 東洋文庫, 1979), p. 40.

장한다.[3] 그런데 거기에 등장하는 그 주요한 내용은 제국주의의 시대에 어리석은 군주 고종을 사이에 두고 명성황후와 대원군 간의 대립과 반목의 와중에서 조선이 일본에 의해 나라를 잃게 된다는 내용을 담고 있다. 여기에서 지적해두고 싶은 것은 서양과의 접촉 이전에 존재하던 한반도의 역사는 세계사적인 맥락에서 조명될만한 가치를 부여받지 못하고 있다는 것이며, 이러한 논의가 서양에 알려진 조선근대사의 이미지를 전형적으로 계승한 서술이라는 점, 그리고 이러한 조선근대사에 대한 부정적이면서도 압축적인 이미지는 조선사 나아가 한반도 역사 전체에 대한 부정적인 이미지로 이어질 소지가 크다는 점이다. 본 논문이 조선사 이미지 중에서도 특히 '19세기 조선정치'에 대한 이미지에 논의의 초점을 맞추려하는 것은 바로 이러한 이유 때문이다.

이와 관련하여 또 하나 지적해두고 싶은 사실은, 20세기 전개된 바 있는 한국의 민족주의 사학이나 내재적 발전론, 민중사학의 입장이, '식민사학'이나 '서구중심주의'에 대해서는 한결같이 강한 거부감을 표명하면서도 조선의 정치에 대해서는 거의 맹목적인 수준이라고 불러도 좋을 만큼 '정체된' 혹은 '후진적'이라는 관점에서 일관되게 바라보고 있다는 점이다. 그렇다면 도대체 우리에게 상식으로 받아들여지고 있는 조선, 그중에서도 특히 '19세기 조선정치'에 대한 이해는 도대체 어떻게 형성된 것일까? 그리고 우리는 우리를 어떻게 인식해 왔으며, 또한 자신의 과거를 어떻게 '기억' 혹은 '망각'하고 있는 것일까? '보편적'인 것이란 무엇이며, 어떤 '기준'에 의해 평가되어 왔던

---

3) Susan Wise Bauer, *The Story of the World: History for the Classical Child Vol. 4: The Modern Age-From Victoria's Empire to the End of the USSR* (Peace Hill Press, 2005), pp. 157-161; 최수민 역, 『세계 역사 이야기』 4. 현대편 상(꼬마이실, 2005).

것일까?

본 연구는 우리의 과거를 기억하는 방식의 계보를 '구조와 과정'이라는 관점에서 분석하는 것을 목표로 한다. 본 연구는 조선사를 서술하고 기억하는 방식의 논리적 '구조'를 이해하기 위해 근대적 지식체계에 입각한 시공간에 대한 구획방식을 비판적으로 검토한다. 그리고 이처럼 근대지식체계에 입각한 조선사상(朝鮮史像)이 역사적 '과정'에서 '객관적 사실 혹은 진실'이라는 이름으로 동아시아 지역, 나아가 한국인의 의식 속에 구체적으로 자리 잡아가게 되는 경로 혹은 계보를 추적함으로써 조선에 대한 이미지가 만들어진 경위를 계보학적으로 고찰해보고 이러한 역사에 대한 단선적인 이해방식을 극복하는 방안에 대해 생각해보려고 한다.

2. 서구의 근대적 시공간의식과 부정적인 조선사 이미지 형성의 경위

18세기 계몽주의 이후 서구의 근대사상은 진보(progress, Fortshritt)에 대한 보편화된 믿음을 가지고 있었다. 이러한 진보에 대한 보편화된 믿음은, 그것이 낙관적인 성향에 근거하든 혹은 비판적인 분석과 전망에 근거하든, 근대인으로 하여금 '역사의 발전단계'에 입각한 이른바 '세계사의 발전 법칙'을 일반적인 세계사의 이미지로 공유할 수 있게 해주었다. 이러한 역사관 진보관념에 입각한 세계사의 이미지가 근대를 살아가는 사람들이 '시간'의 축을 이해하는 방식이라고 한다면, 이른바 오리엔탈리즘은 서구의 '문명 기준(standard of civilization)'에 입각한 문명과 야만의 구별을 통해 세계에 대한 '공간'적인 구획을 가능하게 했다. 서력(西曆)을 기준으로 한 연호를 세계가 사용하는 것이나, 영국의 그리니치 천문대를 기준으로 경도(longitude)를 설정하여 지구의 동과 서를 공간적으로 구분하는 것은 이러한 서구식 기준들(criteria)이 근대의 보편적인 기준으로 정착하였음을 보여주는 하나의 극명한 사례라고 할 수 있을 것이다. 동아시아가 얼마 전까지 극동(極東, Far East)이라고 불린 것도 이러한 사정에서 연유한다.[4]

이와 같은 근대인의 상식은 대체로 '불편부당한 객관적 지식'이 존재할 수 있다는 '실증주의'에 대한 믿음에서 비롯된다. 실증주의를 요령 있게 요약 설명하고 있는 스티브 스미스의 견해를 빌면, 실증주의는 다음과 같은 네 개의 주요 가정에 근거하고 있다. 첫째, 실증주의는 과학의 통합성에 대한 믿음을 갖고 있다. 다시 말해서 동일한 방법론이 과학적 세계와 비과학적 세계에 공히 적용될 수 있다는 믿음이다. 둘째, 사실과 가치의 구별이 뚜렷하여 사실은 이론에서 중립적인 것으로 간주된다. 셋째, 사회 세계는 자연 세계와 마찬가지로 규칙성을 가지고 있으며, 이는 자연과학자들이 자연에서 규칙성을 찾는 것과 같은 방식을 통해 규명될 수 있다. 마지막으로 어떠한 진술의 진리 여부는 중립적인 사실들에 근거하여 결정될 수 있다는 것이다.[5]

이처럼 근대인의 상식이 되어 있는 지식체계에 근거하여 논의하자면, 우

---

4) '극동'이라는 용어에 대해 비판적으로 접근하는 인상적인 연구로서 김명섭, 「동아시아 냉전질서의 탄생」, 백영서 편저, 『동아시아 지역질서: 제국을 넘어 공동체로』(창작과 비평사, 2005)를 지적해둔다.

5) 실증주의에 대한 비판은 1980년대 말부터 활발하게 이루어지고 있다. 새로운 접근 방법들은 실증주의의 주요 가정이 갖고 있는 문제점들을 지적하면서 탈실증적이며 구성적인 대안들을 다양하게 모색해 들어가고 있는데, 그것은 요컨대 실증주의와 합리주의라는 이름으로 편견과 왜곡이 진행되고 있으며 인문 사회과학에서 불편부당한 객관적 지식이란 존재하기 어렵다는 것으로 요약해볼 수 있다. 이에 관해서는, 존 베일리스, 스티브 스미스 편저, 하영선 외 옮김, 『세계정치론』 2판(을유문화사, 2003), 제11장 '성찰주의와 구성주의', pp. 240-268 참조할 것.

리가 살아온 '근대'라는 시대는, 고대-중세-근대로 이어지는 필연적이고 보편적인 세계사의 발전과정의 어느 특정단계에서 나타나는 것으로서, 대개 내셔널리즘, 자본주의 혹은 산업화, 민주주의라는 세 개의 축을 중심으로, 이를 구성하는 유형, 무형의 지적, 문화적, 물리적, 제도적 요소 등을 합리적이면서도 배타적으로 배치하고 확대시켜 가는 과정이라고 이해할 수 있을 것이다.

19세기 동아시아 지역을 다룬 대부분의 연구들은, 이와 같은 세계사상(世界史像)과 근대에 관한 이해를 공유하면서, 동아시아 삼국에서 근대로의 이행과정이 어떻게 진행 혹은 지체되었는가를 이러한 서구적인 동시에 근대적인 '기준들'에 입각하여 규명해왔다. 그것은 요컨대 기존의 동아시아의 전통을, 전지구적 차원의 보편적인 문명으로서의 '근대'와는 극명하게 대비되는, 정체(停滯)의 산물이자 개혁되어야할 낡은 과거의 틀에 가두어 버린다. 따라서 이른바 '근대지식체계'라고 불리는 이러한 거대한 지적믿음과 학문적 체계에 의해 접근하게 되면, 19세기 동아시아에서 진행된 전환기 동아시아의 상(像, image)라고 하는 것은, '서구의 충격(western impact)' 이라는 계기가 주어졌을 때 동아시아 삼국이 어떻게 '반응(response)'했는가에 따라, 전통으로부터의 탈각과 근대적 성취에 성공 혹은 좌절하게 되는 결과를 낳는 극적인 과정이라고 할 수 있을 것이다.

이러한 시각에서 19세기 이후 동아시아 지역에서 진행된 '거대한 전환(great transformation)'의 과정을 다루게 되면서, 동아시아의 역사는 이른바 과학적이고 실증적이며 합리적인 잣대에 의해 '동양적 전제군주론(Oriental Despotism)'과 '정체(停滯)된 역사'로 특징지어졌다. 동양적 전제군주제에 관한 효시는 매우 뿌리가 깊은 것이어서 아리스토텔레스(Aristotle, B.C.

384~322)의 불후의 명저로 꼽히는 『정치학』에까지 그 기원이 올라가며, 가깝게는 18세기 계몽주의 사상가인 몽테스키외(Montesquieu, 1689~1755)의 고전인 『법의 정신』에 의해 체계화되어 나타나기도 하였다. 몽테스키외는 동양의 전제군주제가 법의 부재와 공포에 의한 통치를 특징으로 하는 정체된 성격을 지니며, 군주가 모든 재산을 소유하고, 군주의 의지만이 사회를 구속하는 원리가 된다고 하면서 이러한 근원이 동양의 기후와 지형에 기인한다고 정의한 바 있다.[6]

한편 헤겔(Hegel, G.W.F., 1770~1831)은 그의 저작인 『역사철학』에서 중국의 성격을 '비(非)역사적인 역사(an unhistorical history)'와 '지속의 제국(Ein Reich der Dauer, empire of duration)'이라는 시공간적 대립과 모순으로 추출해내고, 중국제국을 신정적 전제정(theocratic despotism)이라고 정의하였다.[7] 그리고 이는 랑케(Leopold von Ranke, 1795~1886)나 존 스튜어트 밀(John Stuart Mill, 1806~1873) 등에 의해 동양의 정체사회론으로 연결되었는가 하면, 마르크스(Marx, Karl, 1818~1883)의 '아시아적 생산양식' 이론이나 베버(Weber, Max, 1864~1920)의 '가산관료제' 논의가 만들어지는 배경이 되기도 했다. 베버의 제자인 비트포겔(Wittfogel, Karl August, 1896~1988)은 '수력(水力)사회(hydraulic society)' 논의를 통해 보다 본격적이고 체계화된 형태로 동양의 군주제를 비판하게 되는데, 여기서는 동양의 권력구조가 총체적인 무자비성을 특징으로 하는 것으로서, 폭정의 전형이라는 결론이 내려지기에 이른다.[8] 이러한 동양적 전제군주제와 정체됨을

---

6) Charles Montesquieu, *The Spirit of the Law*, Vol. 1 (Hafxer Publishing Company, 1949), pp. 57-62, 225, 269.

7) G. W. Friedrich Hegel, *Die Vernunft in der Geschichte*(Leipzig, 1930).

8) K. A. Wittfogel, 『オリエンタル・デスポティズム』(東京: 新評論, 1991).

특징으로 한 동아시아에 관한 여러 논의는 근대 시민사회가 지향했던 자유
와 진보라는 이상의 '반대 이미지(inverse images, 逆像)'의 필요성에서 비롯
된 것으로서, 이러한 인식은 진보에 관한 광범위한 확신과 근대 서구사회의
압도적인 힘을 배경으로 별다른 저항 없이 보편적인 사실로서 받아들여졌
다.[9] 그리고 이러한 부정적인 동아시아에 대한 이해방식은 역사적으로 서
구권이 비서구권을 포섭하는 과정에서 서구문명이 스스로를 '보편'으로 인
식해가는 혹은 인식시켜가는 작업과 병행해서 본격적으로 형성되기 시작되
었다고 해야 할 것이다.

　그러면 서구에서 조선에 대한 이미지는 어떻게 만들어졌을까? 기존연
구에 의하면, 조선에 대한 유럽인들의 기록이 처음 나타나는 것은 대체
로 임진왜란 이후인 17세기를 전후한 것으로 알려지고 있다.[10] 그중에서
도 일본에 와서 무역에 종사하고 있던 네덜란드인 쿠커바커르(Nicolaes
Couckebacker)가 1637년 본국에 보낸 〈조선 정세에 관한 설명, 기록서〉
와 〈조선 사절단에 관한 기록〉이 현존하는 자료 중 가장 오랜 것으로 알
려져 있으며,[11] 예수회 선교사인 마르티노 마르티니(Martino Martini,
1614~1661)의 1655년 저작인 『새 중국 전도(Novus Atlas Sinensis)』는 유

---

9) 이에 대해서는 다음과 같은 연구가 참고하기 좋다. Raymond
Dawson, The Chinese Chameleon: An Analysis of European
Conceptions of Chinese Civilization(Oxford Univ. Press, 1967);
Paul Cohen, Discovering History in China: American Historical
Writing on the Recent Chinese Past(New York: Columbia Univ.
Press, 1984); 坂元ひろこ, 「歐米の中國認識」, 子安宣邦, "近代知
と中國認識:「支那學」の成立をめぐって",『岩波講座:現代思想14
=近代・反近代』(岩波書店, 1994).

10) 박대헌, 『서양인이 본 조선: 조선관계 서양서지』 상(호산방,
1996), p. 50.

11) 지명숙, 왈라벤, 『보물섬은 어디에: 네덜란드 공문서를 통해
본 한국과의 교류사』(연세대학교 출판부, 2003), pp. 65-70.

럽에서 출간된 최초의 체계적인 조선 관련 보고서라고 할 수 있다. 그 후 더욱 본격적으로 조선에 대한 논의가 이루어진 것은 '네덜란드인 헨드릭 하멜(Hendrick Hamel, 1630~1692)이 조선에 표류하여 13여 년의 세월을 억류되어 지낸 기록'인 『하멜표류기』가 1668년에 출간되면서부터였다.[12] 유럽의 조선에 대한 초기적 담론이 당시 세계의 해상권을 주도하던 네덜란드인들이나 예수회 선교사들에 의해 이루어지고 있다는 것 자체가 매우 흥미로운 사실이라고 할 수 있다. 이후 이러한 저작들은 이후 유럽 문명과 극명하게 대비되는 야만의 세계를 표상하는 구체적인 사례를 제공하는 역할을 하게 된다.[13]

그러면 모두(冒頭)에서 언급한 바 있는 샤를 달레의 1874년 저술 『조선교회사(Histoire de L'Englise de Corée)』를 살펴보기로 하자. 달레가 지은 『조선교회사』는 16세기 말 이후 1871년에 이르기까지 조선에서의 천주교 전래사를 다룬 천 여 페이지에 걸친 대작이다. 이 책은 출간 이후 오늘날에 이르기까지도 이에 관한 가장 중요한 사료 중의 하나로 취급되어오고 있다. 달레는 이 책의 〈서론〉에서 독립된 형식으로 조선의 역사, 정치, 풍속 등을 15개 항목으로 나누어 소개한다. "정치생활이며 진보며 혁명이라는 것은 조선에 존재하지 않는다"고 언급한 달레는 그의 저술을 통해 조선의 왕권과 정치에 관해 다음과 같이 묘사하고 있다.

---

12) 헨드릭 하멜, 김태직 역, 『하멜표류기』(서해문집, 2003).

13) 마르티니와 하멜의 글에 대한 구체적인 내용분석과 비판으로는 이지은, 『왜곡된 한국 외로운 한국: 300년 동안 유럽이 본 한국』(책세상, 2006)을 참조할 수 있다. 한편 이러한 담론들이 18세기와 19세기 중반까지 확대 재생산되는 구체적 경위와 과정에 관해서는 이지은, 같은 책; 박천홍, 『악령이 출몰하던 조선의 바다: 서양과 조선의 만남』(현실문화, 2008)이 참고하기 좋다.

(가) 조선의 정치체제는 동양의 다른 모든 나라에서와 마찬가지로 절대왕정이다. 왕은 자기 나라에 있는 모든 것을 사용하고 남용하는 전권을 가지고 있다. 그는 인민, 사물, 기구에 대하여 무한의 권력을 향유하고 있다. 대신이나 왕족을 막론하고, 신하에 대하여 예외 없이 생살권을 가지고 있다. 그의 몸은 신성하고, 사람들은 상상할 수 있는 모든 존경을 다하여 그를 대하고, 모든 수확물의 만물을 엄숙 성대하게 그에게 바치고, 거의 신에 대한 것 같은 경의를 올린다.[14]

(나) 중국의 경서에 의하면 왕은 오직 공익에만 마음을 쓴다. 그는 법률이 엄수되는가를 감시하고, 모든 신민에게 공평하고, 대관들의 착취에 대하여 백성을 보호 한다 등등. 이 같은 왕은 조선에는 드물다. 대개의 경우 왕위에 오른 자는 게으름뱅이, 타락자, 방랑자, 조로자(早老者), 어리석은 자, 무능력자들이 많았다. 젊어서부터 왕위에 오른 이 불행한 임금들, 그들의 온갖 변덕은 숭배를 받고, 아무도 감히 충고 한 마디 못하며, 열두 서너 살 때부터 궁궐 속에서, 후궁 속에서, 우스꽝스런 예절에 파묻혀 있게 되니, 어찌 그렇지 않은 사람이 될 수 있겠는가! 뿐만 아니라 조선에서도, 비슷한 처지에 놓인 다른 나라에서와 마찬가지로, 왕을 정사에 관여치 못하게 하고 왕의 이름 하에 스스로 정권을 농간하기 위하여, 왕의 정욕을 이용하여 왕이 방탕에 빠져서 쇠락하도록 노력하는 야심가 대신들이 거의 끊이지 않는다.[15]

(다) 조선에서 왕궁이라고 불리는 곳은 좀 넉넉하게 사는 파리의 연금생활자라면 아무도 들어가 살려고 하지 않을 만한 보잘 것 없는 집이다. 이 궁궐은 여자와 환관들로 가득 차 있다. 왕비와 빈 이외에 궁녀라고 불리는 수많은 여자 종들이 있다. …이러한 궁전은 다 잘 짐작하듯이, 말할 수 없는 음탕과 범죄의 무대이며, 이 불행한 여자들은 임금의 정욕에 소용되고 그들의 거처는 온갖 추행의 소굴이 되어 있음은 널리 알려진 사실이다.[16]

---

14) Dallet, ibid., p. 24, 일본어판, p. 48.
15) Dallet, ibid., pp. 25-6, 일본어판, pp. 50-51.
16) Dallet, ibid., pp. 27-8, 일본어판, p. 53.

여기에 소개한 달레의 논의에 따르면 조선의 왕권은 헤겔에서 마르크스, 베버, 비트포겔 등에 이르는 동양적 전제군주제 논의의 구체적이면서도 전형적인 표상이라고 해야 할 것이다. 후일 실증사관이라는 이름으로 식민사학자들에 의해 더욱 치밀하게 논의된 전제군주론과 타율성론 등에 입각한 조선정치사 서술과 흡사하다고 할 수 있다. 그렇다면 조선에 들어온 적이 없는 달레가 어떻게 이런 책을 쓸 수 있었을까? 달레는 〈서론〉에서 "조선 역사에 관하여 어느 정도 정확한 지식을 모을 수 있었음은 주로 중국과 일본 책의 도움에 의한 것"이라고 밝히고 있다.[17] 이것은 결국 이 저작의 저술 의도가 조선인들이 어떤 가치를 추구하며 어떻게 정치생활을 영위하는지를 이해하려는 것이 아니라, 보편적인 문명으로서의 서구와는 반대되는 야만의 이미지를 조선의 정치문화와 지배체제를 통해 확인하고 이들을 교화시키는 것이야말로 문명인의 사명이자 권리라는 의식에서 비롯되었다고 생각된다.

한편 200여 페이지에 이르는 이 책의 〈서론〉은 당시 제정 러시아의 일본공사이자 당시 국제관계통이었던 에노모토 타케아키(榎本武揚, 1836~1908)에 의해 번역되어 1876년 도쿄에서 『조선사정(朝鮮事情)— 원명 고려사략(原名高麗史略)』이라는 이름으로 간행되었다. 가지무라 히데키(梶村秀樹)는 후일 이 책의 일본어판 해제에서 '은둔의 나라'라는 조선의 이미지가 만들어진 것이 실질적으로 이 책에서부터 비롯된 것이라는 견해를 표명한 바 있다.[18]

---

17) Dallet, 丁卋洙 역, 『조선교회사서론』(탐구당, 1992), p. 32.

18) Dallet의 일본어 번역판인 『朝鮮事情』(東京: 東洋文庫, 1979), p. 346에 실려 있는 카지무라 히데키의 해제; 강상규, 『19세기 동아시아의 패러다임 변환과 한반도』(논형, 2008), p. 105에서 재인용.

실제로 '은둔의 나라'라는 조선의 소극적이고 수동적인 이미지가 만들어지는데 또 하나의 주요한 역할을 담당했다고 평가할 수 있는 그리피스(William Elliot Griffis, 1843~1928)는 1882년 뉴욕에서 출간한 문제의 저작,『은둔의 왕국 조선(Corea, The Hermit Nation)』의 서문에서 자신의 저서가 샤를 달레의 저작으로부터 절대적인 도움을 받았다고 밝힌 바 있다. 달레의 저작이 갖는 영향력은 후일 인도 총독과 옥스퍼드 대학총장 등을 역임한 조지 커즌(George N. Curzon, 1859~1925)이 두 차례 동아시아 삼국을 여행하고 1894년 영국에서 발간한 저작『Problems of the Far East』(Westminster: Archibald Constable and Co., 1894)등에서도 수차례 확인해 볼 수 있다.[19]

달레와 그리피스의 두 저작은 출간 이후 비교인류학의 기념비적 저서로 알려진 프레이져(Frazer, J.G., 1854~1941)의『황금가지(The Golden Bough, A Study in Magic and Religion)』(1890년판) 등에 '문명'에 대비되는 '야만'의 사례로서 반복적으로 인용되었는가 하면, 당시의『브리태니커 백과사전』에도 수록되는 등 광범위한 인기를 끌게 된다. 따라서 조선에서 살아가는 정체된 '저들'은 문명화된 존재들에 의해 대표되어야만 하는 타율적인 존재로 규정되어지게 되는 것이다. 이러한 담론들이 문명국의 식민 지배를 통한 문명화의 필요성이 등장하는 논거가 된다는 것은 더 이상 부언을 요하지 않을 것이다.

---

19) 조지 커즌, 나종일 역,『100년 전의 여행 100년 후의 교훈』(비봉출판사, 1996), p. 114.

3. 동아시아 지역의 부정적인 조선사 이미지 수용과 굴절

일본은 19세기 중엽 이후 제국주의와 진보된 문명국이라는 모습으로 다가온 서구의 물리적, 지적 외압으로부터 빚어진 자기정체성의 상실위기를 극복하려고 노력하고 있었다. 스테판 다나카가 지적하는 것처럼, 일본의 지식인들은 '서양(西洋)'과 이에 대비되는 '동양(東洋)'이라는 이분법적 문명개념 안에서 자신들의 근대적 정체성(modern identity)을 창출해나가면서 외부 세계와의 새로운 관계를 설정해가고자 했다.[20] 메이지 일본의 사상적 지도자로 알려진 후쿠자와 유키치(福澤諭吉, 1835~1901)가 『문명론의 개략』(1875)에서 다름 아닌 '서양문명을 일본의 목표로 삼는 것(西洋の文明を目的とする事)'이라고 분명히 명시하면서, 거대한 전환기 일본의 비전을 제시하려 했던 것도 이러한 맥락에서 이루어진 것이라고 할 수 있다. 후쿠자와는 이 책에서 서양 문명을 새로운 문명 기준으로 간주하고 이에 대해 정체(停滯), 허학(虛學), 혹닉(惑溺), 시기, 질투, 수동적 태도, 전제정치와 같은 요소들을 문명의 반대 이미지, 즉 야만의 속성이자 지나(支那=중국)와 조선 등을

---

20) 스테판 다나카에 의하면 '동양'이라는 개념은 서구세력에 대한 동등한 의미부여를 위해 '서양'이라는 개념과 함께 새로운 의미로 창안된 19세기 일본적 개념이었다. 하지만 야마무로 신이치(山室信一)의 지적에서도 드러나듯이, 우리가 현재 사용하는 의미의 동양·서양이라는 명칭은 18세기 초에 이미 아라이 하쿠세키(新井白石, 1657~1725)의 『서양기문(西洋紀聞)』에서부터 일본에서 사용되고 있었던 것으로 여겨진다. 그러나 이러한 '동양'이라는 개념을 일본이 19세기에 창안하였는지의 여부와 관계없이, 문명의 두 축의 하나라는 의미에서 일본이 적극적으로 수용하면서 활용하였다는 사실은 여전히 매우 중요한 의미를 갖는다. Stefan Tanaka, *Japan's Orient: Rendering Pasts into History*(University of California Press, 1993), 박영재, 함동주 역, 『일본 동양학의 구조』(문학과 지성사, 2004); 山室信一, 「アジア認識の基軸」, 『近代日本のアジア認識』(綠蔭書房, 1996).

표상하는 특징이라고 지적하였다.[21]

　이후 일본이 사회진화론적 세계관에 입각하여 문명개화, 부국강병이라는 '시대정신(Zeitgeist)'에 몰입하는 과정에서 수행하게 되는, 조선에 대한 일련의 폭력적 개입이나 청일전쟁이나 러일전쟁과 같은 구체적 사건들은, 인식론적 측면에서 '진보와 정체(progress & stagnancy)'라는 하나의 단선적 프리즘을 통해서 본 '멸시와 극복의 대상'으로서의 '동양'에 대한 역사(=동양사)를 랑케식의 실증주의(positivism)라는 이름으로 구축(構築)해가는 과정과 내적으로 긴밀히 연결되어 진행되어 나갔다. 이러한 일련의 과정 속에서 중국과 한국은 일본식의 역(逆) 오리엔탈리즘의 대상인 문화적 '타자(他者, the other)'로 자리매김 되어간다. 이러한 상황은 환언하자면, 일본은 일본형 오리엔탈리즘과 '동양사' 구축과정을 통해 '서양'과 비견할만한 '동양'의 대등성(Equivalence)을 논의하는 동시에 멸시와 혐오의 대상으로서 '조선'과 '지나(支那)'를 역사적으로 논증하고, 차별의 논리를 이끌어내는 지식으로서 '동양사'와의 비교라는 방식을 통해 이른바 '진취적인' 일본사를 탄생시켰다고 할 수 있다.[22]

　하지만 주지하는 바와 같이 일본은 청일전쟁 이후 유럽에 등장하여 러일전쟁으로 구체화되기 시작한 황화론(黃禍論)을 비롯하여, 이후 서구 사회로부터의 편견과 견제에 직면하게 되면서 점차 '서양' 전체를 대상화하여 극복하지 않으면 안 될 장애로 인식하게 된다. 일본제국의 이데올로그들은 패전에 이르기까지 획일화된 존재로서의 서양(monolithic west)을 그려가는 반

---

21) 福澤諭吉, 『文明論之槪略』(1875).

22) 일본형 오리엔탈리즘의 형성 및 근대 일본의 동양사 구축 과정에 대해서는 다음과 같은 연구를 참조할 수 있다. Stefan Tanaka, ibid.; 姜尙中, 『オリエンタリズムの彼方へ・近代文化批判』(岩波書店, 1995) 4章〈「東洋」の發見とオリエンタリズム〉.

면, '관대하고 포괄적이며 창조적인 존재'로서의 일본을 동서양의 '예외적인 존재'로서 차별적으로 부각시키는 노력을 꾸준히 진행시켜가게 된다.[23] 일본 제국이 이른바 실증사학의 방법론에 입각하여 추진한 '조선사편수회'의 역사 만들기 작업이 '동양적 전제군주론'과 '정체사관'(쇄국과 은둔의 왕국으로서 조선), '타율성론'(사대주의와 당쟁사관) 등을 중심축으로 하여 조선의 '중세결핍론'으로 이어지고, 이를 통해 고대사회의 수준에 머물러 있는 저들 조선은 진취적이고 문명화된 일본에 의해 대표되고 지도되지 않으면 안 되는 타율적인 존재로 설정되었던 것은 이러한 근대적인 지식체계 및 지적 계보와 맞닿아 있으면서 뒤틀려 진행된 것이었다. 조선 혹은 조선인에게 서양이 아닌 일본의 식민 지배를 통한 문명화의 사명이 필요한 이유 역시 여기서 분명한 근거를 가질 수 있게 된다.

주지하는 바와 같이, 다보하시 키요시(田保橋潔)의 『근대 일선관계의 연구』(1940)는 조선의 개항에서부터 청일전쟁에 이르는 시기를 2천 여 페이지에 걸쳐 근대적인 실증주의적 방식으로 본격적으로 다루었다고 평가받고 있는 대표적인 연구서라고 할 수 있다. 다보하시는 이 책의 본문 첫 페이지에서 다음과 같이 말하고 있다.

조선인이 흔히 세도정치(世道政治)라고 말하는, 다름 아닌 척족(戚族)정치에 관한 연구는 근대 조선의 정치 사회를 이해하는데 있어서 그야말로 각별히 중요

---

23) 이에 관해서는 Najita T. and Harootunian, H., "Japanese Revolt against the West: Political and Cultural Criticism in the Twentieth Century," in Peter Duus (ed.), The Cambridge History of Japan, Vol. 6: The Twentieth Century(Cambridge: Cambridge University Press, 1988); 강상규, 「제국 일본의 자기정체성 모색과 국체론의 전개」, 『19세기 동아시아의 패러다임 변환과 제국 일본』(논형, 2007)을 참조.

한 의의를 갖는다. 본장(=본 저서의 제1장)은 척족 세도정치의 기원과 발달을 서술하고, 고종대에 있어서 **국왕의 생부(生父)인 흥선대원군 이하응과 명성왕후 민씨를 중심으로 하는 척족 여흥민씨(驪興閔氏)와의 대립**을 다루려고 한다.[24](강조는 필자)

즉 다보하시는 척족정치의 연장선상에서 대원군과 여흥민씨의 대립을 다루면서 이것이야말로 근대 조선의 정치를 이해하는 핵심이라고 지적하면서 논의를 시작하고 있다. 이러한 시대인식과 서술방식은 모두에 언급한 바 있는 수잔 와이스 바우어의 책, 『세계의 역사』에 등장하는 조선정치의 이미지와 거의 흡사한 것이다. '동양적 전제주의론'과 '정체(停滯)사회론'을 주요한 두 개의 축으로 하고 있던 19세기 서구의 아시아인식, 그리고 근대일본의 실증적 근대사학에 의해 형성된 조선 정치에 대한 타율적이고 정체된 이미지, 끊임없는 정쟁(政爭)의 이미지는 이렇게 내밀히 연결되어있다. 이처럼 근대일본의 실증적 근대사학에 의해 형성된 조선 정치에 대한 끊임없는 정쟁의 이미지 속에서 19세기라는 전환기적 상황에서 조선의 군주 고종은 자연스럽게 이러한 무능하고 타락한 조선정치를 표상하는 '무능한 전제군주'로 묘사되지 않으면 안 되었으며, 조선정치는 왕실의 두 인물 곧 명성왕후와 대원군의 각축으로 압축되는 칠흑같이 어두운 타락한 정치공간으로 이해되게 되었던 것이다.

동아시아 정치사상사 저작 중에서 가장 비중 있는 저작 중의 하나로 평가받는 마루야마 마사오(丸山眞男, 1914~1996)의 『일본정치사상사연구』(1952)가 처음 시작에서부터 앞서 소개한 바 있는 중국역사의 정체성에 관

---

24) 田保橋潔, 『近代日鮮關係の硏究』 2卷(조선총독부, 1940), p. 1.

한 헤겔의 논의를 인용하면서 전개되는 것은,[25] 이른바 근대적 사유체계와 부정적인 동양(혹은 동양사)에 대한 이해의 상관관계가 전후에도 여전히 계승되고 있음을 명료하면서도 전형적으로 보여주는 사례라고 할 수 있을 것이다. 왜냐하면 헤겔의 이러한 지적을 그대로 수용하게 되면, 15세기를 전후하여 성립한 왕조국가 중에서 세계사적으로 가장 오랜 기간에 걸쳐 지속되었던 국가인 조선은 헤겔의 표현대로 '지속의 제국(Ein Reich der Dauer)'에 다름 아니며, 조선의 역사는 발전의 속성을 거스르고 역주행한 '비역사적인 역사'를 입증하는 사례에 불과한 것이 되기 때문이다.[26]

'그러면 도대체 저토록 타락한 조선 왕조의 왕권과 조선의 정치가 어떻게 5백 년이라는 장구한 세월에 걸쳐 지속될 수 있었던 것일까?' 근대적 실증사학의 이름으로 전개된 식민사학이 스스로의 논의를 설득력 있는 것이 되도록 만들기 위해서는 어떤 식으로든 이 질문에 답해야 했다. 식민사관에서 사대주의 등에 입각한 타율성론과 정체사관 등을 통해 조선의 '주체성의 결여'와 아울러 '한반도의 시간이 정지'해 있다고 논의한 것은 이러한 논리적 맥락과 맞물려 있다.[27] 구미에서의 조선 시대사 연구의 하나의 전환점을 이룩했다고 생각되는 에드워드 와그너(Edward W. Wagner, 1924~2001)와 제임스 팔레(James Bernard Palais, 1934~2006) 등의 일련의 연구가 다시 이 질문으

---

25) 丸山眞男, 『日本政治思想史研究』(東京: 東京大學, 1952), pp. 3-7, 김석근 역, 『日本政治思想史研究』(통나무, 1995), pp. 105-108.

26) G. W. Friedrich Hegel, 앞의 책, pp. 234-237.

27) 근대적 실증사학이라는 이름으로 진행된 일본의 식민사학에 의해 만들어진 조선 근대사의 이미지를 다룬 연구로는 다음과 같은 것들이 있다. 旗田 巍, 『日本人の朝鮮觀』(東京: 勁草書房, 1969, 1983); 趙東杰, 「植民史學의 成立過程과 近代史 敍述」, 『歷史教育論集』13 · 14號(1990); Peter Duus, 「朝鮮觀の形成: 明治期の支配イメージ」, ピーター · ドウス/小林英夫 編, 『帝國という幻想』(東京: 青木書店, 1998).

로부터 시작하는 것은 우연한 일이 아니었다.[28]

4. 20세기 한반도 내부의 경험과 부정적인 조선사 이미지의 수용

20세기 조선은 주지하는 바와 같이, 19세기 이후 서세동점이라는 거대한 전환기적 상황에 대해 적절하게 대응하지 못하였고 그 결과 망국과 식민지의 어둡고 긴 터널 속으로 빠져 들어가게 된다. 따라서 제국주의 시대 부국강병의 광풍에 가위눌린 한국인들에게 힘에 대한 숭배와 우승열패적 세계관은 그만큼 절실한 호소력을 갖는 것일 수밖에 없었고, 이는 '자기 전통에 대한 부정과 멸시'의 자세로 나타날 소지를 처음부터 안고 있었다. 예컨대 윤치호 (1865~1945)가 미국 유학 시절(1888년 11월~1893년 10월)에 남긴 일기를 통해 좌절한 조선 지식인에게 '철저한 자기부정'과 '힘의 논리에 대한 강한 긍정'의 의식이 어떻게 나타나고 있는지를 구체적으로 살펴보기로 하자.

(가) 하나의 민족이 스스로 통치할 능력이 없을 때, 독립할 수 있을 때까지 더 개

---

28) Edward W. Wagner, *The Literati Purges: Case Studies in the Factionalism of the Early Yi Dynasty*(Ph. D. Thesis, Harvard University, 1959); "The Ladder of Success in Yi Dynasty Korea," in *Occasional Papers on Korea*, Vol. 1(Seattle: Univ. of Washington, 1974); *The Literati Purges: Political Conflict in Early Yi Korea*(Cambridge, Mass: Harvard Univ. Press, 1974); James Palais, "Stability in Yi Dynasty Korea: Equilibrium Systems and Marginal Adjustment," in *Occasional Papers on Korea*, Vol. 3(1975, June); *Politics and Policy in Traditional Korea*(Cambridge, Mass.: Harvard Univ. Press, 1975); "Political Leadership in the Yi Dynasty," in Suh and Lee, *Political Leadership in Korea*(Seattle: University of Washington Press, 1976); "Political Participation in Traditional Korea," in *Journal of Korean Studies*, Vol. 1(1979).

화되고 더 강한 인민에게 통치 받고, 보호받으며 가르침을 받는 것이 더 좋다.[29]

(나) 나는 조선 독립문제에 관심이 없습니다. 현재와 같은 정부를 두고는 독립해도 민족에게 아무런 희망을 주지 못할 것입니다. 반대로 애족적이고 인민의 복지에 호의적인 관심을 가진 더 나은 정부를 가지면 다른 나라에 종속되었다하더라도 실제로는 재앙이 아닙니다.[30]

(다) 실제로 이 세계를 지배하는 원리는 정의가 아니고 사실상 힘이다. 힘이 정의라는 것이 이 세상의 유일한 신이다.[31]

(라) 인종전체의 궁극적인 향상이 하나님의 섭리가 지향하는 목표이다. 강한 인종이 약한 인종을 자치할 수 있도록 교육하는 가운데 범한 모든 어리석은 행위와 범죄는 인간의 본성을 고려하면 이러한 큰일을 하는데 불가피한 필요악으로 보아야 한다.[32]

(마) 적자생존(適者生存)의 원리는 같은 인종이나 민족의 구성원들 사이에 결코 유효할 수가 없다. 그러나 다른 인종이나 민족 사이에서는 이 원리가 확실히 진리이다. 민족에게 약함보다 더 큰 범죄는 없다. 민족 사이에는 힘이 정의이다.[33]

한국인들이 나라를 잃은 후 근대 민족주의 사학의 선구적 존재인 신채호(1880~1936)나 박은식(1859~1925) 등은 유교를 망국(亡國)의 주범으로 지목했다.[34] '예의지방(禮義之邦)'을 지향하던 의식은 '사대(事大)주의'로 이해

---

29) 『윤치호 일기』 1889년 12월 24일.
30) 『윤치호 일기』 1889년 12월 28일.
31) 『윤치호 일기』 1890년 2월 14일.
32) 『윤치호 일기』 1891년 5월 12일.
33) 『윤치호 일기』 1891년 11월 27일.
34) 신채호, 「朝鮮歷史上一千年來第一大事件」(1925); 박은식, 『몽배 김태조(夢拜金太祖)』(1911).

되거나 '노예적 사상'으로 간주되었고, 이른바 '문약(文弱)'은 개혁되어야할 낡은 전통으로 자리매김 되었다.

한국인에게 국권의 상실과 식민지의 체험은 거시적인 민족국가의 맥락에서 보면 주체의 상실을 의미한다고 해야 할 것이다. 식민지 상황 하에서 한국인에게 조선은 불식되어야할 부정적인 대상이었고 일본은 모방하고 지향해야만 될 대상이 되었다. 이러한 상황에서 한국인들에게 스스로를 일본에 동일화시키려는 의식적인 노력이 내면화되는 것은 어느 정도 불가피한 현상이 아닐 수 없었다. 동일한 문명 내부의 역전 현상으로 말미암아 한국인은 내면에서 제국 일본이라는 타자에게 가위눌림을 당하면서 타자를 두려워하고 미워하면서 한편으로는 타자의 힘을 동경하는 정신적 공황 상태를 맛보게 되었던 것이다.

해방 이후 뒤늦게 근대 국제질서에 편입되어 서양의 근대문명을 따라잡지 않으면 안 되는 절박한 시대적 상황 하에 놓인 한반도는 서양의 문명 기준을 철저히 수용하고 이를 공고화해 가게 된다. 여기서 특히 주목해야 할 사실은 해방 이후 냉전이 진행되는 가운데 이루어진 근대화, 산업화, 서구화의 추진과정을 통해 서구 문명의 보편성에 대한 믿음이 우리 몸 속으로 체화되어 들어오면서 이른바 '우리 안의 오리엔탈리즘'으로 정착되어지게 되었다는 점이다. 이에 따라 힘에 대한 선망과 공포 사이에서 '우승열패의 세계관과 자기 전통에 대한 부정'으로 나아간 윤치호의 슬픈 독백은 '일제강점기'와 '분단시대'를 거치면서 한국인들이 압축적으로 근대를 살아오는 동안 유령처럼 한반도를 배회하게 되었던 것으로 생각된다.[35]

---

35) 강상규, 『19세기 동아시아의 패러다임 변환과 한반도』(논형, 2008), pp. 53-55에서 재인용.

이러한 상황은 비서구권의 복합적인 근대의 궤적을 반영하고 있는 것으로서 부정적인 시각으로만 바라보기 어려운 문제이다. 또한 그 자체가 한반도의 20세기 사상사를 구성한다고 할 수 있다. 하지만 이런 사유방식이 진행되면 될수록 선진 대 후진, 우등 대 열등, 발전 대 정체 혹은 보는 쪽=대표하는 쪽= 보호하는 쪽과 보이는 쪽= 대표되어져야하는 쪽=보호받는 쪽이라는 단선적이고 이분법적 인식태도에서 벗어나는 것은 어려울 수밖에 없다.[36]

한반도가 압축적으로 근대를 수용하는 동안, 정체사관, 타율성사관 등으로 대표되는 식민사관의 극복을 위해 치열하게 전개된 한국 역사학의 성과는 60년대 이후 민족주의 사관, 내재적 발전사관 등의 흐름 속에서 가시화되어 나타나기 시작했다. 조선의 정치세력을 다루는 연구들은 자연스럽게 내셔널리즘의 관점에서 당시의 정치적 가능성과 한계를 지적하는 경향으로 전개되어나가게 된다. 그리고 이렇게 정착되어간 민족주의 사관은 해방 후 '분단시대'를 사는 남북한 역사가들에게 지금까지 해결하지 못한 분단극복, 근대민족국가의 수립이라는 역사적 과제를 제기한다는 점에서 여전히 조선근대사를 이해하는 기본적인 연구시각이 되고 있다.[37] 아울러 사회경제사적 측면에서 진행된 자본주의 맹아론을 비롯한 내재적 발전사관은 개혁의 주체 논쟁 등으로 다양하게 전개되었다.

이러한 과정을 통해 조선근대사연구는 식민사관의 틀 위에 만들어진 정체사관의 상징이 된 왕조사적인 사관을 지양하고 '포섭대상'으로서의 수동

---

36) 姜尙中, 앞의 책, 3章 〈日本の植民政策學とオリエンタリズム〉.

37) '분단시대'라는 용어는 70년대에 분단체제를 극복하는 데 이바지하는 역사학의 역할을 제창한 강만길에 의해 처음 사용되었다. 강만길, 『분단시대의 역사인식』(창작과 비평사, 1978).

적 의미만을 지니던 민중이 역사의 주체로서 자리 매김 될 근거를 마련하였으며, 또한 국내 사회경제구조의 변화에 주목함으로써, 조선 근대사에 대한 논의의 폭을 확장시켜 그 차원을 질적으로 끌어올렸을 뿐만 아니라, 남북한의 관료적 권위주의 정부에 대한 강력한 비판적 시각을 제공해주었다. 하지만 이렇게 형성되어온 조선근대사의 이미지는 결국 닫힌사회[鎖國]에서 열린사회[開國]로의 이행과정으로 규정되어지고 말았으며, 역사 속에서 다루어지는 정치적 내용은 대개 지배계급 대 민중세력 혹은 개화파 대 수구파의 각축이라는 비교적 단순화된 틀 내에서 이해되는 경향을 보이고 있음도 간과되어서는 안 될 것이다.

그리고 조선을 둘러싼 국제정세에 관한 연구논의도 국내정세와의 상호관련성 하에서 입체적으로 논의되었다기보다는 국제정세 자체에 대한 논의에 머무르거나, 혹은 그 다양한 내용에도 불구하고 전체적으로는 대내외적 '시련'에 대한 민중 혹은 민족의 '응전'의 수준에서 연계되어 언급된 느낌을 지우기 어렵다. 이는 방법적, 가치적으로 근대유럽에 초점을 맞춘 세계사의 관념에 입각하여, 전환기 조선정치사를 서양 혹은 서구근대문명 및 제국주의 열강의 '충격'에 대한 조선 측의 '반응'으로 보려는 수동적인 관점에서 기인하며, 전통과 근대를 이분법적 혹은 이항 대립적으로 파악하는 분석 틀을 크게 벗어나지 않는다.

한편 해방 이후 한반도에서 나타난 근대사학 역시 '왕조사관'을 극복하는 과제에서 시작된 만큼, 국왕을 비롯한 조선의 왕실은 거의 시종일관 무기력하게 묘사하는 경향을 보여 왔다. 다음에 소개하는 논의는 이러한 인식을 보여주는 전형적인 하나의 사례라고 할 수 있을 것이다.

(19세기말) 왜 우리는 그와 같이 국제정세에 어두울 수밖에 없었는가. 나는 그
근원이 조선시대 군주제도에 있었다고 생각한다.…그것은 국리민복을 위한 최
대의 장해였고 모순이었다. 원칙적으론 세습군주제도 아래서는 선정도 제도의
개혁도 있을 수 없는 것이고 가렴 민란 전쟁이며 당쟁과 같은 민중의 불행도 이
를 방지 또는 시정할 방도가 없었던 것이다. 물론 세종이나 정조와 같은 예외적
인 명군도 있었으나 그것은 어디까지나 특수한 경우이다.…조선시대의 정치체
제는 군주중심이었다. 국왕은 절대권력을 쥔 전제군주였다. 문자 그대로 왕국,
왕을 위한 왕의 나라였다.[38]

    20세기에 이루어진 조선 정치사를 비판적으로 다룬 논의들을 접하다 보
면, 앞서 언급한 달레의 조선사 인식과 대체로 닮아있음을 느낄 수 있다. 달
레의 조선사 이해가 근대유럽 기독교인의 이른바 문명인의 사명의식과 결
합하여 성립된 것이라면, 여기 소개한 논의는 식민지 체험 이후 압축적으로
근대를 따라잡지 않으면 안 되었던 주변국가 지식인의 절실한 자기고민의
산물로 그 자체가 20세기 한국의 정신세계를 반영하는 역사적 산물이라 할
수 있을 것이다.

    여기서 지적해두고 싶은 사실은, 20세기 한국의 민족주의 사학이나 내재
적 발전론, 민중사학의 입장이 식민사학이나 '서구의 아시아에 대한 문명적
편견(orientalism)'에 대해서는 강렬한 거부감을 표명하면서도 조선의 정치
를 단선적인 관점에서 '후진적'이라고 본다는 점에서는 거의 그대로 닮아 있
다는 점이다. 이것은 무엇보다도 고대-중세-근대라는 '직선'적 시간관, '세계
사의 법칙으로서의 진보'에 대한 믿음을 공유하는 근대인의 지식체계와 깊
이 관련되는 문제라고 해야 할 것이다.

---

38) 김용덕, 「조선시대 군주제도론」, 『창작과 비평』 11권 2호(창
   작과 비평사, 1976), p. 341.

더욱이 전술한 바와 같이 이러한 사고의 근거에는 과학적 방법론의 통합성, 사실과 가치는 뚜렷이 구별되며, 사실은 이론에서 중립적이라고 간주된다는 전제에 입각한 실증주의에 대한 믿음이 자리 잡고 있다. 하지만, 설명될 '사실들'로서 무엇을 선택하는가 하는 것에서부터 시작하여, 어떤 사실들을 연구하는데 사용하는 '방법론'을 거쳐, 이에 대한 정책적 분석과 처방에 이르기까지, 모든 '이론'은 분석과정 전체에 내재되어 있는 '가치'를 이미 함유하고 있음을 간과하면 안 된다. 왜냐하면 로버트 콕스(Robert W. Cox, 1926~)가 언급하는 것처럼, "이론은 항상 누군가를 위한 것이며, 어떠한 목적을 위한 것이다 …시간적 공간적 관점에서 분리된 이론 그 자체라는 것은 존재하지 않는다. 어떤 이론이 이런 식으로 표현될 때, 그것을 이데올로기로서 고찰하고 그 숨겨진 견해를 듣는 것이 중요"하기 때문이다.[39] 새삼스레 미셸 푸코(Michel Foucault, 1926~1984)나 에드워드 사이드(Edward W. Said, 1935~2003)를 인용하지 않더라도 권력과 지식은 별개의 것으로 존재하는 것이 아니라 상호구성적일 수밖에 없다는 점을 상기해볼 필요가 있다.

5. 맺음말: 새로운 역사이해와 '다중거울'

지금까지 조선사를 서술하고 기억하는 방식의 논리적 구조를 이해하기 위해 유럽에서 만들어진 근대적 지식체계가 동아시아와 조선을 어떠한 시선으로 바라보았는지, 그리고 근대일본이 일본형 오리엔탈리즘에 입각하여 서양을 타자화하고, 자신의 자기정체성을 서양으로부터 찾으면서, 동양의

---

39) Robert Cox, *Approaches to World Order*(Cambridge University Press, 1996), p. 87.

역사를 랑케식의 실증주의라는 근대학문의 방식을 빌어 멸시와 극복의 대상으로서 구성해가는 경위를 살펴봄으로써 근대적 지식체계에 입각한 조선사 이미지가 어떻게 '객관적 사실'이라는 이름으로 동아시아 지역에서 수용되고 변용되었는지, 그리고 한국인의 의식 속에 어떤 모습으로 자리잡아가게 되는지를 더듬어 보았다.

이러한 논의는 과학적 방법론이라는 이름으로 수용, 섭취되어온 근대 학문에 대한 성숙한 재고와 '성찰', 그리고 건강한 '소통'을 가능케 하는 새로운 미래지향적 역사인식의 필요성을 생각해 보게 한다. 그러면 기존의 역사를 바라보는 단선적인 이해방식을 극복하는 것은 어떻게 가능한 것일까? 이에 대한 해답은 아직 필자에게 준비되어 있지 않다. 다만 앞으로의 논의를 위하여 몇 가지 사항만 지적해두려고 한다.

벤저민 슈워츠(Benjamin I. Schwartz, 1916~1999)는 『부와 권력을 찾아서』 (1964)에서 매우 중요한 문제제기를 한 바 있다. 시사하는 바가 크므로 다소 길지만 그의 논의를 직접 인용해 두고 넘어가기로 하자.

> **'서양의 충격'이라는 표현은 무력한 어떤 명확한 객체가 충격을 가하는 이미지를 떠올리게 한다.** 그러한 충격을 받은 대상의 실체는 무형이고 모호할지도 모르지만 충격을 가한 물체는 잘 알려져 있다. (중략) 18, 9세기에 걸쳐 부상하게 된 서양이 정치, 사회, 사상의 어느 분야에서고 쉽사리 파악할 수 있는 하나의 통합체를 형성하고 있다고 주장할 사람은 거의 없다. 그런데 비서양 세계를 중심으로 해서 바깥쪽으로 시각을 돌리게 되면 그 전까지 애매하게 보이던 서양이 돌연 선명하게 들어온다. 서양은 고정되고 알려진 실체라는 외양이 갑자기 설정되는 것이다.
> 물론 우리는 비(非)서양 세계 역시 아직 완전하게 알려져 있지 않다는 사실, 즉 서양 사회 자체에 관한 연구와 서양과 조우하던 시대에 비서양 사회가 처한 구체적인 역사적 상황에 관한 연구가 아직도 초보단계에 머물러 있다는 점을 잘

알고 있다.

그런데 서양 쪽에서도 비서양 세계를 알 만큼 알고 있다고 확신하는 사람들이 있다. 그들은 '전 산업화 사회', '토착사회', '전통사회', '산업화 과정' 따위의 몇몇 유행하는 범주를 비서양 사회에 적용하여 그와 같은 사이비 명료성을 띤 개념에 포함할 수 없는 것은 모두 중요하지 않은 것이므로 쓰레기통에 던져도 상관없다고 믿고 있다.

내가 말하고자 하는 바는 서양과 비서양 사회, 문화의 조우라는 문제를 다룰 때는 **두 세계의 특성에 동시에 깊이 몰입하는 것** 외에 달리 방법이 없다는 사실이다. 우리가 다루려 하는 문제는 끊임없이 변화하며 극히 문제가 많은 인간 경험의 거대한 두 영역이다. (강조는 필자)[40]

이외에도 슈워츠는 다른 논문을 통해서 〈전통 vs. 근대〉식의 단선적 시각에 근거한 이분법적 패러다임이 중국의 역사를 설명하는 적절한 틀이 될 수 없음을 지적하기도 하였다. 그의 논지는 '전통'이나 '근대'라는 것이 정태적이거나 완결된 형태로 묘사될 수 있는 성격의 것이 아니라 오히려 각각의 내부에 다양한 긴장과 갈등요소를 품고 동태적으로 존재하는 영역이기 때문에 이를 '전통'이나 '근대'라는 애매한 용어로 추상화시켜 사용하기 어렵다는 것이다. 따라서 슈워츠는 '전통'과 '근대'가 편의상의 구분에 불과하며, 이들은 상호배타적이라기보다는 오히려 경우에 따라서는 전통이 근대화의 특정 측면을 촉진하거나 근대적 기준이 전통가치를 방어하기도 한다고 말한다.[41] 이러한 〈전통 vs. 근대〉 패러다임이 갖는 문제점과 아울러 '서구의 충격에

---

40) Benjamin Schwartz, *In Search of Wealth and Power: Yen Fu and the West*(Cambridge: Harvard Univ. Press, 1964), 최효선 역, 『부와 권력을 찾아서』(한길사, 2006), pp. 47-48.

41) Benjamin Schwartz, "The Limits of 'Tradition Versus Modernity' as Categories of Explanation: The Case of the Chinese Intellectuals," *Daedalus*(Spring 1972).

대한 반응'으로서의 기존의 동아시아 근대사 연구방식에 대해서는 이후 폴 코헨(Paul Cohen)의『학문의 제국주의』(1996) 등에 의해 보다 체계적으로 비판되게 된다.[42]

논의를 마무리하면서 기존의 단선적 역사관을 극복하기 위한 방안으로서 필자가 제시하고 싶은 것은 역사를 보는 '다중거울'이 필요하다는 것이다. 그러면 다중거울이란 무엇을 의미하는 것일까? 우선 다음과 같은 문제를 생각해보기로 하자. 주지하는 것처럼, 역사를 바라보는 시각으로는 진보사관, 순환사관, 섭리사관 등 다양한 관점이 있다. 하지만 사람들은 대개 이 중에서 어떤 하나를 배타적으로 선택 수용해서 역사를 바라보는 데 익숙하다. 예컨대 서구의 계몽주의자들에 의해 탄생한 직선적 발전사관으로 역사를 보면 발전이라는 하나의 법칙으로 시대의 흐름을 설명 가능한 것처럼 보이게 하고 그런 만큼 세계는 자연스럽게 상대적으로 우월한 것과 열등한 것으로 구성된 것처럼 보이게 한다. 반면 전통적으로 동양인들에게 익숙한 '일치일란(一治一亂)' 곧 순환의 입장에서 역사를 보면, 앞서거니 뒤서거니 하는 모습이 결국 일종의 연속이자 반복으로 느껴지게 한다. 그래서 역사는 어떻게 보면 발전이라는 직선의 형태로 볼 때 더욱 잘 보이는 것 같기도 하고, 또한 어찌 보면 순환의 곡선의 형태로 볼 때 더욱 잘 보이는 것 같이 느껴질 수도 있다.

또한 기독교적인 '섭리사관'으로 보게 되면, 결국 역사의 전개는 신의 뜻, 곧 신의 섭리로 받아들여져 해석되어지게 된다. 아울러 다소 생소하게 느껴질 수 있겠지만, 역사에서 '계기'를 중시하게 되면 역사의 다른 측면이 보일

---

42) Paul Cohen, *Discovering History in China: American Historical Writing on the Recent Chinese Past*(New York: Columbia Univ. Press, 1984), 佐藤慎一 訳,『知の帝国主義』(東京: 平凡社, 1988), 이남희 역,『학문의 제국주의: 오리엔탈리즘과 중국사』(산해, 2003).

수 있다. 즉 어떠한 상황이 어떻게 전개될 지에 대해서는 인간이 어떤 상황에서 어떤 '선택'을 하는가라고 하는 것이 매우 결정적인 역할을 하는 측면에 주목해서보면 역사를 항시 어떤 여러 가지 가능성을 지닌 긴장감 넘치는 현장으로 포착할 수도 있다. 이러한 입장에 굳이 이름을 붙인다면 '계기사관'이라고 할 수 있을 것이다.

이러한 역사를 보는 각각의 눈들이 각각 나름대로의 장점과 단점을 갖고 있다는 것은 두말 할 나위가 없을 것이다. 그러면 '역사를 보는 다중거울'을 갖추자는 것은 결국 이런 다양한 시선을 적당히 절충하면서 복안적(複眼的)인 시선으로 보자는 것일까? 복안적인 시선에 관한 논의는 분명 의미 있는 논의임에도 불구하고 자칫하면 일종의 어지러운 잡종 복합 렌즈를 연상시킬 수 있다는 점에서 필자의 견해와는 중요한 차이가 있다. 이 문제에 대답하기에 위해 자동차에 부착된 거울의 사례를 생각해보기로 하자.

자동차를 운전할 때 운전자는 여러 개의 거울을 필요로 한다. 이때 각각의 거울들은 어떤 측면을 보다 잘 보여주기 위하여 주변의 상황을 과장 혹은 왜곡된 모습으로 비춰준다. 각각의 거울들은 모두 유용하다. 하지만 어느 것도 그 자체로 충분하거나 완벽하게 주변을 비춰주지는 못한다. 따라서 운전자들은 필요에 따라 사각(死角)지대를 비춰주는 보조거울을 부착하며 운전을 하게 된다.

역사를 보는 시각을 비롯하여 현대학문에서 등장하는 모든 이론 역시 결국 하나의 '보는 눈' 즉 시각을 제공하는 것으로서 각기 하나의 특징적인 '거울'에 비유할 만하다. 즉자적(an sich)인 세계인 도로상에서 일상의 안전운전을 하는 경우에도 자동차의 다중거울과 함께 이를 적절히 활용하는 운전자의 노련함이 요구되는데, 하물며 다층적이고 모순적이며 깊은 심연과 복잡하게 변화하는 거대한 역사를 이해하고 미래를 계획하며 오늘을 헤쳐가는 데는 얼마나 다양하고 입체적인 '다중거울'과 이를 활용하는 안목과 지혜가 필요할 것인가는 부언할 필요가 없을 것이다.

인생은 모순에 가득 찬 것이며 중층적인 것이다. 더욱이 우리가 살아가는 세계는 더더욱 그렇다. 우리가 구태여 시간의 흐름을 거슬러 올라가며 역사를 천착하는 주요한 이유 중의 하나는 구체적인 시공간 속에서 방황하고 고민하며 모색하고 결단하는 다채로운 인간들의 모습 속에서 결정론적 시각이나 도식적인 이해에 함몰되지 않으면서 세계와 그 안에서 살아가는 인간을 보는 폭넓은 시각과 깊은 성찰, 그리고 지혜를 얻기 위함일 것이다. 그렇다면 역사를 단선적으로 해석하는 것보다 역사를 보는 다중거울을 구비하고 상황에 따라 지혜롭게 이를 활용하는 안목을 갖추게 된다면 역사가 훨씬 입체적이고 풍부하게 보일 것이며, 중요한 상황에서 더욱 지혜로운 선택들을 하게 될 수 있지 않을까?

19세기 조선은 전통과 근대가 단지 대립적인 관계가 아니라 복합적인 상관관계 속에서 반응하는 생동감 있는 현장이었다. 그리고 박제화 되어버린 조선정치사가 다루고 있는 내용들은 우리의 의식과 현재 세계를 구성하는 일부인 동시에 우리의 미래로 남아있을 일련의 사건들의 연속이었다. 이제 우리도 한반도의 경험을 비춰보기 위한 더 많은 다양한 거울들이 필요하지 않을까?[43] 왜냐하면 균형 잡힌 공통의 언어의 토대 없이는 기존의 일국중심적 사고나 서구중심주의적 발상을 넘어서고 21세기 동아시아의 미래를 평화적이고 상생적인 관계로 만들어가는 일은 어려울 것이기 때문이다.

---

43) 강상규, 『19세기 동아시아의 패러다임 변환과 한반도』(논형, 2008), pp. 255-256.

참고문헌

『윤치호 일기』

신채호. 「朝鮮歷史上一千年 來第一大事件」(1925)

박은식. 『몽배 김태조(夢拜金太祖)』(1911).

헨드릭 하멜. 김태직 역. 2003. 『하멜표류기』. 서해문집.

강만길. 1978. 『분단시대의 역사인식』. 서울: 창작과 비평사.

강상규. 2008. 『19세기 동아시아의 패러다임 변환과 한반도』. 서울: 논형.

김용덕. 1976. 「조선시대 군주제도론」. 『창작과 비평』 11권 2호.

박대헌. 1996. 『서양인이 본 조선: 조선관계 서양서지』上. 호산방.

박천홍. 2008. 『악령이 출몰하던 조선의 바다: 서양과 조선의 만남』. 현실문화.

이지은. 2006. 『왜곡된 한국 외로운 한국: 300년 동안 유럽이 본 한국』. 책세상.

조동걸. 1990. 「식민사학의 성립과정과 근대사 서술」. 『역사교육론집』 13 · 14호.

조지 커즌. 나종일 역. 1996. 『100년 전의 여행 100년 후의 교훈』. 비봉출판사.

지명숙, 왈라벤. 2003. 『보물섬은 어디에: 네덜란드 공문서를 통해 본 한국과의 교류사』.
    연세대학교 출판부.

Bauer, Susan Wise. 2005. *The Story of the World: History for the Classical Child
    Vol. 4: The Modern Age-From Victoria's Empire to the End of the USSR*. Peace
    Hill Press. 최수민 역. 2005. 『세계 역사 이야기』 4. 현대편 상. 꼬마이실.

Cohen, Paul. 1984. *Discovering History in China: American Historical Writing on
    the Recent Chinese Past*. New York: Columbia Univ. Press.

Cox, Robert. 1996. *Approaches to World Order*. Cambridge University Press.

Dallet, Claude Charles. 1874. *Histoire de L'Englise de Corée*; 榎本武揚 譯. 『朝鮮事
    情一原名高麗史略』(東京: 東洋社, 1876); 『朝鮮事情』(東京: 東洋文庫, 1979). 丁
    奇洙 역. 『조선교회사서론』(서울: 탐구당, 1992).

Dawson, Raymond. 1967. *The Chinese Chameleon: An Analysis of European
    Conceptions of Chinese Civilization*. Oxford Univ. Press.

Hegel, G. W. Friedrich. 1930. *Die Vernunft in der Geschichte*. Leipzig.

Montesquieu, Charles. 1949. *The Spirit of the Law*, Vol. 1. Hafxer Publishing Company.

Najita, T. and Harootunian, H. 1988. "Japanese Revolt against the West: Political and Cultural Criticism in the Twentieth Century", in Peter Duus (ed.). *The Cambridge History of Japan*, vol. 6: The Twentieth Century. Cambridge: Cambridge University Press.

Orwell, George. 1989. *Nineteen Eighty-Four*. Harmondsworth: Penguin Books.

Palais, James. 1976. "Political Leadership in the Yi Dynasty." Suh and Lee. *Political Leadership in Korea*. Seattle: University of Washington Press.

————. 1979. "Political Participation in Traditional Korea." *Journal of Korean Studies*, Vol. 1.

————. 1975. "Stability in Yi Dynasty Korea: Equilibrium Systems and Marginal Adjustment." *Occasional Papers on Korea*, Vol. 3 (June).

————. 1975. *Politics and Policy in Traditional Korea*. Cambridge, Mass.: Harvard Univ. Press.

Schwartz, Benjamin. 1964. *In Search of Wealth and Power: Yen Fu and the West*. Cambridge: Harvard Univ. Press. 최효선 역. 2006. 『부와 권력을 찾아서』. 한길사.

————. 1972. "The Limits of 'Tradition Versus Modernity' as Categories of Explanation: The Case of the Chinese Intellectuals." *Daedalus* (Spring).

Tanaka, Stefan. 1993. *Japan's Orient: Rendering Pasts into History*. Univ. of California Press.

Wagner, Edward W. 1974. "The Ladder of Success in Yi Dynasty Korea." *Occasional Papers on Korea*, Vol. 1. Seattle: Univ. of Washington.

————. 1959. *The Literati Purges: Case Studies in the Factionalism of the Early Yi Dynasty*. Ph. D. Thesis, Harvard University.

————. 1974. *The Literati Purges: Political Conflict in Early Yi Korea*. Cambridge. Mass: Harvard Univ. Press.

Wittfogel, K. A. 1991. 『オリエンタル・デスポティズム』. 東京: 新評論.

姜尙中. 1995. 『オリエンタリズムの彼方へ―近代文化批判』. 岩波書店.

旗田巍. 1969/1983.『日本人の朝鮮觀』. 東京: 勁草書房.

福澤諭吉. 1995.『文明論之槪略』. 東京: 岩波書店.

山野車輪. 2005/2006.『嫌韓流』1, 2. 東京: 晋遊舍.

子安宣邦. 1994.「近代知と中國認識:「支那學」の成立をめぐって」.『岩波講座: 現代
　　思想14 = 近代・反近代』. 岩波書店.

田保橋潔. 1940.『近代日鮮關係の研究』2卷. 조선총독부.

坂元ひろこ. 1994.「歐米の中國認識」.『岩波講座: 現代思想14 = 近代・反近代』. 岩
　　波書店.

丸山眞男. 1952.『日本政治思想史研究』. 東京: 東京大學.

山室信一. 1996.「アジア認識の基軸」.『近代日本のアジア認識』. 綠蔭書房.

ピーター・ドウス/小林英夫 編. 1998.『帝國という幻想』. 東京: 靑木書店.

2장—개화파의 원조 박규수와 청년 고종

2장
개화파의 원조 박규수와 청년 고종

    박규수(1807~1876)는 이른바 '조선개화파'의 원조에 해당하는 인물이다. 하지만 박규수를 단순히 개화파와 실학의 가교(架橋)를 놓은 존재로 인식해서는 당대를 고민하며 살았던 박규수의 정치적, 사상적 고투는 좀처럼 손에 잡히지 않는다. 이 글은 문명사적 전환기를 치열하게 살았던 인물 박규수를 통해 당시의 조선정계의 한 켠에서 진행되었던 혼돈과 고뇌, 정치적 모색에 관해 고찰하는 글이다. 특히 지금까지 거의 전혀 주목되지 않았던, 국왕 고종을 가까이서 보좌하며 국왕의 선생으로서 재상(宰相)의 자리에 올랐던 박규수의 정치사적 의미가 어떤 것인지를 중심으로 논의를 전개하였다.

    박규수는 19세기라는 문명사적 전환기, 상이한 패러다임 간의 충돌이 일어나는 와중에서 문명 표준이 뒤바뀌는 시대적 상황을 살았던 고뇌하는 지식인이자 현실정치가였다. 그는 자신의 두 눈으로 중화질서가 '안과 밖'으로 동요하는 현장을 직접 목격했으며, 국내의 민생이 무너져 내리는 가운데도 무책임하고 소극적인 태도로 일관하는 위정자와 지식인들을 접하면서 '지켜야 할 것과 변통해야 할 것'을 끊임없이 고민하고 성찰했던 인물이었다.

    당시 박규수는 뭔가 국가 '간' 관계의 패러다임 변화를 감지하는 속에서 조선이 어떠한 선택을 해야 할지 어디까지나 유자(儒者)적 관점에서 현실정치가로서 진지하게 고민하고 있었다. 현장의 소리를 경청하려했고, 원칙을 존중하되 항시 실용적이고 구체적으로 문제에 접근하려는 태도를 보였다.

기존의 개화파 중심의 역사서술에서, 박규수는 개화의 선구자로서 그와 개화파 간의 교류에 대해서는 주목받을 수 있었어도, 국왕을 가까이서 보좌하며 국왕의 선생으로서 그가 갖는 정치사적 의미는 간과되어져 왔다. 당시 조선의 정치구조와 군신(君臣)관계에 대한 이해를 배경으로 박규수의 삶을 차분히 따라가지 않으면 박규수와 국왕의 특별한 정치적 관계는 거대담론의 틈새에 끼어 좀처럼 눈에 들어오지 않는다. 본고에서는 박규수가 새로운 정치패러다임을 현실정치 공간에서 창출해내지는 못했지만, 청년 국왕 고종의 정치의식을 키워냈다는 근거를 구체적으로 제시하였다.

1. 문제의식의 소재

박규수(瓛齋, 1807~1877)는 이른바 '조선개화파'의 원조에 해당하는 인물이다. 그는 이른바 '개화사상의 선구자' 혹은 '북학파와 개화파를 잇는 실질적인 가교' 역할을 한 인물로서 세상에 널리 알려져 있다.[1] 다음의 묘사는 지

---

1) 다음의 저작들은 '조선개화사'라는 맥락에서 박규수가 갖는 비중을 잘 보여주는 주요한 연구서들이다. 姜在彦, 『朝鮮近代史硏究』(東京: 日本評論社, 1970); 이광린, 『개화당연구』(일조각, 1970); 金榮作, 『韓末ナショナリズムの硏究』(東京: 東京大學, 1975); 姜在彦, 『朝鮮の開化思想』(東京: 岩波書店, 1980); 박충석, 『한국정치사상사』(삼영사, 2010); 이완재, 『초기개화사상의 연구』(민족문화사, 1989); 原田環, 『朝鮮の開國と近代化』(廣島: 溪水社, 1997); 이완재, 『한국근대 초기개화사상의 연구』(한양대학, 1998); 신용하, 『초기 개화사상과 갑신정변연구』(지식산업사, 2000); 김용구, 『세계관충돌과 한말외교사, 1866~1882』(문학

금까지 박규수를 이해하는 거의 정형화된 표현이라고 할 수 있을 것이다.

> 환재 박규수는 한국사에 있어서 가장 중요한 전환기였던 19세기의 60년대와 70
> 년대를 대표할만한 행동적 지식인이었다. 흔히 그를 일러 개화사상의 원조라고
> 도 하고 혹은 실학사상의 최후를 장식한 학자라고도 하고 혹은 실학과 개화사상
> 을 연결하는 가교자라고도 한다.[2]

박규수는 북학파의 거물 박지원(燕巖, 1737~1805)의 손자이다. 박규수
의 제자였던 김윤식(雲養, 1835~1922)의 표현을 빌면, 그의 학문은 '크게
는 체국경야(體國經野)의 제(制)로부터 작게는 금석(金石), 고고(考古), 의
기(儀器), 잡복(雜服) 등의 일에 이르기까지 정밀하면서도 실사구시의 자
세로 연구하지 않은 바가 없었던 것'으로 일컬어진다.[3] 실제로 그는 1860년
대 초에 웨이위안(魏源, 1794~1856)의 『해국도지』를 참고로 직접 지구의
를 제작하기도 하였고,[4] 중인신분의 오경석(鎭齋, 1831~1879), 유홍기(大
致, 1831~1884?) 등과 더불어, 후일 개화파로 알려지게 되는 김옥균(古筠,
1851~1894), 박영효(春皐, 1861~1939), 박영교(1849~1884), 홍영식(琴石,
1855~1884), 서광범(緯山, 1859~1897), 유길준(矩堂, 1856~1914) 등에게 세

과 지성사, 2001); 김명호, 『초기 한미관계의 재조명: 서먼호 사
건에서 신미양요까지』(역사비평사, 2005); 하영선, 『역사 속의
젊은 그들: 18세기 북학파에서 21세기 복합파까지』(을유문화사,
2011).

2) 金泳鎬, 「『朴珪壽全集』 解題」, 『朴珪壽全集』 上(아세아문화
사, 1978), p. v.

3) "…大而體國經野之制, 小而金石考古儀器雜服等事 無不研究精
確 實事求是…." 『朴珪壽全集』 上(아세아문화사, 1978), p. 6.

4) 金文子, 「朴珪壽の實學: 地球儀の製作を中心に」, 『朝鮮史硏究
會論文集』 17集(1980); 김명호, 「박규수의 〈地勢儀銘幷序〉에 대
하여」, 『진단학보』 82(진단학회, 1996) 참조.

54 19세기 동아시아의 패러다임 변환과 다중거울

계정세의 변화에 대한 지적인 자극을 제공하였을 뿐만 아니라, 이들 간에 일종의 인적 네트워크가 형성되게 하는 산파의 역할을 하기도 하였다.

정계일선에서 물러난 박규수가 지구의를 돌리면서 김옥균에게, "오늘에 中國이 어디 있겠느냐, 저리 돌리면 美國이 중국이 되고, 이리로 돌리면 朝鮮이 중국으로 되니 어떤 나라도 가운데로 오면 중국이 되는데 오늘날 어디에 정해진 중국이 있는가"라고 하면서 중화사상 극복의 단초를 제공했다는 에피소드나, "그 新思想은 내 일가 박규수 집 舍廊에서 나왔소. 김옥균, 홍영식, 서광범 그리고 내 伯兄(박영교)하고 재동 박규수집 사랑에 모였지요"라는 박영효의 회고담 등은 조선의 개화사를 논할 때면 빠지지 않고 등장하는 유명한 이야기 들이다.[5]

하지만 기존연구들이 이처럼 비중 있게 박규수를 다루어 왔음에도 불구하고 박규수와 개화파 세력 간의 관계 혹은 박규수 사상의 성격규명에 논의가 집중되어, 역설적으로 당대를 고민하며 살았던 정치가로서의 박규수의 현실정치 공간에서의 역할에 관해서는 그다지 진전된 논의가 전개되지 못했던 것으로 생각된다. 요컨대 기존의 개화파 중심의 역사서술에서 박규수와 개화파 간의 교류는 일찍부터 주목받을 수 있었으나, 국왕을 가까이서 보좌하며 국왕의 선생으로서 그가 갖는 정치사적 의미는 얼마 전까지만 해도 전혀 거론되지 않았던 것이다. 하지만 근래에 들어와서 진행되고 있는 '고종시대'에 대한 재조명과 아울러 19세기 조선의 정치외교사의 현장에 좀 더 가

---

5) 이에 관한 개인기록 혹은 회고담으로는, 申采浩,「地動說의 效力」,『丹齋申采浩全集』下(乙酉文化社, 1972), p. 384; 李光洙,「朴泳孝氏를 만난 이야기: 甲申政變回顧談」,『東光』(1931년 3월호); 文一平,「名相 朴珪壽의 옛터」,『湖岩全集』3(朝光社, 1939), pp. 267-268; 古筠紀念會 編,『金玉均傳』上(東京: 慶應出版社, 1944), pp. 48-50, 52; 金允植,「追補陰晴史」,『續陰晴史』下(探求堂, 1971), pp. 577-578 등이 중요하다.

까이 접근하기 위해서는, 개화사상의 선구자로 알려져 있는 박규수가 국왕 고종의 정치의식이나 대외관 형성에 어떤 영향을 미쳤는지 깊이 천착해 들어갈 필요가 있는 것으로 생각된다.[6]

본 연구는 일차적으로 박규수와 고종의 정치적 관계가 어떠한 것이었는지를 조명하려는 것이다. 이를 위해 본 논문에서는 박규수가 남긴 문헌을 비롯한 당시의 1차자료와 기존의 관련된 연구 성과를 바탕으로, 박규수와 고종의 인연이 어떻게 형성되었으며, 박규수의 사상적 고민이 어떻게 국왕에게 영향을 미치게 되는지를 검토하게 될 것이다.

2. 박규수와 고종의 운명적인 인연의 고리

박규수는 1807년 9월 27일 서울에서 연암 박지원의 아들 박종채(朴宗采, 1780~1835)의 장남으로 태어났다. 박규수의 생애를 검토한 연구를 종합해 보면, 그의 삶은 크게 증광별시(增廣別試) 문과에 급제한 1848년을 경계로 하여, 학문에 몰두하던 생애의 전반기와 적극적으로 현실정치에 참여하게 되는 후반기로 구분이 가능할 것으로 보인다.

---

6) 필자는 이미 여러 곳에서 고종과 박규수의 정치적 관계가 주목될 필요성에 대해 지적한 바 있다. 강상규, 「역사논쟁: 왜 고종을 재주목해야 하는가」, 『교수신문』(2004/11/15); 「고종의 대내외 정세인식과 대한제국 외교의 배경」, 『동양정치사상사』 4권 2호(2005); 「명성왕후와 대원군의 정치적 관계 연구: 왕실내 정치적 긴장관계의 구조와 과정」, 『한국정치학회보』 40집 2호(2006); 「역사비평 기획시리즈⑧ 조선 개화파 논의: 대원군이 '쇄국론' 펼친 이유는 뭘까」, 『교수신문』(2007/04/30); 「우리시대 지식논쟁: 고종 어떻게 볼까」, 3회 〈근대화 의지, 이상과 현실은 달랐다〉, 『한겨레신문』(2008/04/26); 「홍선대원군, 왜 아들과 화해하지 못했나」, 『KBS 한국사 傳』 56회(2008/09/20).

박규수 전문가인 이완재 교수의 연구에 따르면 박규수의 생애는 대체로 네 개의 시기로 나누어 볼 수 있을 것이다.[7] 우선 제1기(1807~1830, 효명세자 卒年)는 박규수가 소년기와 청년기를 거치며 학문적으로 성장하던 이른바 수학기(修學期)이다. 이때 박규수의 일생에 깊은 영향을 주는 특별한 만남이 이루어졌는데, 다름 아닌 당시 국왕 순조(1790~1834, 재위: 1800~1834)의 아들 효명세자(孝明世子, 1809~1830)와의 만남이었다. 박규수와 효명세자는 당시 자기 처소인 경우궁의 후원에 이어져 있는 박규수의 집에 자주 들러 밤늦게까지 토론하고는 했다. 두 사람의 우정은 1827년 효명세자가 대리청정을 하게 되면서 더욱 두터워졌고 1830년 효명세자가 요절하게 될 때까지 지속되었다. 제2기(1831~1848, 과거에 급제한 해)는 세자의 죽음에 충격을 받은 박규수가 학문에만 전념하며 칩거하던 시기로서, 학문에 정진하다가 42세라는 뒤늦은 나이에 과거에 급제하여 관직에 나설 때까지의 이른바 은둔 면학기라고 할 수 있다.

한편 제3기(1849~1872, 正使로서 두 번째 중국에 다녀온 해)는 박규수가 여러 관직을 경험하면서 정치가로서의 경륜을 쌓음과 동시에 사회현실과 대외정세를 목도하고 고민하던 시기에 해당한다. 마지막으로 제4기(1873~1876)는 박규수가 정사로서 두 번째 청에 다녀온 뒤의 말년에 해당하는 시기이다. 이때 그는 외국과의 화친을 보다 적극적으로 주장하게 되었고, 후일 개화파로 불리게 되는 신진세력들에게 세계가 급박하게 변화하고 있음을 알리는 역할을 하게 된다.

이러한 분류방식에는 개화파양성에 주목하여 박규수의 생애를 보려는 의

---

7) 이완재, 앞의 책(1998), 제2장 「박규수의 생애와 실학사상」; 이완재, 『朴珪壽硏究』(집문당, 1999).

도가 반영되어있음은 두말 할 나위가 없을 것이다.[8] 아무튼 여기서 본고가 박규수와 고종의 정치적 관계를 재조명하려는 관점에서 주목하고 싶은 사실은 박규수를 다룬 대다수의 연구가 박규수와 효명세자가 특별한 관계에 있었음을 지적하면서도 그러한 각별한 인연이 이후 어떤 방식으로 구체적인 의미로 살아나게 되는지를 사실상 전혀 언급하고 있지 않다는 점이다.

효명세자는 조선의 23대 국왕 순조(1790~1834, 재위: 1800~1834)의 재위 후반기에 대리청정(1827년 2월 18일~1830년 5월 6일)[9]을 담당하다 요절한 왕자로서, 사후에 그의 아들 24대 헌종(1827~1849, 재위: 1834~1849)에 의해 익종(翼宗)으로 추존된 인물이다.[10] 그런데 이런 효명세자가 자신 보다 두 살 연상인 박규수에게 특별한 관심과 기대를 표명한 사실은『매천야록』과 같은 야사에도 실려 있을 만큼 널리 알려진 사실이었다.[11] 또 다른 박규수 전문가인 김명호 교수에 따르면, 박규수와 효명세자가 만나게 된 것은 젊은 세자가 국정쇄신의 의욕에 차있던 시기로서 안동 김씨 외척세력과 격심한 갈등관계에 놓여있던 상황에서 벌어진 일이었다.[12] 그런데 갑자기 효명세자가 갑자기 각혈을 하고 병석에 누운 지 십여 일 만에 승하하게 된다. 이와 관련하여 박규수의 부친, 박종채가 남긴『과정록(過庭錄)』의 추기(追記, 1831년 작성)에는 매우 흥미로운 에피소드가 실려 있다.

---

8) 이에 대해 또 다른 박규수 전문가인 김명호 교수는 박규수의 과거급제 이후 타계할 때까지의 30여 년의 생애를 사환기(仕宦期)라고 부르고 이를 철종시대와 고종시대로 나누어 설명한다. 김명호,『환재 박규수 연구』(창비, 2008), pp. 16-17.

9)『純祖實錄』27年 2月 18日(甲子條); 30年 5月 6日(壬戌條).

10)『憲宗實錄』卽位年 11月 19日(庚辰條).

11) 黃玹,『梅泉野錄』, pp. 12-13.

12) 김명호, 앞의 책(2008), pp. 68-77.

기축년(1829) 가을, 효명세자께서 규장각의 관원을 보내 아버지가 남긴 글을 올리라 분부하셨다. 나는 글상자에 간직되어 있는 아직 정리되지 않은 글도 감히 감출 수가 없어 전부 다 바쳤다. 그러나 신하와 백성들에게 복이 없는 탓에 이듬해 경인년(1830)에 세자께서 그만 돌아가셨다. (중략) 그리하여 아버지의 글들이 다시 집으로 반환되어 왔다. 나는 반환된 책들을 점검해봤는데, 세자께서 읽으신 흔적이 역력했다. 그것을 보면서 나는 소리 내어 울었다. 매 권마다 종이를 접어둔 곳이 한두 군데가 아니었는데, 대개 옛일을 근거로 삼아 나라를 다스리는 방책을 강구한 대목 중 자신의 생각과 부합되는 게 있으면 이런 식으로 표기를 해두신 것이었다. 어쩌다가 장난삼아 지은 글로서 세상 사람들이 떠받들고 있는 작품들에는 일체 표시가 없었다. 아아, 슬기로운 안목을 지니신 세자께서 아버지의 글을 인정하셨음을 이를 통해 뚜렷이 알 수 있다. 세자에게서 세상에 드문 이런 깊은 인정을 받았다는 사실을 만일 저승에 계신 아버지께서 아신다면 감격해하실 것이다. (중략) 효명세자께서 아버지의 글을 올리라 하신 것은 비단 아버지에게만 영광스런 일이 아니다. 아아! 이는 참으로 특별한 은총이라 할 것이다. 책장이 반으로 접힌 곳은 일일이 삼가 붉은 붓으로 표시를 해두었으며, 여기에 이상과 같이 그 전후 사실을 기록한다.[13]

이 기록은 박규수의 부친인 박종채가 갖고 있던 효명세자에 대한 마음을 드러낼 뿐만 아니라, 세자와 교류하던 박규수 본인이 세자에게 지녔을 애틋한 마음과 세자의 죽음이 가져다준 절망의 깊이까지도 함께 헤아릴 수 있게 해준다. 결국 효명세자의 죽음 이후 박규수는 실의에 빠진 나머지 관직 진출을 포기하고 칩거하며 독서에만 전념하는 나날을 보내게 되었다.[14] 이후 박규수는 조선의 국내외 사정이 점차 어려워져 가던 1848년 42세의 나이에 과거를 치르고 뒤늦게 관직생활을 시작한다.

---

13) 朴宗采, 『過庭錄』, 박희병 역, 『나의 아버지 박지원』 개정판 (돌베개, 1998, 2005), pp. 270-271.

14) "自是廢擧 以書史自娛 家貧借書一讀 終身不忘久後."[節錄瓛齋先生行狀草], 『朴珪壽全集』(亞細亞文化社, 1978), p. 13.

그런데 효명세자의 부인이 바로 후일 대왕대비 신정왕후 조씨(1808~1890, 이후 조대비로 약칭)라고 불리게 되는 풍양조씨 조만영(趙萬永, 1776~1846)의 딸이었다. 후일 고종을 국왕으로 결정한 조대비가 바로 박규수의 인생에서 가장 중요한 관계에 놓여있던 효명세자의 부인이었던 것이다. 효명세자의 죽음 이후 세자빈 조씨는 자신의 아들 헌종이 즉위하게 된 직후 남편인 효명세자가 익종으로 추존되면서 세자빈의 위치에서 일약 왕대비로 그 위상이 격상하게 된다.[15] 그후 25대 국왕 철종(1831~1863, 재위: 1849~1863)이 후사(後嗣)없이 붕어하게 되자 왕실의 최고어른의 자격으로 어린 소년 명복(命福)을 국왕으로 전격적으로 지명하고 수렴청정을 실시하게 된다.[16] 고종의 승계 직후 새 국왕의 대통을 둘러싸고 논란이 일자, 조대비는 "계통이 어찌 둘로 된다고 의심할 바가 있는가!"라고 하면서, 고종이 철종의 뒤를 이으면서도 왕위를 물려받아 내려온 계통(=대통=왕통)은 정조-순조-익종-헌종의 뒤를 잇는다고 밝히고, 익종이 왕통상 고종의 아버지가 된다는 입장을 분명히 했다.[17] 즉 조대비는 왕통상 고종의 어머니였고, 효명세자는 고종의 아버지였던 것이다. 환언하면 이렇게 박규수와 효명세자의 각별한 인연은 박규수와 조대비, 그리고 나아가 박규수와 고종의 인연으로 이어지게 되었던 것이다.

이러한 사실을 감안해볼 때, 수렴청정을 시작한 조대비가 고종원년(1864년) 1월 1일 원단(元旦)에 가장 먼저 내린 지시가 다름 아닌 박규수의 직위를 특별히 올려주라는 것이었던 사실은 본 논문의 주제와 관련하여 매우 의

---

15)『憲宗實錄』1年 5月 4日(壬戌條).

16)『高宗實錄』卽位年 12月 初8日.

17) 고종의 왕통을 어떻게 설정할 것인가에 대한 논란에 관해서는,『高宗實錄』, 卽位年 12月 8日, 12月 30日; 황현, 앞의 책, p. 9; 강상규,「대원군의 천주교 탄압에 대한 정치학적 고찰: 전환기 한반도의 리더십 분석」, 한국학중앙연구원,『정신문화연구』30권 1호(2007a), p. 314에서 재인용.

미심장한 의미를 갖는다. 박규수를 각별하게 여기고 있었던 조대비의 의향을 분명하게 드러내 보여주기 때문이다.

> 이 사람이 옛날에 익종(翼宗)과 특별히 뜻이 합치되어 은혜를 받았음은 내가 깊이 알고 있는 바이다. 오늘에 있어 이러한 뜻을 표시하는 조치가 없을 수 없으니, 부호군(副護軍) 박규수에게 특별히 자급(資級)을 올려주도록 하라[18]

이러한 전후 사정을 고려해볼 때, 비정상적인 왕위승계과정을 겪은 어린 고종에게 있어, 왕통상 자신의 부친인 효명세자가 가장 신뢰했던 박규수라는 인물이 남달리 각별한 느낌을 주는 존재였으리라는 것은 두말할 나위가 없다. 같은 해 3월의 대신회의에서 조대비가 한 다음의 언급은 이러한 정황을 가감 없이 잘 드러내준다.

> 主上(=국왕 고종)은 평소 都承旨(=박규수)를 어렵게 여깁니다. 며칠 전의 권강(勸講)에서 도승지가 경연에 오를 것이라는 말을 듣고, 주상이 걱정하기를 "장차 도승지 박규수가 경연에 들어온다는데, 나는 아직 학문에 숙달하지 못하여 낭송이 이처럼 서투르니 어찌 부끄럽지 않겠습니까?"라고 했습니다. 주상은 도승지가 학문이 깊은 것을 알고 있는데, 아마 잠저에 있을 때 대원군이 칭찬하는 말을 듣고 아는 것 같아요. 이 사람이야말로 바로 강관의 직임에 합당하니, 특별히 加差하도록 하세요.[19]

---

18) 『高宗實錄』元年 1月 1日(癸卯條): "大王大妃敎曰, 此人之昔年 受眷, 予所深知者也. 在今日不可無示意之擧, 副護軍朴珪壽特加一資."; 한편 박규수의 『瓛齋集』에 수록되어있는 「行狀」에는 이에 관해 다음과 같이 전하고 있다. "大王大妃敎曰 朴某受 翼廟特達之遇 於布衣之時 而未及試用 此時此人不可無示意之擧 其授嘉善階 時東廟垂簾同聽政 故有是命也."「節錄瓛齋先生行狀草」, 『朴珪壽全集』(亞細亞文化社, 1978), p. 15.

19) 『龍湖閒錄』卷3, 第15冊, no. 763. 〈二十日次對筵說〉, p. 279: 「大王大妃殿曰, 主上素以都令爲難, 日前勸講聞都令之登筵, 主上憂之曰, 都承旨朴珪壽將入來矣, 予不能習熟誦讀如此, 豈非可愧

3. 소년 국왕의 정치의식의 성장과 박규수

　즉위 초기 고종은 왕자수업을 전혀 받지 못한 채 왕위를 계승하였다는 이유 등으로 인해 유교군주로서의 내적인 역량을 다지는 경연(經筵) 수업이 특별히 중시되었다.[20] 고종은 국왕으로 즉위한 이후 경연에 매우 의욕적인 자세로 임하게 된다. 「자신이 미처 생각이 미치지 못해 묻지 못하더라도 경들이 일깨워 달라」거나,[21] "자신이 잘못 읽을 때마다 기침을 하여 알려 달라"는 주문을 하는가 하면,[22] "경연을 할 때 글 뜻만을 강론할 것이 아니라 반드시 일반 세상의 물정과 민초들의 어렵고 힘겨운 실상도 반복하여 상세히 알려주어 자신이 구체적으로 들을 수 있도록 하라"[23]고 지시하기도 하였

之甚乎. 主上知都令之有文學, 似於潛邸時, 聞大院君稱道而知之矣, 此人正合講官之任, 特爲加差下, ….”

20) 경연이 이루어진 기본적인 의도는 유교경전에 해박한 신하들이 왕에게 經史를 강독하는 성현의 가르침과 선인들의 행적을 음미하고 經史라는 척도를 현실정치의 지표로 삼아 왕도정치를 구현하도록 하겠다는 것이었다. 따라서 경연강의는 왕이 經史의 교훈에 비추어 현재를 반추하도록 유도하였고, 왕은 자신의 언행과 정책을 다각적으로 재검토하는 기회를 가질 수 있었으며, 이런 의미에서 경연은 조선 정치의 안정성과 대응력을 해명하는 하나의 단서로서 주목받기도 한다. 이러한 관점에서 보면 경연은 사상과 문화의 축적된 역량이 교육이라는 형식을 빌어 정치와 소통할 수 있도록 국가 정상의 레벨에서 제도화되어 정착된 것이라고 이해해도 좋을 것이다. 하지만 동시에 군신관계라는 현실정치의 권력관계라는 측면에서 바라보게 되면, 경연제도는 일종의 '학자관료'가 유교경전에 관한 지식을 이용하여 왕권을 견제하고 궁극적으로는 왕권을 왕조사회의 상징적 구심으로 묶어두는 기능을 하기도 했다. 강상규, 「조선시대 왕권의 공간과 유교적 정치지형의 탄생」, 『애산학보』(애산학회, 2003), pp. 50-51에서 인용.

21) 『高宗實錄』 元年 1月 10日(壬子條).

22) 『承政院日記』 高宗 1年 1月 23日(乙丑條), 24日(丙寅條).

23) 『承政院日記』 高宗 1年 11月 18日(乙卯條): “敎曰, 昨日玉堂書進故事曰, 肅廟朝講筵時, 非但講說文義, 必以閭港物情艱難辛苦之狀, 反復曉諭, 使耳聞熟習可也爲敎. 今亦每於勸講召對時, 入侍諸臣, 依此敎陳奏爲好矣.”

다. 이러한 고종의 의욕은 예컨대 박규수와의 다음 경연 장면에서도 잘 드러난다.

> 고종: 이제부터 정규강의(勸講)든 특별강의(召對)든 교재를 읽을 때마다 내가 과연 잘 읽거든 잘 읽었다고 잘못 읽거든 잘못 읽었다고 그때그때 알려주시오.
>
> 講官 박규수: 신(臣) 등도 그렇게 하여야 한다는 것을 모르지는 않으나 황송한 느낌이 저절로 나서 감히 선뜻 말씀을 올리지 못하였는데 이것은 사실 바른 말을 듣기 좋아하는 성상(聖上)의 덕(德)을 저버린 셈이 될 것입니다. 삼가 강관(講官)인 홍문관의 관리들에게 알리도록 하겠습니다.
>
> 고종: 만일 바른말을 해주기가 어렵다면 내가 어찌 여러 신하들과 함께 정사를 돌볼 수 있겠습니까. 사리에 맞는 정당한 말이 귀에 거슬린다고 하여 내 어찌 들으려 않겠습니까.[24]

박규수는 평안감사 시절(1866년 2월~1869년 3월)과 제2차 연행 기간(1872년 7월~12월)등을 제외하면,[25] 고종 즉위 이후 예문관제학(藝文館提學), 홍문관제학(弘文館提學), 승문원 제주(承文院 提調), 홍문관 대제학(弘文館 大提學) 등 주로 문자제진(文字製進)을 담당하는 관직에 있으면서 그 대부분의 기간 동안 줄곧 고종의 경연관으로 꾸준히 참가하게 된다.[26] 이는 환언하면

---

24) 『高宗實錄』1年 12月 13日(庚辰條).

25) 『高宗實錄』3年 2月 4日(甲午條), 6年 4月 3日(乙巳條), 9年 7月 2日(甲申條), 9年 12月 26日(丙子條).

26) 이에 관해서는, 김명호, 「대원군정권과 박규수」, 『진단학보』91(진단학회, 2001), pp. 225-230; 최근 김성혜의 연구에 의하면, 박규수는 실제로 조대비의 수렴청정기에 고종에 대한 권강(勸講)이 진행되던 시기인 1864년 24회, 65년 27회로 경연에 참여하였으며, 평안감사가 끝난 후인 69년 4회, 70년 13회, 71년 8회, 72년 3회, 73년 8회, 74년 2회로 도합 89회에 걸쳐 경연관으로 참석하였다. 김성혜, 「고종 재위 전기 강관의 구성(1864~1876)」, 『한국문화』46(2009).

고종이 즉위한 이래 자신이 신뢰하던 박규수를 자신의 곁에 두고 싶어 했으며 아울러 그에게서 깊은 사상적 영향을 받았음을 의미한다.[27] 고종의 박규수에 대한 각별한 느낌은 여러 곳에서 확인해볼 수 있다. 예컨대 평안감사로 떠나는 박규수에게 고종이 내리는 교서는 다음과 같이 되어있다.

> 근래 평안도가 온갖 폐단으로 피폐해진 어려운 실정이어서, 이러한 폐정(弊政)을 바로잡을 적임자가 박규수라고 판단하였다. 자신이 즉위 초부터 박규수를 특별히 기용한 것은 평소에 그의 경세제민(經世濟民)의 학문을 맛보기 위함이었으며, 그는 지금까지 맡겨진 직무를 훌륭하게 수행해주었다. 하물며 지금은 경연에서 나를 바른 길로 이끌어주고 있는데, 어찌 나를 두고 멀리 떠나게 할 수 있겠는가만(今講席輔導之際 豈宜捨予遠離), 변경(邊境)을 안정시킬 방도를 생각하면 그와 잠시 이별할 수밖에 없으니, 내 어찌 헤어짐을 상심만 하고 있겠는가. 경(卿)은 가시오. 그러면 내가 다시 부르리라.[28]

그렇다면 여기서 고종의 스승이라는 차원에서 박규수의 정치적 경륜과 사상에서 특히 주목해보아야 할 부분은 무엇일까 생각해보자. 필자의 견해로는 박규수가 당대의 그 누구보다도 국내외의 거대한 변화와 위기의 현장을 직접 자신의 눈으로 생생하게 목격한 매우 구체적이면서도 특별한 경험을 한 인물이라는 점에 주목할 필요가 있어 보인다.

실제로 박규수는 태평천국 등의 내란과 열강의 북경함락 등으로 중국이

---

27) 이후 일본에 2차 수신사로 일본을 방문하는 등 고종의 측근으로 활약한 바 있는 김홍집(道園, 1842~1896)의 유고(遺稿)에는 이와 관련하여 다음과 같은 흥미로운 에피소드가 기록되어 있다. 조대비가 고종에게 '강관(講官) 중에 누가 낫습니까' 하고 물으니, 고종이 '여러 강관(講官)들이 실로 훌륭하지만, 특히 박규수와 김영작(邵亭, 1802~1868, 김홍집의 부친)이 오로지 실심(實心)에서 바로잡아 이끌어줍니다'라고 답했다는 것이다. 김홍집, [先考贈領議政行吏曹參判府君家狀], 『金弘集遺稿』(고려대학, 1976), pp. 94-97; 김명호, 앞의 논문(2001), pp. 228-229 참조.

28) 『承政院日記』高宗 3年 3月 22日.

본격적으로 위기로 치닫는 바로 그 시점인 1861년에 燕行사절로서 중국을 방문하여 동요하는 청국의 위기상황을 직접 목격하는 특별한 경험을 하고 돌아오게 된다.[29] 한편 이듬해인 1862년에는 조선조 최대의 민란으로 꼽히는 진주민란이 전국적으로 확산되어가는 가운데 이를 수습하기 위한 책임자[按覈使]로서 현지에 파견되어 흩어진 민심의 정황을 상세히 살필 수 있는 기회를 가지기도 하였다.[30] 비록 그가 제출한 개선안은 조정에서 결국 흐지부지 처리되고 말지만, 박규수 개인에게는 끓어오르는 민심의 현장을 파악할 수 있었던 매우 중요한 체험이라고 해야 할 것이다.

또한 1866년 7월 고종 즉위 이후 마침 평안감사로 부임해 나가있던 시점에서 하필이면 평양근교 대동강에 진입한 미국상선 제너럴 셔먼호의 부당한 무력행사를 접하게 되고, 이에 대해 교섭을 벌이다 결국 직접 화공작전을 펴서 이를 격퇴시키는 경험을 하기도 하였다.[31] 이 시기는 잘 알려진 바와

---

29) 1861년 당시 열하문안사행(熱河問安使行)의 부사(副使)로서 청국을 방문하여 중국의 위기를 목격한 박규수는 서양 오랑캐들로 인한 고통보다는 태평천국군(太平天國軍)과 염군(捻軍)으로 인한 문제가 이른바 心腹之患에 해당하는 본질적인 문제라고 보았다. "各省賊匪之猖獗 已多年 所 根盤藪鋸 漸益滋蔓 勢不可制矣(中略) 此兩處賊最爲心腹之患."『瓛齋叢書』卷5(서울: 성균관대학 대동문화연구원 편, 1996) 〈熱河副使時抵人書〉. 이처럼 외압보다는 내부적인 문제를 중시하는 박규수의 인식은 당시 조선 지식인들의 사고의 전형을 보여준다고 할 수 있는데, 박규수의 이러한 인식에 구체적인 변화가 나타나는 것은 1872년의 제2차 사행이 끝나고 나서부터라고 생각된다. 이에 관해서는 후술한다. 한편 1860년의 북경함락이 중국에 던진 충격과 위기의식에 관해서는 강상규,『19세기 동아시아의 패러다임 변환과 제국 일본』(논형, 2007b)의 1장을 참고할 수 있다.

30)『哲宗實錄』13年 2月 29日(壬午條), 3月 1日(癸未條), 4月 4日(丙辰條), 5月 22日(癸卯條), 5月 23日(甲辰條), 5月 27日(戊申條). 이와 관련해서는 金容燮, "哲宗 壬戌年 의 應旨三政疏와 그 農業論",『韓國史硏究』10(1974); 原田環,「晋州民亂と朴珪壽」,『史學硏究』126(廣島大學, 1975) 등 참조.

31) 이에 관해서는 김용구, 앞의 책(2001); 김명호, 앞의 책(2005) 참조.

같이, 1866년 1월 병인박해가 시작되고 이와 맞물려 조선에 서양 열강의 외압이 본격적으로 밀려들면서 조선의 내정과 외교가 구체적으로 위기로 휘말려드는 바로 그 시점이었다.[32]

그러다 조선에서 본격적으로 이른바 '쇄국정책'이라고 일컬어지는 배외(排外)정책이 추진되던 와중인 1871년, 조선은 신미양요를 치르게 되고 청국과 일본 간에는 청일수호조규라는 기존의 중화질서와는 다른 새로운 국가 간 관계가 성립하여 전개되고 있었다. 그리고 1872년 바로 이러한 시점에서 박규수는 이번에는 고종의 지시로 연행정사(燕行正使)로서 사절단을 이끌고 다시 청국을 방문하여 중국의 이른바 '양무운동'의 현장과 함께 십여 년 전과는 또 달라진 대외정세를 느끼고 돌아오게 된다. 박규수의 이러한 독특한 현장체험은 그가 당대의 조선이 처한 대내외적 위기 상황과 시대적 과제를 보다 객관적으로 직시하고 고민하는 기회를 제공하지 않을 수 없었을 것이라는 점에서 특별히 주목을 요한다. 관견에 의하면, 박규수가 활약하던 시기에 박규수 만큼 국내외의 굵직굵직한 위기의 현장을 직접 목격한 인물은 조선 정계 어디에서도 찾아보기 어렵다.

다음으로 지적해두고 싶은 점은 박규수가 정치적으로 '신중'한 인물일 뿐만 아니라 전략적 사고에도 매우 익숙한 일종의 '유교적 현실주의자'이며 뛰어난 '정치적 균형감'을 가진 인물이라는 점일 것이다. 최근의 연구에서 자세히 검토된 바와 같이, 제너럴 셔먼호 사건 이후 와츄세트호와 세난도어호의 내항이나 오페르트 도굴사건, 그리고 신미양요에 이르기까지 조선의 외교문서를 사실상 전담하는 과정에서 박규수는 외국과의 분쟁을 어떤 식으로든 평화적, 외교적으로 해결하려는 노력을 게을리 하지 않았으며, 원칙을 중시하면서도

---

32) 대원군의 병인박해의 원인과 이후 조선의 대내외 정치적 상황이 얽히면서 전개되는 양상에 대한 새로운 해석에 관해서는, 강상규, 앞의 논문(2007a)을 참조할 것.

실용적이고 절충적으로 문제를 해결하는 자세를 견지하였다.[33]

만일의 사태를 대비하여 적극적이면서도 치밀하게 준비하였기에 뛰어난 협상력을 확보할 수 있었고, 상이한 견해가 부딪힐 때는 강경노선과 온건노선의 상호협력을 이끌어내는 모습을 보여주고는 했다. 이런 점에서 박규수는 19세기 조선의 위정자나 지식인들이 대단히 비타협적이고 경직된 사고를 보였던 것과는 달리,[34] 온화하면서도 상대적으로 유연한 사고의 소유자였다는 점에서 19세기 조선 정치사에서 매우 특이한 지점에 서 있었던 인물이라고 할 수 있다.

한편 즉위 이후 어린 고종은 경연의 장에서 경사서(經史書)를 익혀가는 과정에서 이른바 '학자관료'들과 정치적 현안에 대해 계속 대화해나갔으며 군주로서 학문하는 기본적인 자세와 아울러 정치에서 추구해야 할 전통적인 유교적 가치체계들을 배워 나갔다. 소년 고종은 경연을 거치는 동안 당시의 국가 기강이 대단히 쇠약할 뿐만 아니라 정치권력이 사적으로 남용되어 국가의 근본인 백성들의 생활이 심각하게 불안하다고 인식하게 된다. 그리고 이러한 상황을 극복하기 위해서는 우선 경향 각지의 관리들이 솔선하여 '위민(爲民)'정치를 실천해나가지 않으면 안 되며 그렇게 할 수 있도록 최종적으로 이끄는 것이 군주인 자신에게 부여된 막중한 정치적 책임이라는 사실을 절실히 인식하게 된다.[35]

---

33) 김명호, 앞의 책(2005) 참조.

34) 19세기의 위기 상황에서 조선의 사상계가 정신주의적이고 비탄력적인 성향을 띠게 되는 이유에 관해서는, 강상규, 「19세기 동아시아의 패러다임 변환과 한반도: '예의'와 '부강'의 상극적 긴장」, 『사회와 역사』(2006b) 참조.

35) 강상규, 「명성왕후와 대원군의 정치적 관계 연구: 왕실내 정치적 긴장관계의 구조와 과정」, 『한국정치학회보』 40집 2호 (2006a), pp. 34-36.

이러한 고종의 정치의식은 그 성격상 예컨대 형벌의 적용을 둘러싼 수차례의 논쟁을 통해 명확하게 확인해볼 수 있다. 즉 고종은 죄인들을 심판하고 형벌을 가하는 것과 관련하여, 법적 기강을 엄격히 하기 위해 가혹한 형벌도 불사하지 않으면 안 된다는 주변의 고위 관리들의 주장과 반대에도 불구하고, 형벌을 주는데 보다 신중하며 가급적 관대한 태도를 보임으로써 법령을 남용하지 않도록 하고 억울한 경우가 최대한 발생하지 않도록 하는 것이 오히려 법의 기강을 세우는 방법이며, 아울러 생명을 소중히 여기는 하늘의 덕[生生之德]을 본받으려는 유교 본연의 가치를 정치적으로 구현하는 것이라는 입장을 끝내 관철시켜나갔다.[36]

그 중에서도 고종의 형벌의 적용에 관한 의식을 잘 보여주는 사례로서 1870년 9월 정만식(鄭晩植)의 케이스를 들 수 있다. 고종은 수사상의 여러 결함들을 이유로 정만식에 대한 사형 결정이 여러모로 부적절하다는 입장을 표명하고, 죄인을 귀양 보내는 것으로 최종판결을 내렸는데, 승정원, 홍문관, 사헌부와 사간원, 의금부 당상관, 전현직 대신 등이 각기 연명(連名)으로 상소를 올려 이에 대한 지시철회를 요구하고 나오지만 고종은 이를 끝내 승인하지 않았다.[37] 다음날 고종은 형벌의 적용에 관한 자신의 입장을 다음과 같이 분명하게 밝히고 있다.

---

36) 고종 즉위 초기 『高宗實錄』에 수록되어 있는 이러한 사례로서 다음과 같은 경우를 들 수 있을 것이다. 김귀주(金龜柱) 및 김시연(金始淵)에 대한 케이스(1865年 1月 2日, 3日, 7日), 심리택(沈履澤)과 심의면(沈宜冕) 부자(父子)와 김진형(金鎭衡), 김상로(金尙魯)에 대한 케이스(1865年 10月 15日, 16日, 17日, 18日), 남종삼(南鍾三), 홍봉주(洪鳳周)의 케이스(1866年 1月 21日, 23日, 24日), 정만식(鄭晩植)의 케이스(1870年 9月 9日, 10日, 11日), 최석기(崔錫基)의 케이스(1870年 11月 11日), 김응룡(金應龍)의 가족과 오윤근(吳潤根)의 부자(父子)에 대한 케이스(1872年 5月 16日, 18日, 19日) 유흥영(柳興榮), 심담응(沈聃應), 김응연(金應淵), 서진규(徐震圭)에 대한 케이스(1872年 6月 7日, 22日, 26日, 27日, 29日).

37) 『高宗實錄』 7年 9月 9日(壬申條).

법을 운용하는 데는 엄격해야 하며 형벌을 주는 데는 신중하여야 한다. 죄가 있는지 판명되었을 때 벌을 주고 판단이 서지 않으면 용서해야 한다. 그렇게 해야 법이 엄격하게 이행되고 형벌은 조심스럽게 주어진다. 최근 몇 차례의 심문을 시행하였다. 그런데 누구는 다른 이들의 참언에 의해, 누구는 그들이 왕조의 멸망을 예언한 도참죄가 있다고 하여, 그때마다 차마 듣기도 말하기도 어려운 죄목을 들씌워 마구 잡아 죽이기까지 하고 있으나 이를 문제시 삼는 사람은 없다. 이렇게 해서야 대저 사건의 실상을 얼마나 자세히 조사했다고 할 수 있겠는가. 이 어찌 인간의 생명을 소중히 다루는 것이겠는가. 그런데도 시시비비를 가리지 않고 손쉽게 서둘러 처리부터 하려고 하니, 자기도 모르게 개탄하지 않을 수 없다.

이제부터는 범죄 사건에서 누구를 막론하고 중형의 죄가 들씌워지게 되면 반드시 끝까지 조사 확인하고 반복하여 따져야할 것이다. 그리하여 진짜 범행을 저질렀으면 이는 법에 따라 처벌할 것이다. 하지만 만일 실제로 범행이 밝혀진 바 없는데, 그저 남에 의해 죄가 있다고 일컬어지는 사람이라면, 그 때는 의정부의 결정에 따라 그의 죄에 의문이 있다고 하면 형량을 줄이는 것을 허용하여, 세상에 억울함이 쌓이지 않도록 해야 할 것이다.[38]

이처럼 고종에게 있어 정치란 윤리적 이상을 사회적으로 실천하고 실현하는 과정일 때에만 진정한 가치를 가질 수 있는 것이었다[政者正也]. 즉 유자(儒者)에게서 일반적으로 나타나는 '정치의 윤리적 승화'라는 이상주의적 신념은 이제 청년기에 접어드는 고종에게 확고하게 자리를 잡아가고 있었던 것이다. 이러한 고종의 '위민'의식은 왕도정치의 헌장이라 할 수 있는 '백성은 나라의 근본이며 근본이 견고하면 나라가 안녕하다[民惟邦本 本固邦寧]'는 전통적인 민본주의적 사고방식에 기초한 것이라고 해야 할 것이다.[39]

---

38) 『高宗實錄』 7年 9月 10日 (癸酉條).

39) 이러한 고종의 위민의식을 박규수의 '위민'의식과 비교해보는 것도 흥미로운 일이 아닐 수 없다. 요컨대 두 사람의 위민의식은 논리적으로나 정서적으로 무척 닮아 있다고 생각된다. 박규수는 '평양감사 시절 전국적으로 병인사옥(丙寅邪獄)이 행해지는 상

여기서는 이러한 고종의 유교적 '위민'='민본'의식이 점차 대원군의 패도적 정치성향과는 다른 정치를 직접 실천하려는 의지가 구체화되는 사상적 배경이 되었다는 점을 아울러 부언해둔다.

4. 청년 고종의 대외인식의 전회와 박규수

한편 즉위 이후 고종의 대외인식은 기본적으로 여전히 전통적인 유자들의 화이관념의 연장선상에 놓여 있었다고 할 수 있다. 1870년 3월의 고종과 박규수의 대화는 이러한 사실을 선명하게 보여주는 사례들이다.

> 고종: 천하의 만국 가운데는 어찌하여 성인들의 교화(敎化)를 지키지 않는 자
>   들이 있으며, 양이(洋夷)들의 사교(邪敎)가 나오는 것은 어째서인가?
> 강관 박규수: 서양의 여러 이적들이 중국에서 너무도 멀리 떨어져 있기 때문입
>   니다. 너무도 멀리 떨어져 있기에 중화문명의 가르침이 아직 미치지 않은
>   것입니다.…저들의 사설(邪說)이 끝내 천하의 사람들을 모두 물들게 하

황에서 "백성(民)이 교화(敎化)의 혜택을 입지 못하기 때문에 바른 것을 등지고 사악한 것을 따르는 것이다. 진실로 善으로써 능히 이들을 인도한다면 이들 모두가 우리의 선량한 백성(民)인 것을 많이 죽이는 것은 어찌 된 일인가"하면서 (평양시민을) 단 한 사람도 죽이지 않았다'고 전해지고 있다. 『朴珪壽全集』(亞細亞文化社, 1978), pp. 20-21 [節錄瓛齋先生行狀草]. 김명호 교수는 이 기록이 신빙성을 갖지 못한다고 하면서 서면호 사건 직후 박규수는 천주교도를 체포한다는 명령을 내린 바 있으며, 천주교도 2명을 효수한 적이 있음을 지적한다. 박규수가 대원군의 정책과 별반 차이가 없다는 것이다. 김명호, 앞의 책(2005), pp. 411-412. 하지만 박규수가 위기의 시대를 살았던 현실정치가였음을 고려한다면, 서면호 사건 직후 천주교도들의 내용을 우려한 박규수의 이러한 행위는 쉽게 비판하기 어려운 측면이 있음을 인정하지 않을 수 없다. 박규수의 판단을 대원군의 천주교 탄압과 동일한 맥락에서 논의한다는 것은 수긍하기 어렵다. 대원군의 천주교 탄압에 관해서는, 강상규, 앞의 논문(2007a)을 참고할 것.

지는 못할 것입니다.

고종: 치우친 것이 바른 것을 어찌 해칠 수 있겠소. 치우친 것이 바른 것을 범하는
것은 마치 대낮에 구름이 태양을 가린 것과 같은 것이어서 머지않아 이는
저절로 해소될 것이오.

박규수: 신이 일찍이 중국인들의 말을 듣건대, 저들 이적들이 항시 중국의 경전을
많이 사들여 번역하여 읽고 있다합니다. 그러니 이들도 필시 하루아침에
크게 깨달아 스스로의 비뚤어짐을 자각하고 이들 역시 모두 성인들의 가르
침에 귀의하게 될 것입니다.[40]

1871년 신미양요에 이르기까지만 해도 고종은 서양세계를 전통적인 화이
관념에 근거해 문명세계와는 상극적인 이미지로 인식하고 있었다.[41] 그것은
조선에서 전통적으로 내려오던 문명관(文明觀)과 문화적 자존의식, 그리고
즉위 이후 형성된 고종의 유교적 정치성향, 그리고 아울러 당시 조선 전체를
위기의식에 휩싸이게 했던 병인년(1866) 프랑스 함대와의 격전을 비롯하여,
오페르트 도굴사건(1868), 신미년(1871)의 미국함대와의 격돌 등 서양과의
폭력적이고 적대적인 만남과 충돌의 상황을 종합적으로 고려해볼 때 지극
히 자연스러운 것이라고 해야 할 것이다.

이는 환언하면 고종이 자기 정체성을 갖추어가는 과정에서 가지게 된 서
양세계의 이미지가, '예의지방(禮義之邦)으로서 조선'이라는 일종의 '자기
인식'을 정합적으로 만들어가는 소재가 되고 있으며, 아울러 자신이 속해 있
으며, 그리고 자신이 수호하지 않으면 안 될 문명세계에 대한 '역상(逆像)'에
가까운 모습이었음을 의미한다. 이것은 단지 고종에 국한된 것이 아니라 동

---

40) 『承政院日記』 高宗 7年 3月 7日.

41) 이러한 사례로서 『承政院日記』 高宗 7年 3月 7日;『日省錄』
高宗 8年 4月 17日; 8年 4月 20日;『高宗實錄』8年 4月 25日 등을
지적할 수 있을 것이다.

시대를 살아갔던 조선유자들의 거의 대다수가 공유하고 있던 '자기에 대한 인식'인 동시에 '타자(他者)로서의 서양에 대한 인식'이기도 했다.[42]

그런데 신미양요 이후 연행사절로 다녀온 민치상(1825~1888) 등의 귀국 보고를 접하면서부터 고종은 대외적 상황에 대해서 점차 구체적인 관심과 흥미를 표명하기 시작하게 된다.[43] 이 보고에는 청과 일본 간의 청일수호조약의 체결(1871년)이라는 사건과 아울러 청의 어린 황제가 공친왕을 대신하여 친정을 할 것이라는 소식 등이 담겨 있었다. 적어도 이러한 문제들에 대하여 고종이 적극적인 관심을 가지기 시작하였다는 것은 이로부터 4주일 남짓한 시간이 흐른 뒤 고종이 귀국한 연행사절단의 서장관 박봉빈을 따로 불러 위의 사항과 관련된 질문을 보다 구체적으로 거듭하여 다시 집요하게 확인하고 있는 것을 통해서도 확인해볼 수 있다.[44]

양이(洋夷)가 왜인(倭人)들을 끌어들여 중국과 더불어 장차 교역을 하리라고들 하던데 과연 그러하던가? (중략) 왜(倭)가 본래 중국에 신하로서 복종하는 나라가 아니어서, 청(淸)은 왜(倭)와 교역을 하겠다는 약속을 금지, 통제하거나 반대하지 않는 것인가? (중략) 황제가 총명하고 배움을 좋아하여 서정(庶政)을 친히 다룸으로써 백성들의 기대에 부응한다는데 과연 그러하던가? (중략) 양이의 중국침범이 공친왕(恭親王)이 내응하여 그렇다고들 하던데 과연 그러하던가? (중략) 공친왕이 양이를 끌어들여 국가를 해치는 것에 대해서 신민(臣民)들은 혹시 분통해하는 마음을 지니고 있지는 않던가? (중략) 대국(大國)의 민심은 이전에 비해 어떠하던가? (중략) 대국의 법령이 전에 비해 해이하다고들 하던데, 이전의 도광(道光)이나 함풍(咸豊)때와 비교하면 어떻던가? (중략) 중국조정의 신하 가운데 혹 재능 있는 인물은 있던가?

---

42) 고종의 대외인식이 전환되는 과정에 관해서는 강상규, 앞의 논문(2005)을 참조.

43) 『日省錄』高宗 9年 4月 4日.

44) 『日省錄』高宗 9年 4月 30日.

고종은 귀국한 연행사절단의 서장관 박봉빈을 접견한 바로 그날(1872년 4월 30일)에 당시 최고의 대외관계 전문가인 박규수를[45] 차기 연행사절의 정사(正使)로 파견할 것을 결정한다.[46] 이러한 사실이 갖는 의미는 고종의 대외관계에 대한 높아진 관심과 아울러 박규수에 대한 고종의 특별한 신뢰를 이해하지 않으면 그 정황이 제대로 파악되기 어려울 것이다. 기존연구들이 박규수의 2차사행에 대해 수없이 언급하였으나, 그것이 이루어진 전후맥락에 대해 아무런 주의를 기울이지 않은 것도 바로 이러한 이유에서일 것이다.

그러면 박규수가 연행(燕行)사절 임무를 띠고 청에서 돌아온 후 귀국보고 자리에서는 어떤 대화가 이루어지고 있었는지를 살펴보기로 하자.

고종: 귀국 보고서는 이미 읽어보았소. 사신들이 보고 들은 것을 자세히 말씀해 주시오.
(중략)
고종: 민심은 어떠하오?
정사 박규수: 물가가 올라 비록 어려움이 있지만 민심은 안정되어 있습니다. 내년 정월 황제의 친정을 모두가 우러러 바라고 있으니 그때에는 특별한 정령(政令)이 있을 것입니다.
고종: 양이가 아직도 황제의 거처인 성내에 있소?
박규수: 종전과 같이 시내에 거류하고 있습니다. 다만 그들의 왕래는 본래 정해

---

45) 박규수가 당대 최고의 대외관계 전문가로 인정받고 있었음은 병인양요(1866)를 전후해서부터 외국과의 분쟁이 발생했을 시에 조선 측의 입장을 대변하는 거의 대부분의 문서를 그가 작성하였다는 사실만으로도 잘 드러난다. 박규수가 작성한 문서에 관해서는 原田環, 앞의 책(1997), p. 109에 실려 있는 [朴珪壽起草の洋擾期の咨文答狀一覽]과 이완재,『한국근대 초기 개화사상의 연구』(1998), p. 157에 실려 있는 [朴珪壽 起草 洋擾關係 咨文/答信文一括表]를 참고할 수 있다.
46)『日省錄』高宗 9年 4月 30日.

진 것이 아니어서 그 수를 상세히 알지 못합니다. 그러나 전과 비교하여 마음대로 행동하지는 않습니다.

고종: 正使는 이미 두 번째의 왕래이니 중국 조정 내의 여러 인사들과 교유가 많았을 것이고 따라서 여러 가지 형편도 탐문할 수 있었을 텐데….

박규수: (중략) 대개 저들 국가들(=서양 열강)은 상호 공격하여 전쟁이 그치지 않음이 곧 그 습속입니다. 그래서 지금도 역시 布國(=프러시아)과 法國(= 프랑스) 사이에 전쟁(=普佛戰爭)을 하고 있습니다. 따라서 중국에 거주하는 사람들이 교역과 매매에 힘쓸 겨를이 없어 종전에 횡행 방자하던 기운이 좀 수그러진 듯합니다. 대저 양이들이 연경(燕京)의 도내(都內)에 거주한 지가 지금 벌써 여러 해가 되었는데, 당초에는 양화(洋貨)의 매매가 심히 번성했습니다. 그런데 근래에는 중국인들이 모두 양물이 사람들의 눈을 그저 현혹시키고 실용에 맞지 않는다는 것을 깨달아 그들과 교역함이 심하지 않게 되어, 양인들은 이익을 잃게 되었습니다. 그리고 예전에 강남에서 용병(用兵)할 때 중국은 양인들의 포(砲)를 많이 사들여서 전투에서 사용했기 때문에 양인들은 포를 만들어서 이익을 얻었습니다. 그런데 요즘에는 중국이 저들의 포를 모방하여 만들어서 극히 편리하게 되었으며, 저들의 포를 이용하지 않게 되었기 때문에 양인들은 이익이 없어지게 되었습니다. 또한 종래에는 중국 상인이 화륜선(火輪船, 기선)을 세내어 사용했기 때문에 양이는 그에 따른 이익을 챙겼는데 이제는 중국이 화륜선도 모방하여 만들어 내게 되어, 서양제 화륜선을 돈을 내고 이용하지 않게 됨으로써 서양인들은 그 이익을 또 잃게 되었습니다.(이하 생략)[47]

이 자리에서 고종은 자신의 주요 관심사와 관련해 대략 40여 개에 달하는 질문을 던지게 된다. 위에 소개한 — 보기에 따라서는 다소 장황하고 평이한 사실들의 서술처럼 보이는 — 박규수의 답변에는 대단히 중요한 정치적 함의와 무게가 실려 있었음을 간과해서는 안 된다. 박규수가 보고한 내용의 요지는 현재가 더할 나위없는 '난세'이며 이것이 이미 거부할 수 없는 시대적

---

47) 『日省錄』高宗 9年 12月 26日.

대세라는 것, 그러나 이러한 와중에서 중국의 경우에는 다소의 혼란에도 불구하고 예컨대 대포, 화륜선 등으로 대표되는 강력한 서양국가의 기술(用=器=才)들을 배척하지 않고 오히려 적극적으로 활용하려 하는 자세를 취함으로써 내실을 기해나가고 있다는 것, 그리고 이러한 상황에서 황제의 친정이 시작됨을 모두가 바라고 있다는 것이었다. 따라서 이러한 박규수의 보고는 비록 완곡하게 표현되고 있기는 하지만, 그 내용은 결국 조선이 현재 시대적 대세를 외면함으로써 고립되는 국면으로 치달리고 있으며 이러한 조선 조정의 입장이 도리어 중장기적으로는 나라를 보다 심각한 위기상황으로 몰고 갈 것이라는 대단히 무거운 메시지를 내포하고 있었던 것이다. 이것은 당시의 국내외적 위기상황을 통감하고 안타까워하던 박규수의 현실적인 위기의식을 그대로 반영하고 있음과 동시에 아울러 청년 국왕 고종에게 '새로운 사고'를 촉구하는 강력한 정치적 암시이기도 했다.[48]

이후에 이루어진 연행사절단의 복명내용을 검토해보면, 고종의 질문은 러시아와 서양관계, 일본과 서양관계, 일본 내부의 권력변동, 중국과 서양관계, 중국과 일본관계 등으로 확대되어간다. 그리고 고종에게 있어 중국은 여전히 가장 중요한 나라이기는 하지만 이미 현실적으로 세계의 중심이 아니라는 인

---

48) 박규수는 전술한 바와 같이 고종의 즉위 이후 오래도록 경연관에 참여하고 있어서 고종의 정치의식이나 성향을 어느 누구보다 잘 알고 있었다. 지금까지 살펴본 바와 같이 실제로 고종의 유교적 인군(仁君)의식의 많은 부분이 박규수의 지적인 영향 하에 이루어졌다고 해도 과언이 아닐 것이다. 하지만 박규수가 경연이라는 공식적인 자리를 통해 국왕 고종에게 자신의 정치적 견해를 피력하는 데는 어떤 식으로든 한계가 존재하지 않을 수 없었다. 공공성을 중시하는 조선의 정치적 전통에 따라 국왕과 개별적인 신하와의 이른바 '독대'가 허락되지 않았던 사정과 아울러 당시 조정을 비롯한 조선 전국에 팽배해있던 배타적인 대외정서를 종합적으로 감안해보면, 이미 노년에 접어든 박규수가 막중한 책임을 띠고 연행사절의 책임자로 다녀온 뒤 고종에게 객관적인 정세보고의 형식을 빌려 자신의 정견을 전하기 위해 얼마나 많은 생각과 고민을 했을 것인가 고려하지 않으면 안 될 것이다.

식이 나타나게 된다. 이러한 사실은 어린 시절 고종이 청에 대해 갖고 있던 '帝國(혹은 大國)으로서 중화'라는 신화화된 이미지가 근간에서부터 흔들리고 있으며, 나아가 그 동요의 와중에서 서양화된 일본과 강력한 서양 열강들이 세력을 확산시켜가고 있다는 것을 고종이 감지하게 되었음을 의미한다. 이것은 환언하면 요컨대 대원군이 추진하는 조선의 배외(排外)정책이 시대적인 대세를 무시한 것으로서 조선이 현실적으로 점차 고립되는 국면으로 상황이 전개되고 있다는 위기의식과 불만을 고종이 동시에 가지고 있었으며, 새로운 방향전환의 필요성을 강하게 느끼고 있었음을 시사해주는 것이기도 했다.

한편 이무렵 고종과 박규수와의 대화를 보면 고종이 경연과는 상관없이 역사서를 즐겨 읽고 있었음을 알 수 있다.[49] 두 사람의 대화내용으로 미루어 볼 때 청년기의 고종은 역사서를 두루 섭렵하고 있었음을 알 수 있는데, 역사서에 대한 깊은 관심은 청년 군주의 의식 속에 자연스럽게 보다 리얼하게 현실을 인식하는 기반이 될 수 있었을 것으로 여겨진다.[50] 아울러 이후 고종

---

49) 『承政院日記』高宗 10年 9月 10日, 경연관으로 들어온 박규수가 고종에게 요즘 무슨 책을 읽고 있는지를 묻자, 고종은 『만성계보(萬姓統譜)』를 읽고 있다고 답한다. 그러자 박규수는 이런 책은 비록 빠르고 편하게 볼 수 있지만 명확한 근거를 갖고 있는 정사(正史)를 읽는 것만 못하다고 하면서, 이제 국왕의 학문이 일정한 경지에 올랐으므로 사마천의 『史記』와 반고(班固)의 『전한서(前漢書)』, 범엽(范曄)의 『후한서(後漢書)』, 『明史』 등의 역사서를 읽을 것을 권한다. 그러자 고종은 『史記』는 국정에 도움이 될 뿐만 아니라 그 외에도 볼 만한 것이 많다고 느꼈으며, 『明史』는 신종대(神宗代) 이후에 관한 묘사가 불만스러운 곳이 많은데 이는 필시 명나라가 멸망한 뒤 청국인에 의해 씌어졌기 때문에 발생한 문제일 것이라는 자신의 논평을 덧붙여 대답하고 있다.

50) 고종이 역사에 해박했다는 것에 관해서는 다음과 같이 외국인들이 남긴 자료들에서도 확인된다. ① "그(=고종)는 특별한 기억력의 소유자로 한국 역사에 대해 썩 잘 알고 있어서 어떤 사건이나 구래의 관습에 대해 문제가 제기되면, 어느 시대 모월 모일, 어떤 일이 일어났는가를 정확하게 언급하면서 조목조목 설명해낼 수 있다고 한다." Isabella L. Bird Bishop, *Korea and Her Neighbours: A Narrative of Travel, with an Account of the Recent Vicissitudes and Present Position of the Country*, 이인화 역, 『한

이 조선의 '안과 밖'의 상황 변화에 '민감'하면서도 상대적으로 '신중'하게 반응할 수 있는 중요한 사상적 기반으로 작용했을 것으로 보인다.

1873년 10월 25일, 최익현(勉菴, 1833~1906)이 유교적 명분론에 입각하여 조정의 정책을 총체적으로 강하게 비판하는 상소를 올린 것은 고종이 지금까지 언급한 바와 같이 내정과 외교문제에 있어 대원군과는 분명히 구별되는 정치적 견해를 다져가던 상황에서였다.[51]

국과 그 이웃나라들』(살림, 1994), pp. 300-301; ② "국왕은 자기 나라의 역사, 근대와 고대의 역사에 대해 나라 안의 어느 누구보다도 더 많이 알고 있으며, …대신들 사이에 옛 관습과 과거에 대해 모르는 것이 생겼을 때 전하에게 물어보면, 어떤 역사적 사건이 일어난 시기와 특별한 점을 정확하게 지적해준다." *Korean Repository* 3권 11책(1896年 10月), 'His Majesty, The King of Korea', p. 428; ③ "지적인 면에서 황제는 복잡한 중국의 한자뿐만 아니라 諺文이라는 고유문자에 대해서도 매우 뛰어나다는 명성을 누리고 있는데, 이 두 가지 자질을 모두 갖춘 예는 극히 드물다. 그는 또한 한국의 고대사와 근대사에 대해서도 뛰어난 지식으로 역사의 여러 논점이나 옛 관례에 대해 대신들 사이에 의문이 생겨날 때 경이로울 정도로 정확하게 그 문제를 해결해 준다." Carlo Rossetti, *Corea e Coreani*(1904), 서울학연구소 역, 『꼬레아 꼬레아니』(숲과 나무, 1996), p. 90. 까를로 로제티는 이태리 총영사로서 1902년부터 1903년까지 서울에 주재한 인물이다.

51) 고종의 친정선언이 현실적으로 가능할 수 있었던 것은 대원군의 강력한 실질 권력이 사적인 권력이라는 점에서 취약성을 갖고 있었기 때문이며 대원군은 이를 거부할 어떠한 공적인 명분도 갖고 있지 못했다. 이 과정에서 야사에 전해 내려오는 것과 같은 대원군과 왕비 간의 사적인 갈등요소가 개입되어 있다는 것은 인정할 수 있겠지만, 그것이 고종이 친정을 선언하게 된 가장 주요한 혹은 실질적인 원인이라고 간주하는 일반화된 이해는 사실과 크게 다르다고 할 수 있을 것이다. 고종 친정선언의 구체적인 계기가 되는 최익현의 1차 상소(1873년 10월 25일)와 2차 상소(동년 11월 3일), 그리고 이를 둘러싼 군신 간의 팽팽한 의견대립과 정치적 갈등관계의 전개에 관해서는 James B. Palais, *Politics and Policy in Traditional Korea*(Cambridge: Harvard Univ. Press, 1975) ch. 9; Martina Deuchler, *Confucian Gentlemen and Barbarian Envoys: The Opening of Korea, 1875~1885*(Seattle and London: Univ. of Washington Press, 1977), pp. 11-13; 김영수, "대원군의 하야와 고종의 정치적 역할", 『한국정치사상사』(박영사, 1991); 최병옥, "대원군의 하야에 대하여"(1992)는 이후 최병옥, 『개화기의 군사정책연구』(경인문화사, 2000)에 수록; 안외순, 「대원군집정기 권력구조에 관한 연구」, 이화여자대학 박사논문,

1873년 11월 5일 고종이 대원군에 의한 '사실상의 섭정'을 거부하고 스스로 친정(親政)할 것임을 선언한 후,[52] 고종은 박규수를 우의정으로 임명함으로써 박규수에 대한 신뢰와 아울러 향후 대외정책의 방향선회 의지를 분명히 드러냈다.[53] 이때 박규수는 고종이 자신을 우의정으로 임명하자 이를 사양했다. 이에 대해 고종은 다음과 같이 그를 설득하고 나선다.

경을 크게 등용하고자 생각한지 이미 오래되었소. …경이 나랏일만 생각하고, 공적인 일만을 생각하며 고심하는 것은 내가 깊이 알고 있는 바요. 법을 다루고 정사를 하자면 반드시 학문이 있어야 하는데 경이 그것을 가지고 있소. 근간부터 흔들리는 풍속을 바로 잡자면 반드시 덕망이 있어야 하는데, 경이 바로 그러하오. 민(民)이 고통을 겪고 있는 만큼 반드시 경세제민할 수 있어야 하는데, 경이 바로 그런 인물이오. 이것은 모두 중앙과 지방의 벼슬자리에 경을 등용하여 쓰면서 내가 확인한 것이며, 다른 사람 모두가 충분히 보고 들은 바요.[54]

이에 대해 박규수는 자신의 재주와 덕이 부족함을 이유로 수차에 걸쳐 사양하다가[55] 결국 이를 수락하게 된다. 조정에 나타난 박규수와 고종의 대화

1996; 김병우, 「고종의 친정체제 형성기 정치세력의 동향」, 『대구사학』 63(2001); 강상규, 앞의 논문(2006a) 등을 참고할 수 있다.

52) 『高宗實錄』 10年 11月 4日(己酉條), 11月 5日(庚戌條).

53) 『高宗實錄』 10年 12月 2日(丙子條).

54) 『高宗實錄』 10年 12月 3日(丁丑條): "諭右議政朴珪壽曰, 予之欲以卿大用久矣. 今乃斷自予衷, 拜卿以三事之職者, 豈徒然哉? 顧今國事之艱危, 惟在老成人共濟, 而卿之國耳公耳之一段苦心, 予所深知也. 治法政謨, 必須文學, 而卿乃有之, 頹風淸俗, 必須德望, 而卿乃有之, 民生困殄, 必須經濟, 而卿乃有之. 此皆卿中外已試之績, 而塗人耳目者矣. 予豈阿好而言哉? … 卿須毋循備例, 卽爲蒔朝, 蕃我元輔, 同寅共貞, 以弼予一人."

55) 고종의 네 차례에 걸친 설득과 박규수가 이를 사양하는 내용에 관해서는, 『高宗實錄』 10年 12月 3日(丁丑條), 4日(戊寅條), 5日(己卯條), 6日(庚辰條), 7日(辛巳條), 8日(壬午條), 9日(癸未條)자를 참고.

내용은 다음과 같은 애틋한 것이었다.

> 고종 : 政丞(=박규수)께서는 지난날 나의 돌아가신 아버지(=翼宗)의 총애를 받았
> 고 헌종(憲宗)이 뽑아 쓰셨으니, 경(卿)으로서는 이미 세상에 없는 남다른
> 우대를 받은 것이요. 그리고 우리 대왕대비가 의탁하고 또한 나 자신이 기
> 대를 걸고 있는 바가 어떠합니까. 경으로서는 선대왕(先代王)들을 소급하여
> 생각하며 오늘에 와서 보답해야 할 때입니다. (중략) 진실로 나를 안심시키
> 려면 다시는 그렇게 거절하지 말아야하오. 이것이 나를 안심시키는 길이요.
> 박규수: 전하의 지시가 이와 같으니 지난날과 오늘을 돌이켜 볼 때, 저도 모르게
> 감격의 눈물이 흘러내립니다. 삼가 어떠한 지시라도 다 받들겠습니다.[56]

이러한 상황에서 고종에 대해 박규수가 생전에 간직한 느낌은 젊은 날 박
규수가 효명세자에게 품었을 간절한 마음과 겹쳐졌을 가능성이 크다.

한편 친정 선포 이후 고종의 대외관계에 관한 관심과 일본에 대한 전략적
사고, 조선의 고립된 상황을 타개해나가려는 의식 등은 지속 확대되어 나간
다.[57] 그리고 이러한 상황 하에서 기존의 배외정책과는 다른 대외적인 입장
을 취하려는 구체적인 노력이 가시화되기 시작한다.[58] 그러나 필자의 다른

---

56) 『高宗實錄』 10年 12月 10日(甲申條): "敎日, 大臣昔我寧考之
所知照, 憲廟之所簡拔, 已於卿不世之殊遇. 而今我慈聖之所倚毗,
寡躬之所傾嚮, 又何如乎? 此於卿, 誠追先報今之會也. 不必果爲
辭巽矣. … 苟欲使予安心, 更勿復擧. 是之爲安予心也. 珪壽日, 聖
敎及此, 俯仰今昔, 臣不覺感淚交迸, 謹當惟命之承矣."

57) 각 연행사절에 던지는 고종의 질문 및 대화내용에는 고종의
대외적 관심의 폭과 고민이 잘 드러나는데 여기서는 생략한다.
그 내용은 각 연행사절 도착보고 일자의 『承政院日記』, 『日省錄』
등을 통해 확인할 수 있다.

58) 고종이 친정을 한 후 조선의 대외정책에 변화가 나타나고 있
다는 사실은 당시 일본 측의 기록을 통해서도 확인이 가능하다.
예컨대, 조선의 초량왜관에 근무하던 오쿠기 이사무(奧義 制)가
1874년 3월 14일자로 조선국왕이 친정을 하게 되어 대일관계의
창구역할을 하던 동래부사의 更迭이 있을 것이라는 보고를 모리

연구에서 이미 언급한 바와 같이, 고종이 정치적 정통성의 현실적 근거가 되는 왕권의 위상을 이용하여 일단 친정을 선언하고 대원군을 밀어냈다고 해서, 자신의 생부인 대원군의 광범위한 정치적 영향력까지도 배제할 수 있었던 것은 아니었다. 이것은 단순히 대원군이라는 개인의 직접적인 정치참여의 여부를 떠나, 기왕에 대원군이 장악하고 있던 광범위한 인적, 물리적 권력기반과 고종이 '동거'하면서 국정을 운영하게 되었음을 의미한다.[59]

이러한 정치적 상황 하에서 고종이 어떠한 의식 하에서 현실적으로 대원군과 다른 대외적 입장을 취하려 했는지, 그리고 이 과정에서 얼마나 많은 현실적 제약과 정치적인 갈등이 있었는지를 무엇보다 잘 드러내 보여주는 것이 바로 1874년과 1875년에 있었던 박규수와 대원군 간의 일본과의 수교를 둘러싼 서신 논쟁일 것이다. 왜냐하면 고종과 대원군의 미묘하고 불편한 정치적 관계와 당대의 정서, 그리고 지금까지 언급한 박규수와 고종의 특별한 관계 등을 종합적으로 고려해볼 때, 이 서한을 통한 논쟁은 비록 형식적으로는 박규수와 대원군 간에 이루어진 것이었지만 사실상 고종과 대원군의 대리전의 성격을 지니고 있을 뿐만 아니라, 이를 통해 당대의 핵심적인 이슈가 되던 대외정책을 둘러싼 양자 간의 입장과 명분이 압축적으로 드러나고 있다고 생각되기 때문이다.

여기서 대원군은 '일본이 정책을 수정하기 전까지는 서양 각국들과 한통

야마 시게루(森山茂, 1842~1919)에게 전달하였는가하면, 당시 朝鮮差遣・外務省出仕로 조선에 와있던 모리야마가 1874년 6월 21일자로 작성한 [朝鮮近情文書]에는 '작년 겨울 이후 대원군이 퇴진하고 국왕이 직접 일본관계를 관장하고 있다. 조선은 일본의 정한론을 잘 알고 있으며 일본을 예의주시하고 있다'는 내용이 본국에 보고되고 있다. 『日本外交文書』明治年 間, 7卷, pp. 749-50, 文書番號 206, pp. 364-66, 文書番號 210.

59) 강상규, 앞의 논문(2006a), p. 40.

속인 일본 측의 서계를 접수해서는 안 된다는 입장'을 끝내 고수하고 있었는데,[60] 이에 대해 박규수는 '일본이 양이(洋夷)와 함께 합치는 것을 분명히 들어 알고 계시면서, 무슨 이유로 화평을 잃어 적국을 하나 더 보내려 하십니까' 하고 반박하고 있다.[61] 여기서 박규수가 논하는 대일(對日)자세의 요지는 일본 측이 '의구통호지(依舊通好之意)'를 표명하는 한 서계의 자구 따위에 구애받지 말고 대국적인 견지에서 이들의 서계를 받아들이는 것이 그들에게 무력행사의 빌미를 주지 않을 뿐 아니라 일본과 서양제국이 하나가 되어 조선을 고립시키는 형국으로 나아가는 것을 막을 수 있다는 것으로서 다분히 현실적이고 전략적인 것이었다.[62]

그러나 박규수의 대일(對日)접근 방식을 단순히 실용적이고 전략적인 차원으로만 해석하는 것은 적절하지 않아 보인다. 왜냐하면 박규수의 또 다른 서한들을 보면,

(가) "대체로 閤下(=대원군)께서 깊이 우려하시는 것은 오로지 일본이 바야흐로 양이와 더불어 하나가 되는데 있으며, 우리가 서계를 받아들인다는 것은 저들에게 약점을 드러낸다는 것입니다. 제가 깊이 우려하는 것 또한 왜양(倭洋)이 한편이 되는 것에 있고, 또한 약점을 보여서는 안 된다는 것에 있습니다. 그렇기 때문에 우리가 먼저 틈을 보여서는 안 된다는 것이며, 서계를 받지 않으면 안 된다고 말하는 것입니다. (중략) 강하고 약함이란 서계를 받고 안 받는데 달려 있는 것이 아닐 것입니다. 우리가 서계를 받지 않게 되면 저들은 구실을 삼아 군사력

---

60) 『龍湖閒錄』卷4, 第21册, no. 1130, 〈大院位錄記〉, no. 1131, 〈別論〉, pp. 326-329.

61) "大凡人之有書 果是和好 過去之地 忽地拒而不受 積有年 所彼之慍怒 必然之勢 況分明聞知其與洋一片 而何故又失和好 添一敵國耶." 朴珪壽, 『朴珪壽全集』上(亞細亞文化社, 1978), 〈答上大院君〉甲戌(=1874)年 .

62) 박규수, 앞의 책, 〈答上大院君〉甲戌(=1874)年 , p. 753.

을 동원하는 명분으로 삼기에 족할 따름입니다. 무릇 강약의 세(勢)는 사리의 옳고 그름에 달려 있을 뿐입니다. 우리의 처사(處事)가 예(禮)에 따라 이치(理致)에 맞게 남을 대접한다면 비록 약하더라도 반드시 강해질 것이며, 그렇지 못하다면 비록 강한 듯하더라도 반드시 약해지게 될 것입니다."[63]

(나) "왕이 하는 정치란 민(民)을 보호하는 것입니다. 삼면이 바다로 둘러싸인 우리나라는 어부들이 날마다 바다에 나아가 일본에 표류하는 것이 매년 수십 회에 이르고 그때마다 일선(日船)에 의해 구조되고 있습니다. 교린하는데 불가불 신의가 필요하다는 것은 이를 보더라도 알 수 있습니다. 그런데도 이제 만약 저들과 영원히 단절한다는 것은 곧 이들 백성(百姓, 民)의 생명을 포기하는 것과 어찌 다를 바가 있겠습니까."[64]

라고 되어있어, 박규수가 국가 간의 관계에 대해 대단히 전략적인 태도를 취하면서도 그것은 어디까지나 전통적인 도리와 교린이라는 예관념의 연장선상에 서 있으며, '보민(保民)' 곧 '위민(爲民)' 정치의 대의 위에서 전개되고 있음을 알 수 있다.[65] 도리를 중시하는 박규수의 이러한 표현이 단순한 정치

63) "大抵自初至今, 閣下深憂遠慮, 專在於彼方與洋打成一片也, 專在於受此書契, 便是示弱也, 小生深憂遠慮亦在於倭洋一片, 故謂不宜自我啓釁也, 亦在於便是示弱, 故謂不宜不受書契也, …强弱不係於書契之受與不受, 而足爲彼之執言以作兵名矣, 大凡强弱之勢, 只在於事理之曲直而已, 我之處事接人, 有禮而理直, 則雖弱而必强, 我處事接人, 無禮而理曲, 則雖强而必弱." 박규수, 앞의 책, 〈答上大院君〉 (乙亥(1875)年 正月), pp. 754-755.

64) "王者之政保民而已, 三面環海之國, 商賈漁採之民, 日出海上而漂到彼國者, 每年 不下數十次, 每見日船之救回狀啓, 則交隣之不可不信義, 於此可知矣, 今若與彼永絶, 則此等民命何處棄之乎." 박규수, 앞의 책, p. 762, 『瓛齋集』卷11, 〈答上大院君〉

65) 하라다 타마키(原田環)는 박규수가 萬國이 나름대로의 禮를 가진 존재라고 믿었으며, 따라서 상대국이 洋夷인가 아닌가 하는 점이 문제가 아니라 그 나라와의 '관계'가 禮에 입각해서 이루어지는가 아닌가를 중시했다고 지적한 바 있다. 이에 관해서는 原田環, 「朴珪壽と洋擾」(1980), 「朴珪壽の對日開國論」(1979), 『朝鮮の開國と近代化』(廣島: 溪水社, 1997)를 참고할 수 있다.

적 수사에 불과한 것이 아니라는 것은, 그가 웨이위안의 『해국도지』 등의 영향을 받아 미국을 '공평무사'한 나라이며 '예의와 겸양'을 숭상하는 나라라고 하여 특별히 높이 평가하고 있었던 데서도 확인할 수 있을 것이다.

(가) "내가 듣건대 미국은 지구 위의 여러 나라 중에서 가장 공평하고 곤란의 배제와 분쟁의 해결을 잘하며, 육주(六洲) 가운데 최고의 부국(富國)으로서 영토 확장의 욕심도 없는 나라라고 한다. 그러니 그들이 말이 없더라도 우리는 마땅히 먼저 수교 맺기를 힘써 굳은 맹약을 체결하면 고립되는 우환은 거의 면할 것이다. 그런데도 이들을 도리어 밀어서 물리친다면 이것이 어찌 나라를 도모하는 길이겠는가"[66]
(나) "貴國(=미국)은 습속(習俗)이 예의와 겸양을 숭상하며 여러 성(省)을 합해서 국명(國名)이 만들어진 나라라는 것을 중국을 통하여 알고 있습니다."[67]

한편 고종은 대신회의(1875년 2월 5일, 5월 10일)를 통해 일본 측의 서계를 받아들이려 하지만 박규수를 제외한 대다수 신하들이 신중론의 입장을 취하면서 벽에 부딪히게 된다.[68] 이에 박규수는 대원군에게 다시 서한을 보

---

66) "吾聞 美國在地球諸國中 最號公平 善排難解紛 且富甲六洲無啓疆之慾 彼雖無言 我當先事 結交締固盟約 庶免孤立之患 乃反推而却之 豈謀國之道乎." 『朴珪壽全集』 上, 〈兪植謹按〉, p. 467.
67) "貴國俗 尙禮讓 爲合省名邦 中國之所知也." 『朴珪壽全集』 上, p. 435, 『瓛齋集』 卷7, 咨文 〈擬黃海道觀察使答美國人照會〉.
68) 당시의 조정회의에서 피력된 신중론이란 대체로 다음과 같은 것이었다. "서계에 格例를 어겼는데도 우리가 받기를 허락한다면 이는 나라의 체통을 손상시키는 것이 되며, 받지 않는다면 말썽이 생기기 쉽습니다."(-李㯙) "저들이 이전과 달리 관례를 바꿨으니 갑자기 이를 받아들이는 것이 곤란하다는 것은 나라의 모든 사람들이 한결같이 하는 말입니다."(-徐相鼎) 일본 측의 서계를 접수하려는 의도 하에 고종이 주관하여 열렸던 당시의 조정회의의 구체적 내용에 관해서는, 『承政院日記』 高宗 12年 2月 5日, 5月 10日에서 확인해볼 수 있다. 한편 일본 측 서계 접수 문제를 둘러싼 고종과 박규수의 고독한 투쟁에 관해서는, Martina Deuchler, Confucian Gentlemen and Barbarian Envoys, The Opening of Korea, 1875~1885(Seattle and London: Univ. of Washington Press, 1977), pp. 17-50; 김용구, 앞의 책(2001), pp. 163-209 참조.

내, "만약 저들이 일포성(一砲聲)을 발(發)하기에 이르면, 그 이후에는 비록 서계를 받고자 해도 나라를 욕되게 하는 것이니 다시 기회가 없습니다. 그날 이 오면 단연코 서계를 받을 도리가 없습니다"[69]라면서 간곡히 설득을 시도 했으나 끝내 대원군을 움직이지 못하였다.[70]

이후 주지하는 바와 같이, 여러 가지 우여곡절 끝에 일본과의 수호조규가

---

69) "若到彼之發一砲聲以後, 則雖欲受書, 其爲辱國更無餘地, 其日則斷無受書之道矣." 박규수, 앞의 책, 〈答上大院君〉(乙亥 (1875)年 5月), p. 758.

70) 이때 박규수가 대원군에게 서한을 보낸 것은 대원군을 설득 함으로써 조정의 반대 분위기를 돌파하기 위한 것이었다. 후일 조일 양국 간에 교섭이 진행되는 동안에, 오경석이 일본 측의 미 야모토 고이치(宮本小一, 1836~1916)와 모리야마 시게루(森山 茂)에게 "현재 대원군은 물러나 있으나 거의 모든 대신들이 비밀 리에 政事를 대원군에게 알리고 그의 결정에 따르고 있다"고 한 것이나, "나라의 모든 사람들이 화합하려는 마음이 없는 것은 아 니지만 모두 대원군을 두려워하여 감히 드러내고 말하지 못하 고 있다"는 언급한 사실은 이런 정황을 잘 보여준다고 할 수 있을 것이다. 『日本外交文書』明治年 間, 9卷, pp. 27-39, 문서번호 6; 金正明, 『日韓外交資料集成』1卷(東京: 巖南堂書店, 1966), pp. 102-119, 189, "朝鮮國政府內部ノ和戰兩派ニ關スル件"(明治九年 二月 十三日). 이와 관련하여 제임스 팔레 교수는 박규수의 위의 서한에 대해 본 논문의 입장과는 정반대의 해석을 내리고 있음 을 지적해둔다. "박규수는 고종이 너무나도 용기가 모자라는 것 에 대하여 타격을 받은 나머지, 국왕을 향한 신뢰를 상실하고 자 신의 政綱에 대한 성공을 보장할 수 있는 남아있는 유일한 사람 인 대원군에게로 돌아갔다. (중략) 다시 말해서 박규수는, 기존에 는 자신이 결코 인정하지 않았으며 늘 반대해왔던, 대원군이 정 책의 주도권을 장악하기를 간청한 것이다. 박규수는 고종의 영 도력을 거의 믿지 않았기 때문에 고종을 지도자로 만드는 것보 다는 대원군에게 그의 견해를 바꾸도록 설득하는 것이 더 쉽다 고 결정했다." James B. Palais, 앞의 책, pp. 260-61; 이러한 팔레 의 해석이 이루어진 데는 다음과 같은 팔레의 인식 때문이었다. 즉 팔레는 요컨대 당시의 정치적 상황을 '유교가치를 함양하는 엄격한 聖王교육을 받은 고지식한 학생'에 가까운 고종이 자신과 는 달리 '활동적이며 결단력이 월등하고' '전통적이면서도 실용적 인 개혁가'인 그의 부친 대원군을 밀어낸 것으로 간주한다. 따라 서 박규수가 지도력이 부족하고 유약한 고종을 포기하고 대원군 에게 돌아가게 되었다는 것이다. 고종에 대한 팔레의 이런 관점 은 개항 이후를 다루고 있는 다른 논문 James B. Palais, "Political Participation in Traditional Korea, 1876~1910," in *Journal of Korean Studies*, Vol. 1(1979)에서도 동일하게 반복된다.

맺어지게 되는데, 이때 이에 따른 반대여론이 강력하게 일어나자, 고종은 결국 이에 대한 더 이상의 논의가 이미 소모적일 뿐이며 현실적으로 도움이 되지 않는다는 입장을 견지하게 된다.[71] 그리고 '구교(舊交)회복론'의 입장에서,[72] '일본과의 수교는 그동안 잠시 끊겼던 교린관계의 복구이며 반면에 서양에 대해서는 척사적 입장을 고수한다[73]'는 논리에 따라 당시의 반대여론을 돌파하게 된다.

5. 맺음말에 대신하여

일본과의 수호조규 이후 수신사 김기수(1832~1894)를 일본에 보내면서 고종이나 박규수가 보인 관심과 기대는 각별한 것이었다. 고종은 "처음으로 가는 길인만큼 모든 일을 반드시 잘 처리해야 하며 그곳 사정에 대해서 자세히 정탐해가지고 오는 것이 좋겠다, 보고할 일에 관해서는 하나하나 빠짐없이 기록해가지고 오라"고 간곡히 당부하고 있으며, 박규수는 김기수에게 별도로 서한을 보내, "내 나이와 지위가 헛되이 이에 이르러 이번 사행(使行)을 나의 벗에게 마침내 양보하게 된 것이 한스럽다(瓛齋朴相國 書以來曰 恨吾年 位之公然到此 此游遂讓與吾友也)"고 하면서 독려했다.[74] 일본과의 조약

---

71) "倭(=일본)를 억제하는 것과 西洋을 배척하는 것은 별개의 사안이다. 그런데 이번에 倭船이 온 것이 어찌 西洋과 연합한 것이라고 확실하게 말할 수 있는가. 그리고 설사 倭가 西洋의 앞잡이가 되어온다 하더라도 역시 이에 대한 각각 대응하는 방도가 있을 것이다."『日省錄』高宗 13年 1月 23日

72) "이번 일은 일본과의 과거의 우호관계를 회복한 것에 지나지 않는다(上曰, 今番事卽不過修舊好)."『日省錄』高宗 13年 2月 5日.

73)『高宗實錄』13年 1月 28日(庚申條).

74)『高宗實錄』13年 4月 4日; 김기수,『日東記游』卷1,〈差遣二則〉,『修信使記錄』(國史編纂委員會, 1971), p. 2.

체결을 교린관계의 연장으로 간주하던 당시 조정의 분위기에서 기존의 조선통신사의 정사(正使)의 관직이 참의(參議)였기 때문에 이미 우의정을 역임한 바 있는 박규수로서는 수신사로 갈 수 있는 자격이 없었다. 따라서 만년의 박규수가 김기수에게 보낸 서한은 그의 안타까운 심경을 있는 그대로 드러낸 것이라고 할 수 있을 것이다.

이러한 상황에서 일본과의 우의를 다진다는 명분하에 일본을 처음으로 직접 견문하고 돌아온 수신사 김기수는 국왕에게 보고서를 올렸다. 당시의 긴박한 시대 상황과 아울러 대외정세에 깊은 관심을 기울이고 있던 국왕 고종과 박규수의 수신사에 대한 각별한 기대 등을 고려해볼 때, 막중한 임무를 부여받은 김기수의 보고내용은 이에 부응하는 구체적인 내용을 담고 있었다고 평가하기는 어렵다. 하지만 19세기의 시점에서 수신사 김기수의 보고서는 기존의 중국이라는 필터를 통해서 걸러진 일본에 대한 보고와는 달리 직접 일본을 견문한 기록이라는 점에서 중요한 의미를 가진 것이었다. 수신사의 눈에 비친 일본은 불철주야 부국강병에 주력하는 모습이었으며, 이미 그 수준은 중국을 넘어설 정도로 경이로운 경지에 올라 있는 것처럼 보였기 때문이다.[75]

박규수가 죽은 것은 음력 1876년 12월 27일 바로 이런 와중에서였다.[76] 고

---

75) 김기수, 『日東記游』卷4, 『修信使記錄』(1971), pp. 107-110; 『同文彙考』4, pp. 4178-4179, 김기수의 보고에 대한 필자의 분석에 관해서는, 강상규, 앞의 논문(2006b); 강상규, 「1884년 의제개혁에 대한 정치적 독해: 문명사적 전환기의 현실정치공간과 한일관계의 한 측면」, 서울대 국제문제연구소, 『세계정치』12권(논형, 2010)을 참조.

76) 박규수 사후 고종은 매년 새해가 되면 빠지지 않고 박규수의 처 정경부인 이씨에게 옷감과 음식물들을 보내도록 직접 지시하고 있었음이 확인된다. 『承政院日記』高宗 15年 (1877)1月 1日 이래 1888년까지 매년 원단에는 어김없이 고종이 박규수의 부인에게 예를 다하였음이 기록되어 있다.

종은 직접 교문(教文)을 지어 자신의 박규수에 대한 심경을 다음과 같이 토로하게 된다.

> 이 대신(大臣)은 도량과 식견이 고명하고 문학(文學)이 박식해서 내가 의지하고 조야의 모든 이들에게 희망을 주던 사람이다. 근래에 업무상의 무거움을 벗고 특별히 거기에 머물러 살게 한 것은 바로 평소에 늘 정력적이어서 잠시 휴식하게 해주면 다시 등용할 날이 오리라고 믿어서인데 까닭모를 병으로 갑자기 영영 가버릴 줄이야 어찌 생각이나 하였겠는가. 내가 품은 슬픔을 어찌 이루 다 말할 수 있으랴.[77]

기존의 개화파 중심의 역사서술에서 박규수는 개화사상의 선구자로서 그와 개화파 간의 교류에 대해서는 주목받을 수 있었어도, 국왕을 가까이서 보좌하는 신하이자 국왕의 선생으로서 그가 갖는 정치사적 의미는 거의 주목받기 어려웠다. 당시 조선의 정치구조와 군신관계에 대한 이해를 배경으로 박규수의 삶을 차분히 따라가지 않으면, 본문에서 살펴본 박규수와 고종의 특별한 정치적 관계는 눈에 들어오기 어려우며, 당시 조선정계의 한켠에서 진행되었던 혼돈과 고뇌의 절박한 순간과 심경들이 포착되지 않기 때문이다.

지금까지 19세기 후반 조선의 정치를 다루는 많은 연구들은 당시 조선에서 나타난 정치적 지향이나 정치의식에 따라 '수구'와 '개화'라는 정치구도로 파악하여 조선의 내정과 외교를 설명해왔다. 하지만 문제는 기존의 개화론 vs. 수구론의 이분법으로는 이 시대를 역동적이면서도 깊이 있게 성찰하기 어렵다는 것이다. 당시의 지식인, 위정자들의 사고를 개화 혹은 수구의 어느

---

77) 高宗, 『珠淵集』, p. 188, [判府事朴珪壽隱卒教文]: "此大臣器識之明則, 文學之贍博, 寡人之所依毗, 而朝野之所想望也. 近因釋負, 特授居留, 正以平日精力强剛, 暫借優閒, 尙有復用之日, 豈意无妄之祟, 遽見長逝之罣. 予懷愴盡, 曷有其極." 이 내용은 『高宗實錄』 13年 12月 27日(癸丑條)에도 실려 있다.

한 쪽에 무리하게 끼워 넣게 되면 당시 조선의 정치지형, 그리고 현실정치의 역학관계 및 문맥을 이해하는 데 오히려 착시현상과 사각(死角)지대가 발생하기 쉽기 때문이다. 이런 단선적이고 이분법적인 시각에 입각하게 되면 거대하게 동요하고 있던 시대를 살았던 당대인들의 정치적 고뇌와 선택의 의미가 생동감 있게 포착될 리 없다.

19세기 조선은 전통과 근대가 단지 대립적인 관계가 아니라 복합적인 상관관계 속에서 반응하는 생동감 있는 현장이었다. 그리고 박제화 되어버린 조선정치사가 다루고 있는 내용들은 우리의 의식과 현재 세계를 구성하는 일부인 동시에 우리의 미래로 남아있을 일련의 사건들의 연속이었다. 필자는 박규수와 고종의 정치적, 사상적 상관관계를 고찰하면서 19세기 후반의 조선의 정치적 상황에 대한 기존의 이분법적인 이해방식이 얼마나 우리의 시각을 협소하게 만드는 지를 실감할 수 있었다. 필자가 1장에서도 지적했듯이, 인생은 모순에 가득 찬 것이며 중층적인 것이다. 더욱이 우리가 살아가는 세계는 더더욱 그렇다. 그렇다면 이제 우리도 한반도의 경험을 비춰보기 위한 더 많은 다양한 거울, 곧 '다중거울'이 필요하지 않을까.

참고문헌

「追補陰晴史」. 『續陰晴史』(국사편찬위원회. 1971. 『續陰晴史』下).

『高宗文集: 珠淵集』(한국학중앙연구원. 1999. 『高宗文集: 珠淵集』).

『高宗實錄』

『過庭錄』(박희병 역. 1998/2005. 『나의 아버지 박지원』. 돌베개).

『金玉均傳』(古筠紀念會 編. 1944. 『金玉均傳』上. 東京: 慶應出版社).

『金弘集遺稿』(1976. 『金弘集遺稿』. 고려대학교).

『梅泉野錄』(金濬 譯. 1994. 『梅泉野錄』. 敎文社).

『朴珪壽全集』(1978. 아세아문화사).

『承政院日記』

『沁行日記』(신헌. 김종학 역. 2010. 『심행일기: 조선이 기록한 강화도조약』. 푸른역사).

『龍湖閒錄』

『日東記游』卷 3 「政法」(국사편찬위원회. 1971. 『修信使記錄』).

『日本外交文書』(明治年 間).

『日省錄』

『朝鮮王朝實錄』

『瓛齋先生集』(1913. 普成社).

『瓛齋叢書』(1996. 성균관대 대동문화연구원).

金正明. 1966. 『日韓外交資料集成』1卷. 東京: 巖南堂書店.

文一平. 1939. 「名相 朴珪壽의 옛터」. 『湖岩全集』3. 朝光社.

申采浩. 1972. 「地動說의 效力」. 『丹齋申采浩全集』下. 을유문화사.

李光洙. 1931. 「朴泳孝氏를 만난 이야기: 甲申政變回顧談」. 『東光』3월호. (『李光洙 全集』. 三中堂).

趙東杰. 1985. 「奧村의 朝鮮國布敎日誌」. 『韓國學論叢』7. 국민대학교.

萩原延壽. 2001. 『遠い崖: アーネスト・サトウ日記抄, 14卷 = 離日』. 東京岩波書店.

Korean Repository 3권 11책. 1896년 10월.

Bishop, Isabella L. Bird. 1898. *Korea and Her Neighbours: A Narrative of Travel, with an Account of the Recent Vicissitudes and Present Position of the Country.*

London: St. James Gazette. 이인화 역. 1994.『한국과 그 이웃나라들』. 살림.

Park Il-Keun ed. 1982. *Anglo-American Diplomatic Materials Relating to Korea, 1866-1886*. Shin Mun Dang.

Rossetti, Carlo. 1904. *Corea e Coreani*. 서울학연구소 譯. 1996.『꼬레아 꼬레아니』. 숲과 나무.

강상규. 2003.「조선시대 왕권의 공간과 유교적 정치지형의 탄생」. 애산학회.『애산학보』29.

──────. 2004/11/15.「역사논쟁: 왜 고종을 재주목해야 하는가」.『교수신문』. 교수신문 기획 엮음. 2005.『고종황제 역사 청문회』. 푸른역사.

──────. 2005.「고종의 대내외 정세인식과 대한제국 외교의 배경」. 한국/동양정치사상사학회.『동양정치사상사』4권 2호.

──────. 2006a.「명성왕후와 대원군의 정치적 관계 연구: 왕실내 정치적 긴장관계의 구조와 과정」. 한국정치학회.『한국정치학회보』40집 2호.

──────. 2006b.「19세기 동아시아의 패러다임 변환과 한반도: '예의'와 '부강'의 상극적 긴장」. 한국사회사학회.『사회와 역사』71집.

──────. 2007.「대원군의 천주교 탄압에 대한 정치학적 고찰: 전환기 한반도의 리더십 분석」. 한국학중앙연구원.『정신문화연구』30권 1호.

──────. 2007.『19세기 동아시아의 패러다임 변환과 제국 일본』. 논형.

──────. 2007/04/30.「역사비평 기획시리즈⑧ 조선 개화파 논의: 대원군이 '쇄국론' 펼친 이유는 뭘까」.『교수신문』.

──────. 2008/04/26, 2008/05/17.「우리시대 지식논쟁: 고종 어떻게 볼까」3회〈근대화 의지, 이상과 현실은 달랐다〉와 6회〈'개화의 주인'이고자 했던 '망국의 군주'〉. 『한겨레신문』.

──────. 2008/09/20.「흥선대원군, 왜 아들과 화해하지 못했나」.『KBS 한국사 傳』56회.

──────. 2010a.「1884년 의제개혁에 대한 정치적 독해: 문명사적 전환기의 현실정치 공간과 한일관계의 한 측면」. 서울대 국제문제연구소.『세계정치』12권. 논형.

──────. 2010b.「근대지식체계와 조선사이미지」. 한국/동양정치사상사학회.『동양정치사상사』. 제9권 2호.

김명호. 1993.「瓛齋朴珪壽研究」.『民族文學史研究』4.

———. 1996. 「朴珪壽의 〈地勢儀銘幷序〉에 대하여」. 진단학회. 『震檀學報』 82.

———. 2001. 「대원군정권과 박규수」. 진단학회. 『震檀學報』 91.

———. 2005. 『초기 한미관계의 재조명: 셔먼호 사건에서 신미양요까지』. 역사비평사.

———. 2008. 『환재 박규수 연구』. 창비.

———. 2011. 「실학과 개화사상」. 『한국사 시민강좌』 48집. 일조각.

김병우. 2001. 「高宗의 親政體制 形成期 政治勢力의 動向」. 『大邱史學』 63.

김성혜. 2009. 「고종 재위 전기 강관의 구성」. 『한국문화』 46.

김신재. 2000. 「박규수의 개화사상의 성격」. 『慶州史學』 19.

김영수. 1991. 「大院君의 下野와 高宗의 政治的 役割」. 『韓國政治思想史』. 박영사.

김용구. 2001. 『세계관충돌과 한말외교사, 1866-1882』. 문학과 지성사.

김용섭. 1974. 「哲宗 壬戌年 의 應旨三政疏와 그 農業論」. 『韓國史研究』 10.

노대환. 1994. 「19세기 前半 知識人의 對淸 危機意識과 北學論」. 『韓國學報』 20권 3호.

동덕모. 1984. 「東洋에 있어서의 傳統外交의 개념:韓國의 傳統外交를 중심으로」. 서울대학 국제문제연구소. 『논문집』 8호.

문일평. 1939. 「名相 朴珪壽의 옛터」. 『湖岩全集』 3. 朝光社.

민두기. 1986. 「19세기후반 조선왕조의 대외위기의식」. 『東方學志』 52집. 연세대학교.

박충석. 2010. 『제2판, 한국정치사상사』. 삼영사.

손형부. 1997. 『박규수의 개화사상연구』. 일조각.

송병기. 2005. 『한국, 미국과의 첫만남』. 고즈원.

신용하. 2000. 『초기 개화사상과 갑신정변연구』. 지식산업사.

안외순. 1996. 「高宗의 初期(1864~1873) 對外認識 變化와 親政: 遣淸回還使 召見을 중심으로」. 『한국정치학회보』 30집 2호.

———. 1996. 「大院君執政期 權力構造에 관한 研究」. 이화여자대학교 박사논문.

연갑수. 2000. 『大院君 執權期 富國强兵策研究』. 서울대학.

이광린. 1970. 『開化黨研究』. 일조각.

이완재. 1989. 『初期開化思想의 研究』. 민족문화사.

———. 1998. 『한국근대 초기 개화사상의 연구』. 한양대학교 출판원.

———. 1999. 『朴珪壽研究』. 집문당.

이철성. 1997. 「賦稅制度의 紊亂과 三政改革」. 國史編纂委員會. 『韓國史 32:朝鮮後

期의 政治』. 탐구당.

최병옥. 1992. 「大院君의 下野에 대하여」. 『西巖趙恒來교수화갑기념 한국사학논총』. 아세아문화사. (崔炳鈺. 2000. 『開化期의 軍事政策硏究』. 경인문화사).

하영선. 2011. 『역사 속의 젊은 그들: 18세기 북학파에서 21세기 복합파까지』. 을유문화사.

하정식. 1985. 「太平天國에 대한 朝鮮政府의 認識」. 역사학회. 『歷史學報』107집.

———. 1995. 「燕行情報와 朝鮮王朝의 太平天國 認識의 政治的 背景」. 『歷史學報』 145집.

———. 1995. 「太平天國과 1850-60年 代初 朝鮮王朝의 危機意識」. 『東方學志』 87집.

한국역사연구회. 1990. 『조선정치사 1800-1863』下. 청년사.

한우근. 1968. 「개항당시의 위기의식과 개화사상」. 『한국사연구』 2. 한국사연구회.

Deuchler, Martina. 1977. Confucian Gentlemen and Barbarian Envoys: The Opening of Korea, 1875-1885. Seattle and London: Univ. of Washington Press.

Gluck, Carol. 1985. Japan's Modern Myths: Ideology in the Late Meiji Period. Princeton Univ. Press.

Palais, James B. 1975. Politics and Policy in Traditional Korea. Cambridge: Harvard Univ. Press.

———. 1979. "Political Participation in Traditional Korea, 1876-1910." Journal of Korean Studies, Vol. 1.

姜在彦. 1970. 『朝鮮近代史硏究』. 東京: 日本評論社.

———. 1980. 『朝鮮の開化思想』. 東京: 岩波書店.

金榮作. 1975. 『韓末ナショナリズムの硏究』. 東京: 東京大學.

金文子. 1980. 「朴珪壽の實學: 地球儀の製作を中心に」. 『朝鮮史硏究會論文集』17集.

原田環. 1975. 「晋州民亂と朴珪壽」. 『史學硏究』126. 廣島大學.

———. 1984. 「十九世紀の朝鮮における對外的危機意識」. 『朝鮮史硏究會論文集』 21集.

———. 1997. 『朝鮮の開國と近代化』. 廣島: 溪水社.

趙景達. 1995. 「朝鮮における實學から開化への思想的轉回－朴珪壽を中心に」. 『歷史學硏究』678號.

3장 ― 1884년, '의제(衣制)개혁'에 대한 정치적 독해

3장
1884년 '의제(衣制)개혁'에 대한 정치적 독해

1884년 여름 조선정계는 의복(衣服)제도의 개혁을 둘러싸고 두 달 이상의 뜨거운 논쟁을 벌이게 된다. 이 사건은 19세기 후반이라는 거대한 전환기, 격동의 시대에 나타난 수많은 논쟁 가운데 가장 격렬하면서도 집요하게 진행되었던 사건 중 하나이지만, 지금까지 주목받지 못하였다. 이 글은 1884년의 의제개혁이 이루어진 경위는 무엇이며, 개혁의 주체는 누구인지, 그리고 이를 둘러싸고 어떠한 찬반 논란이 있었으며 어떠한 정치적 의미와 성격을 가지고 전개되었는지를 고찰하기 위해 진행되었다.

2절에서는 19세기라는 시대 상황에서 의복제도 문제가 대두되는 경위가 특히 '일본'과 어떻게 연관되어 있는지, 더 나아가 조일 양국 관계를 조망하려고 할 때 왜 중요한 의미를 갖는 것인지, 그리고 이 시기 의복제도의 개혁 문제가 왜 당대의 조선정치사를 이해하는데 중요한지를 살펴본다. 3절에서는 의제개혁이 어떠한 내용을 담고 있으며 그 진행과정은 어떠했는지, 그리고 구체적으로 의제개혁의 추진논리와 반대논리가 어떠한 근거에서 이루어지고 공방을 거듭하였는지를 살펴본다. 4절에서는 의제개혁의 추진주체가 누구였는지를 고찰해보고, 개혁과정에서 국왕의 역할은 무엇이었는지를 분석하게 된다. 그리고 결론부분에서는 1884년 의제개혁의 정치적, 사상적 의미를 거시적인 맥락에서 살펴보았다.

'문명사적 전환기'의 위기상황에서 발생한 의제개혁을 둘러싼 격렬한 논란과정은 '문명의 충돌이란 사실상 거시적 차원에서 이루어지기 보다는 오히려 미시적이고 구체적인 차원에서 나타나게 된다'는 점을 확인하게 해주는 사례라고 할 수 있다.

의제개혁이 그토록 격렬한 논란의 중심에 서게 된 데에는 17세기 명청교체(明淸交替)라는 문명질서의 전복이 이루어진 이후, 조선이 일상 속에서 중화문명의 정수(精髓)를 유일하게 계승하고 있으며 조선이 문명국가임을 가장 명증하게 보여주는 근간이 바로 다름 아닌 조선의 의관문물이라는 의식이 팽배해있었기 때문이었다. 따라서 의제개혁의 문제는 거대한 혼돈의 시점에서 조선의 정체성과 신분질서를 뒤흔드는 문제라는 강렬한 위기감을 드러내게 하였고 정치적 논쟁의 한복판에 위치하게 되었던 것이다.

그런데 문제는 그렇게 확고히 믿어왔던 '문명 기준'이 완전히 바뀌고 있었다는 점일 것이다. 그것은 패러다임이 극적으로 바뀌는 상황에서 기존의 '고유한 문명 기준'이 오히려 '야만'과 '정체(停滯)'됨의 표상으로 전락하는 사태가 벌어지고 있었음을 의미한다. 그것은 동아시아적 관점에서 보면, '문명 기준의 역전'이라고 불러야할 사태의 전개였고, 이러한 거대한 전환기의 와중에서 나타난 조선 정치세력들의 끊임없는 엇박자로 조선의 운명은 비극으로 치닫게 된다.

1. 문제의식의 소재

1884년 여름 조선정계는 의복(衣服) 혹은 이른바 복식(服飾)제도 개혁—이하 의제(衣制)개혁으로 약칭 —을 둘러싸고 뜨거운 논쟁을 벌이고 있었다. 황현(1855~1910)의 『매천야록』은 갑신년의 의제개혁에 관해 다음과 같이 전하고 있다.

> (1884년- 필자) 6월에 의제를 개혁하여 공복(公服)과 사복(私服)에 대해, 귀하고 천하고를 불문하고 신식 옷을 입으라는 명을 반포하였다. …윤5월에 정부지침[節目]을 정하여 공복은(기왕의) 홍단령(紅團領)으로 된 소매 넓은 옷을 입지 말고, 모든 관리가 흑단령(黑團領)으로 된 소매 좁은 옷을 입도록 하였다. 사복으로는 도포(道袍)와 직령(直領), 창의(氅衣) 등과 같은 소매 넓은 것을 입지 말도록 하고 귀천을 불문하고 모두 소매가 좁은 두루마기 옷[周衣]을 입도록 하였으며, 관직에 있는 사람은 전복(戰服)을 (다른 옷 위에) 걸쳐 입으라고 하였다. 기타 조항이 세밀하게 되어 있으나 대체로 넓은 소매를 금하라는 내용으로서 여기에 번잡하고 자질구레한 기록은 생략한다. 이 일로 인해 나라 안은 발칵 뒤집혀지고 사람들은 이에 불복(不服)하였다.[1]

1884년 의제개혁은 조선정계에 태풍의 눈으로 등장하여 두 달 이상 격렬한 반대와 저항에 부딪히게 된다. 팽팽히 전개된 갑신년의 의제개혁을 둘러싼 정치적 대립은, 관견(管見)에 의하면, 19세기 후반이라는 거대한 전환기, 격동의 시대에 『승정원일기』나 『고종실록』 등의 관찬자료에 나타나는 수많은 논쟁 가운데 가장 격렬하면서도 집요하게 진행되었던 사건 중 하나였다.

---

[1] 황현, 김준 역, 『매천야록』(교문사, 1994), p. 153 인용부분은 번역문의 오역을 정정한 것임.

하지만 황현의 지적대로라면, 이처럼 "나라 안이 발칵 뒤집히는" 사태가 발생하였음에도 불구하고 학계에서는 의복의 변천과정을 다루는 복식사(服飾史) 분야의 연구를 제외하고는[2] 의제개혁이라는 '문제적 사건'에 대해 주목하지 않고 있는 것으로 생각된다. 예컨대 5백 페이지가 넘는 방대한 분량으로서 이 시기를 다루는 대표적인 개론서에 해당하는 이광린의 『한국사강좌 V: 근대편』(일조각, 1997)를 비롯하여 대부분의 정치사 연구에서 이 사건은 언급조차 되지 않고 있다.

1884년 진행된 의제개혁과 그를 둘러싼 논란의 과정이 복식사 분야에서만 의미를 가질 뿐 이 시대의 정치사를 거시적인 차원에서나 미시적인 차원에서 조명하는 데 무시해도 좋을 만한 것이라면 이러한 논의의 공백이 문제될 리 없다. 하지만 의제개혁으로 인해, 황현의 지적처럼 '나라 안이 발칵 뒤집혀지고 사람들이 이에 불복하였다'라고 한다면 이러한 이유만으로도 의제개혁은 매우 정치적인 사건이라고 하지 않을 수 없다. 더욱이 이 사건이 발생한 것이 조선에서 개혁 개방정책이 어렵게 진행되어가던 시기로서, 얼마 후에 발생하여 이후 조선의 정치적 운명을 뒤흔들어 놓게 되는 갑신정변이라는 정치적 사건과 시기적으로 이어지는, 19세기 조선정치사에서 가장 민감한 시점 중의 하나였다는 사실을 고려해볼 때 이 사건의 전개과정은 이 시대 정치사를 이해하는 매우 중요한 단서를 제공할 수 있으리라는 느낌을 받게 된다.

---

2) 갑신년 의제개혁을 다룬 복식사 분야의 연구 중에서 본고를 작성하는 과정에서 참고한 연구만을 소개하면 다음과 같다. 김은정, 김용서, 안명숙, 「조선조 고종대의 의제개혁에 따른 변화」, 『논문집』 7(광주대학교 민족문화예술연구소, 1998); 이경미, 「대한제국의 서구식 대례복 패러다임」(2008년 서울대학교 의류학과 박사논문); _____, 「갑신의제개혁이전 일본 파견 수신사와 조사시찰단의 복식 및 복식관」, 『한국의류학회지』 Vol. 33, No. 1(2009); _____, 「19세기말 서구식 대례복 제도에 대한 조선의 최초 시각: 서계접수문제를 통해」, 『한국의류학회지』 Vol. 33, No. 5(2009).

이러한 문제의식 하에 본 연구는 1884년의 의제개혁이 이루어진 경위는 무엇이며, 개혁의 주체는 누구인지, 그리고 이를 둘러싸고 어떠한 찬반 논란이 있었으며 어떠한 정치적 의미와 성격을 가지고 전개되었는지를 고찰하기 위해 진행되었다. 이를 위해 본 연구의 2절에서는 19세기라는 시대 상황에서 의복제도 문제가 대두되는 경위를 우선 검토하였다. 의복문제의 대두가 특히 '일본'과 어떻게 연관되어 있으며, 더 나아가 조일 양국 관계를 조망하려고 할 때 왜 중요한 의미를 갖는 것인지, 그리고 이 시기 의복제도의 개혁문제가 왜 당대의 조선정치사를 이해하는데 중요한 것인지를 이해할 수 있을 것이다.

3절에서는 의제개혁이 어떠한 내용을 담고 있으며 그 진행과정은 어떠했는지, 그리고 구체적으로 의제개혁의 추진논리와 반대논리가 어떠한 근거에서 이루어지고 공방을 거듭하게 되었는지를 살펴본다. 이를 통해 19세기 후반 조선 정치지형의 단면과 아울러 다른 입장을 갖고 있던 정치세력들의 논리와 행동이 드러날 수 있을 것이다. 다음 4절에서는 의제개혁의 추진주체가 누구였는지를 추정할 수 있는 일차자료를 고찰해보고, 개혁과정에서 국왕의 역할은 무엇이었는지를 분석하게 된다. 그리고 마지막 결론부분에서는 이제까지 분석된 논의내용을 바탕으로 하여 1884년 의제개혁의 정치적, 사상적 의미를 거시적인 맥락에서 살펴보려고 한다.

2. 의복문제의 대두와 일본

1876년 정월 조선과 일본 양국대표가 강화도에서 만나 회담을 진행하고 있을 때, 면암 최익현(1833~1906)은 '도끼를 가지고 궁궐에 엎드려 화의(和議)를 배척한다'는 제목의 유명한 상소를 국왕에게 올린다. 상소문에는 다음과 같은 주장이 실려 있다.

> 전하의 뜻은 "저들은 왜인(倭人)이고 서양 오랑캐[洋胡]가 아니며 그 말하는 것이 옛날 호의를 닦자는 것이고 다른 것이 아니라면, 왜와 더불어 옛날 호의를 닦는 것이 또한 어찌 도의에 해롭겠는가?"라고 하시지만, 신의 견해는 크게 그렇지 않음이 있습니다. 설사 저들이 참으로 왜인이고 서양 오랑캐가 아니라 하더라도, 왜인들의 실정과 자취가 예전과 지금이 현저하게 달라 살피지 않을 수 없습니다. 옛날의 왜인들은 이웃나라였으나 지금의 왜인들은 도적떼[寇賊]이니, 이웃나라와는 강화해도 도적떼와는 강화할 수 없습니다. 왜인들이 도적떼인 것을 어떻게 분명히 아는가 하면, 그들이 서양 도적[洋賊]의 앞잡이가 되었기 때문이요, 그들이 서양 도적의 앞잡이가 된 것을 또한 어떻게 분명히 볼 수 있는가 하면, 왜(倭)와 양(洋) 두 무리들이 마음이 서로 통하여, 중국에서 제멋대로 행동한지 이미 오래기 때문입니다. …지금 온 왜인들이 서양 옷을 입었고 서양대포를 사용하며 서양 배를 탔으니, 이는 모두 서양과 왜가 하나인 분명한 증거입니다.[3]

이 내용을 환언하면, '일본과 서양은 서로 다른 존재이며[倭洋分離], 따라서 일본과의 우호관계를 다지는 것은 예전의 우의를 회복하는 것[舊交回復]'이라는 국왕의 견해는 크게 잘못 되었으며, '일본은 이미 서양 오랑캐의 앞잡이로서 서양 오랑캐와 다를 바 없는 존재' 즉 '왜와 양은 하나[倭洋一體]'라는 것이다. 그리고 그것을 가장 분명히 보여주는 증거 중의 하나가 일본인들이 다름 아닌 서양 오랑캐와 같은 옷을 입고 있다는 것이다.

---

3) 최익현, 『국역 면암집』(솔, 1977) 〈持斧伏闕斥和議疏〉, pp. 131-132.

이 상소의 다른 곳에서 그는 "저들이 비록 왜인이라고 하나 실은 서양 도적과 하나"이기 때문에, 이들과 한 번 강화를 맺게 되면, "장차 집집마다 사학(邪學= 천주교)을 믿게 되어, 아들이 그 아비를 아비로 여기지 않고 신하가 임금을 임금으로 여기지 않게 되어, (예의를 표상하는) 의상(衣裳)은 시궁창에 빠지고 인류는 변하여 금수(禽獸)가 될 것이니, (일본과의) 강화는 난리와 멸망을 가져오는 이유가 될 것"이라고 격렬한 어조로 경고하고 있다.[4] 뿐만 아니라 "중국 온 땅덩이가 요순과 문무의 옛 강토였는데, 2백 년 이래로 머리를 깎고 의관(衣冠)을 없애어 오랑캐로 변화했으니, 무릇 사람의 마음을 가진 자라면 누가 낙심하며 가슴을 치지 않겠습니까!"[5]라고 언급한다. 이 상소문의 내용을 종합하면 최익현이 의관문물을 금수 혹은 오랑캐의 세계와 자신이 속한 세계를 구별 짓는 하나의 중요한 준거의 틀로 삼아, 일본과 서양을 하나라고 간주하고 있으며 명청교체 이후 중국에서 사라진 중화문명의 정수를 조선이 간직하고 있다는 강한 자부심을 가지고 있음을 알 수 있다.

하지만 일본 측의 서구식 복장착용이 문제가 된 것은 일본과 강화조약을 체결하는 상황이 되었을 때 처음 등장한 것은 아니었다. 복식제도를 둘러싼 갈등은 메이지유신 이후 일본 측이 세계의 형식을 바꾸면서 양국 간의 갈등 관계가 팽팽히 진행되던 가운데 이미 불거져 나오고 있었다. 1873년 11월 고종의 친정이 시작되고 1874년 6월 고종이 일본 측의 서계를 접수하기로 방침을 수정하였으나, 일본 측의 서구식 예복 착용 주장 등이 다시 새로운 외교적 걸림돌로 등장하는 상황이 발생하게 되면서 결국 양국 간의 교섭이

---

4) 앞의 책, p. 127.
5) 앞의 책, pp. 130-131.

중단되는 사태로 나아가게 되었던 것이다.[6]

당시 양국의 정치적 상황을 고려해볼 때, 이처럼 복식문제가 양국 간의 교섭과정에서 표면에 부상한 것은 어느 정도 예고된 사태였다. 왜냐하면 대원군의 지휘 하에 조선은 병인양요(1866)와 신미양요(1871)라는 '서양 오랑캐'의 군대와 이미 충돌한 경험을 가지고 있었고 오페르트 도굴사건과 같은 사건을 통해 서양의 야만성에 대한 확신이 전국에 팽배하면서 전국 방방곡곡에 척화비(斥和碑)가 세워져 있었던 반면, 일본의 메이지 신정부는 '개국화친(開國和親)'으로 국정운영 방침을 바꾸고 적극적으로 '문명개화'와 '부국강병'을 추구하면서 기존의 복식체계를 서구식으로 바꾼 상태에 있었기 때문이다.[7]

이러한 시대 상황에서 강화도 조약 이후 수신사(修信使)의 자격으로 직접 일본 땅을 처음 밟은 김기수(1832~1894)는 달라진 일본 복식을 비롯하여 의복문제에 대한 견해를 자신의 견문기의 여러 곳에 남기고 있는데, 당시 조선 지식인의 의복제도에 대한 인식을 전형적으로 담고 있는 것으로 생각되어 주목된다. 그는 국왕에게 올린 귀국보고서[見聞別單]에서 메이지천황에 대

---

6) 이에 관해서는, 이경미, 「19세기말 서구식 대례복 제도에 대한 조선의 최초 시각: 서계접수문제를 통해」, 『한국의류학회지』 Vol. 33, No. 5(2009b)를 참고할 수 있다.

7) 일본의 의복제도 개혁은 막부말기인 1862년에 이미 시작되었다. 막부는 복식제도를 개혁하여 무사의 복장을 활동적인 것으로 바꾸었다. 하지만 복식을 개정하는 데 대한 심리적인 저항감이 존재하였기 때문에 일본식 전통복장과 서양식 복장이 혼용되는 양상을 보이기도 하였다. 이후 메이지 신정부는 1871년에는 복식제도 개혁의 필요를 설명하는 이유를 천황의 이름으로 내리고, 1872년 11월에는 서구식 대례복체계를 채용한 〈문관대례복〉 법령을 제정하게 된다. 이에 관해서는 타키 코지(多木浩二), 박삼헌 역, 『천황의 초상』(서울: 소명출판사, 2007) 등을 참조. 일본의 의제개혁의 구체적인 내용에 관해서는 이경미, 「대한제국의 서구식 대례복 패러다임」(2008년 서울대학교 의류학과 박사논문)에 상세하다.

해 언급하면서 다음과 같이 의제개혁에 관한 내용을 지적하고 있다.

저들의 이른바 황제(=明治天皇)는 나이가 지금 바야흐로 이십 오세인데, …정력을 다하여 정치에 힘쓰고 매우 부지런하여 관백(關白)도 폐지해야 할 것 같으면 관백도 가히 폐지하고, 변경해야 할 것 같으면 제도도 변경했습니다. 다리에 딱 붙은 바지와 군대를 운용하는데 이로울 것 같으면 비록 양인(洋人)의 옷일지라도 갑자기 옛 것을 버리고 이를 따라 조금도 머뭇거리지 않았으나 사람들이 감히 다른 주장을 할 수 없었으며 옛날의 관백도 지금 봉록만 받고 강호(江戶=현재의 東京)에 있으면서 또한 감히 원망하는 기색과 윗사람을 엿보는 마음은 없다고 합니다. …그가 총명하고 과단성이 있어 인재를 가려 임용하는 것은 취할 수 있는 바가 많은 것 같습니다.[8]

수신사 김기수가 메이지천황에 대해 짧게 보고하는 가운데 서양의 복식 체계를 수용한 일본의 의제개혁에 대해 이처럼 특별히 강조하여 언급한 것은 그만큼 일본의 복식문제가 조선 측에 초미의 관심사였을 뿐 아니라 의제 개혁이 좋든 싫든 수신사의 눈에 강렬한 인상을 남겼기 때문이었을 것으로 생각된다. 다른 연구에서 이미 지적한 바와 같이, 수신사 김기수의 눈에 비친 메이지 일본은 불철주야 부국강병에 주력하는 모습이었으며, 그 수준은 중국을 넘어설 정도로 경이로운 경지에 오른 것처럼 보였다. 하지만 김기수는 한편으로는 그토록 감탄하면서도 경서를 외면한 채 실용서적만을 탐독하고 부국강병에 매달리는 일본이 미래의 장구한 대책을 마련할 수 있을까에 대해서는 강한 회의심을 품고 있었다.[9] 따라서 그가 국왕에게 올린 귀국

---

8) 김기수, 『日東記游』(부산대 한일문화연구소, 1962), pp. 269-270.

9) 강상규, 『19세기 동아시아의 패러다임 변환과 한반도』(서울: 논형, 2008), pp. 31-33참조.

보고서는 다음과 같이 끝을 맺는다.

교묘하지 않은 기술이 없고 정교하지 않은 기예가 없어 …외견상으로는 이보다
더 부강할 수 없으나, 곰곰이 그 기세를 생각해보면 (부국강병책에 입각한 일본
의 방책이- 필자) 장구한 계책이라고는 할 수 없습니다.[10]

따라서 달라진 일본 복식에 대한 김기수의 견해 역시 무척 냉담한 것이었
다. 예컨대 일본의 외무성관리 미야모토 고이치(宮本小一)가 '일본이 최근
제작한 의복이 필요에 따라 모두 서양식으로 변통한 경우'라고 말하면서 조
선의복의 변화 가능성을 묻자, 김기수는 의기양양한 어조로 '우리나라의 의
복은 건국 이후 명(明)의 제도를 따라 만들어 지금까지 오백 년 동안에 상하
귀천을 불문하고 이를 따르고 있으며 한 번도 바뀐 적이 없다'고 잘라 말하
고 있다.[11] 이러한 견해는 이노우에 가오루(井上馨, 1836~1915)와 문답형식
으로 대화를 나누는 과정에서 다음과 같이 더욱 강력하게 피력되고 있다.

우리나라의 규칙은 선왕(先王)의 말이 아니면 말하지 않고 선왕의 옷이 아니면
입지 아니하여, 이것을 한결같이 전수한 것이 벌써 5백 년이나 되었습니다. 지
금은 비록 죽고 망하는 한이 있더라도 기이하고 과도한 기교를 만들어 남과 경
쟁하기를 원하지 않으리라는 것은 공도 또한 대체로 알 것입니다.[今雖死耳亡耳
不願爲奇技淫巧 與人爭長 公亦庶幾知之矣][12]

이는 '예의지방(禮義之邦)'인 조선 문명의 단면을 표상하는 의복제도에 대

---

10) 김기수, 앞의 책, p. 273.
11) 김기수, 앞의 책, p. 120.
12) 김기수, 앞의 책, p. 125.

한 강한 자부심의 표현인 동시에 일본의 의제개혁이나 서양의 복식체계에 대하여 조선에서 수용할 일고의 가치도 없다는 견해를 밝힌 것이라고 할 수 있을 것이다.

1880년 2차 수신사로 일본을 다녀온 김홍집(1842~1896)의 경우나 1881년 비밀리에 일본에 파견된 대규모 조사시찰단의 경우에도, 1882년 임오군란 수습을 위해 일본에 파견된 3차 수신사 일행에게도, 1883년 미국 등지로 떠난 보빙사 일행에게도 의복문제는 주요한 관심사 중의 하나였다.[13] 김홍집의 귀국보고서나 박정양(1841~1904)을 비롯한 다른 조사시찰단의 보고 중에서도 이 문제가 중요하게 다뤄지고 있을 뿐만 아니라, 이 무렵을 전후해서 나타난 위정척사적 관점에 입각한 반대상소 등에도 의복문제에 대한 우려가 계속적으로 표명되고 있기 때문이다.[14]

한편 이 무렵 중국 측 신문 『신보(申報)』에서는 조선의 의복제도와 관련된 기사를 다음과 같이 게재하여 싣고 있다.

고려(=조선) 사신들이 일본 무관학교를 방문하였을 때, 학교 내의 각종 수련기구들을 보고는 한 번 사용해보고 싶었으나 넓은 도포와 큰 소매 복장으로 매우 불편하였다. 학당 교관이 이렇게 불편한데 왜 고치지 않느냐고 하며 시범을 보여주자, 고려 관원들은 이 말을 듣고 매우 화가 나서 "의복은 우리 국가의 제도이니 어찌 마음대로 바꿀 수 있는 것이며 우리 마음대로 만들 수 없는 것이요"라고

---

13) 이 시기 일본을 다녀온 수신사들의 의복에 관한 인식에 대해서는 이경미, 「갑신의제개혁 이전 일본 파견 수신사와 조사시찰단의 복식 및 복식관」, 『한국의류학회지』 Vol. 33, No. 1(2009a)를 참고할 수 있다.

14) 이러한 대표적인 사례로서 홍시중의 상소, 홍재학(1848~1881)의 만언소(萬言疏), 백낙관(1846~1883)의 척왜소(斥倭疏) 등을 들 수 있다. 각각은 『承政院日記』 1881年 3月 23日자, 1881年 7月 6日자, 1882年 5月 4日자에 수록되어 있다.

말하였다. 무술 시범을 할 수는 있으나 지금 의복이 불편하다며 불쾌해 하면서 그곳을 떠나버렸다.

일본에서 서양인들이 말 타기 경기를 벌였는데 두 번째 날, 일황(日皇)이 친히 관람을 왔다. 고려(조선) 사신들도 도착하였는데 규정상 우승자에게는 일본 정부에서 상금으로 은냥을 준다고 하자 고려 사신들도 마음이 동하여 경기에 참가하려 하였다. 서양인이 허가하여 고려사신도 말을 타고 달리기 시작하였지만, 큰 소매와 큰 모자가 바람을 가로막아 반도 못되어 뒤로 쳐져 경기를 그만두고 말았다.[15]

3. 1884년 의제개혁의 전개와 현실정치 공간

1884년 윤 5월 19일 국왕 고종은 "친군위(親軍衛)는 복장이 간편하고 훈련하는 것이 정돈되어 있어서 시기에 따른 적절한 조치에 알맞다. 각 군영(軍營)도 이와 차이가 있게 해서는 안 될 것이니 지금부터 복장과 연습하는 방법을 일체 친군위(親軍衛)의 군사규정대로 할 것"이라는 지시를 내리게 된다.[16] 요컨대 군복을 간소화하겠다는 내용이었다. 그리고 며칠 후에는 "지금부터 조정에 적(籍)을 두고 있는 모든 사람은 늘 흑단령을 착용하고, 크고 작은 조회의식[朝儀]에 나올 때나 대궐 안팎에서 공무를 볼 때 흉배(胸背)를 붙

---

15) 『申報』 「高使近聞」, 1881/12/28, 김성남, 「『申報』를 통해 본 1880년대의 조선 사회」, 『근대전환기 동아시아 삼국과 한국: 근대인식과 정책』(서울: 성균관대학교출판부, 2006), p. 53에서 재인용. 『申報』는 중국의 상하이에서 발행되던 신문으로서 1862년 중문으로 발행되기 시작하여, 1872년 5월부터 정식 일간지로 간행되었다. 신보의 1, 2면에는 당시 중국이 당면하고 있는 조선과 일본에 관한 소식이 상당수 실렸다.

16) 『高宗實錄』 21年 閏5月 19日, 『承政院日記』 同日條.

여서 문관과 무관의 품계를 구별하도록 하고, 단령(團領) 제도에서 반령착수(盤領窄袖= 깃이 둥글고 소매가 좁은 포) 역시 왕조 초기의 옷 도안을 따르도록 하라"는 하교를 내리게 되는데, 이는 요컨대 관복(官服)을 변통하겠다는 내용이었다.[17] 그리고 다음날에는 의제개혁을 사복에까지 확대한다는 지시를 내린다.

> 의복 제도에는 변통할 수 있는 것이 있고 변통할 수 없는 것이 있다. 예를 들면 조례(朝禮)와 제례(祭禮) 및 상례(喪禮) 때에 입는 옷은 모두 선대 임금들이 남겨놓은 제도인 만큼 변통할 수 없는 것이다. 그러나 수시로 편리하게 만들어 입는 사복(私服)과 같은 것은 편한 대로 변통할 수 있는 것이다. 우리나라의 사복 가운데 도포나 직령, 창의, 중의(中衣) 같은 옷은 겹겹으로 입고 소매가 넓어서 일하는 데 불편하고 옛날 것과 비교해도 많은 차이가 있다. 지금부터 이후로는 조금 변통하여 소매가 좁은 옷[窄袖衣]에 전복을 입고 사대(絲帶)를 착용하여 간편한 대로 따르는 것으로 규정을 세우도록 할 것이니 해당 부서에서는 이에 대한 지침을 짜서 들여보내도록 하라.[18]

이 지시가 내려진 후 반대여론이 비등하게 되면서 조선정계는 두 달 이상 격렬한 갈등에 휘말리게 된다. 의제개혁을 둘러싼 논란은 매우 격렬하면서도 지루하게 거듭되었다. 따라서 개혁추진의 논리와 반대논리를 전체적인 상황 전개 위에서 이해하기 위해, 상소나 단체행동 등을 통해 국왕에게 정치적 의사를 공개적으로 표현한 경우와 이에 대한 국왕의 대응방식 등을 가능

---

17) 『高宗實錄』 21年 閏5月 24日, 『承政院日記』 同日條.

18) 『高宗實錄』 21年 閏5月 25日, 『承政院日記』 同日條, 여기에 나온 복장의 구체적인 내용에 대해서는 권오창, 『조선시대 우리 옷』(서울: 현암사, 2004); 김명호, 『환재 박규수연구』(서울: 창비, 2008) 2부 1장; 유송옥, 『韓國服飾史』(서울: 수학사, 1998) 등을 참고할 수 있다.

한 간략하게 정리해놓은 것이 다음의 〈표 1〉〈의제개혁을 둘러싼 정치적 공방 상황일람〉이다.

〈표 1〉 〈의제개혁을 둘러싼 정치적 공방상황 일람〉(『고종실록』과 『承政院日記』를 참조)[19]

날짜	행위주체의 관직과 성명, 정치적 의사표현 방식	개혁 찬/반 여부	국왕의 대응 (설득/처벌/ 기타)
윤 5월 19일	국왕, 군복 간소화 지시		
윤 5월 24일	국왕, 관복 간소화 지시		
윤 5월 25일	국왕, 사복 간소화를 위한 지침 마련 지시		
윤 5월 26일	예조에서 신중하게 판단해야 한다는 반응	반대	설득
윤 5월 27일	영중추부사 홍순목, 영의정 김병국, 우의정 김병덕 등 전현직 대신의 첫 번째 연명차자	반대	설득
윤 5월 28일	영중추부사 홍순목, 영의정 김병국, 우의정 김병덕 등 전현직 대신의 두 번째 연명차자	반대	설득
	예조판서 이인명의 상소	반대	처벌 -6월3일 용서
	대사간 윤구영, 집의 윤상익, 장령 이원기 · 이명원, 지평 김진우 · 김홍규, 헌납 김중식 등 양사(兩司)의 연명차자	반대	처벌
윤 5월 29일	응교 유진옥, 교리 김재용 · 서의순, 부교리 이범조 · 신석연, 수찬 오유선 · 홍병일, 부수찬 김학선 등 홍문관의 연명차자	반대	양해 당부
	정언 이수홍 · 홍우정의 상소	반대	처벌
6월 1일	영중추부사 홍순목, 영의정 김병국, 우의정 김병덕 등 전현직 대신의 세 번째 연명차자	반대	설득
	한성순보(漢城旬報), 의제개혁의 공방과정 1차 기사화	찬성	
6월 2일	전현직 대신이 처벌을 청함	저항	설득
6월 3일	예조에서 국왕의 지침에 따라 사복제도변통절목 정함		전국 시행 지시
	봉조하 이유원의 상소	반대	설득
	응교 유진옥, 교리 김재용 · 서위순, 부교리 이범조 · 신석연, 수찬 오유선 · 홍병일, 부수찬 김학선 · 이재순 등의 연명 상소	반대	

19) 여기 소개한 상소는 『高宗實錄』과 『承政院日記』에 실려 있는 경우와 『承政院日記』에만 실려 있는 경우로 나눠진다. 그리고 양쪽에 수록되어 있다고 하더라도 『高宗實錄』에는 상소 내용이 생략되어 있는 경우가 많다. 따라서 이하에서는 구체적인 내용을 인용할 경우, 『承政院日記』를 이용하도록 하였다.

6월 4일	영의정 김병국의 차자, 사임 요청	반대	설득
	성균관 유생 심노정 등의 상소	반대	양해 당부
6월 5일	국왕, 홍순목과 김병덕에 대한 처벌지시		
	성균관 유생 남두희 등의 상소	반대	처벌
6월 6일	영의정 김병국이 업무 거부	반대	설득(1차 유시)
	예조판서 이인명의 두 번째 상소	반대	처벌
	승문원 부정자 안효석의 상소	반대	양해 당부
	부호군 김교환의 상소	찬성	칭찬
	승문원 부정자 허석의 상소	찬성	칭찬
6월 7일	국왕, 영의정 김병국 설득 (2차 유시)		
6월 8일	국왕, 영의정 김병국 설득 (3차 유시), 다시 처벌지시		
	부호군 박제교의 상소	반대	양해 당부
	부사과 조상학의 상소	찬성	칭찬
	남원부 유학 이홍우	반대	양해 당부
6월 9일	국왕, 영의정 김병국 용서 후 재설득(1차 유시)		
6월 10일	국왕, 영의정 김병국 재설득 (2차, 3차유시)		
	부호군 김영주의 상소	찬성	칭찬
6월 11일	한성순보(漢城旬報), 의제개혁의 공방과정 2차 기사화	찬성	
6월 12일	영의정 김병국의 상소	반대	설득
	영의정 김병국 처벌을 청함	저항	
6월 13일	봉조하 이유원의 상소	반대	설득
6월 14일	국왕, 영의정 김병국 재설득 (4차유시)		
6월 15일	국왕, 실사구시에 입각한 국정운영 입장 천명		
	판중추부사 송근수의 상소	반대	설득
6월 17일	국왕, 영의정 김병국 재설득 (5차유시)		
	청풍 유학 김상봉의 상소	찬성	처벌
	지방 유생 서상숙의 상소	반대	양해 당부
	온양 유생 전달홍의 상소	반대	
	부호군 지견룡의 상소	찬성	
	이인황의 상소	찬성	
	경상도 진사 송은성의 상소	찬성	
6월 20일	국왕, 전복(戰服) 명칭을 답호로 명칭 변경	찬성	
6월 21일	국왕, 영의정 김병국과 대화		대화 설득
	한성순보(漢城旬報), 의제개혁의 공방과정 3차 기사화	찬성	

6월 23일	응교 김재용, 교리 조병익·윤태홍, 부교리 장석유·서상우, 수찬 정인홍, 부수찬 이의덕·이헌경 등 홍문관의 연명차자	반대	양해 당부
	수찬 김복성의 상소	반대	양해 당부
6월 25일	찬선 송병선의 상소	반대	설득
6월 30일	경연관 김낙현의 상소	반대	설득
7월 1일	한성순보(漢城旬報), 의제개혁의 공방과정 4차 기사화	찬성	
7월 2일	국왕, 홍순목과 김병덕 재등용 지시, 파면시킨 대간(臺諫) 모두 용서		
7월 3일	판중추부사 송근수의 상소	반대	설득
7월 9일	국왕, 홍순목과 김병덕에게 유시		
	전 응교 송도순의 상소	반대	양해 당부
	부사과 박기명의 상소	찬성	칭찬
	부사과 권봉희의 상소	찬성	칭찬
7월 11일	한성순보(漢城旬報), 의제개혁의 공방과정 5차 기사화	찬성	
7월 16일	국왕, 홍순목과 김병덕에게 재차 유시		설득
7월 21일	국왕, 한성순보(漢城旬報)에 의제개혁 관련 상소에 대해 기사화 중지 지시		
7월 22일	서연관 박성양의 상소	반대	설득
7월 24일	영중추부사 홍순목의 상소	반대	설득
	경상도 안의 유학 전학순의 상소	반대	양해 당부
	김교환의 상소	찬성	
	박동수의 상소	찬성	
	오감의 상소	반대	
7월 27일	경연관 김낙현의 상소	반대	

군복, 관복, 사복을 실용적으로 간소화하라는 지시가 내려간 후에 이 문제를 관할하는 예조(禮曹)는 '이 일은 매우 중대한 일이므로 지금 새로운 정부 지침을 마련하는 것은 어려움이 있다. 따라서 묘당(= 의정부)과 함께 보다 신중하게 판단할 필요가 있다'는 건의를 올렸다. 이에 대해 국왕은 해당부서로서 처리해야 할 일을 딴 데로 미루지 말고 속히 거행하라고 지시한다.[20]

---

20) 『承政院日記』高宗 21年 閏5月 26日.

이에 대해 전현직 대신들이 연명으로 차자(箚子＝약식상소)를 올리고,

> 우리 왕조의 공복과 사복은 모두 명나라의 제도를 따라 한 나라의 제도로 된 만
> 큼 오늘에 와서 변통해 고칠 수 있는 것이 아닙니다. …오로지 간편한 것만 가지
> 고 말한다면 문물제도와 위엄을 나타내고자 한 취지를 어디에서 실증할 수 있
> 으며 또한 어찌 중국의 문물을 쓰는 도의라고 할 수 있겠습니까. …얼마 전 병정
> 들의 복장을 다른 제도로 변통한 것만도 이미 놀라운 일인데 이제 관리들과 백
> 성들의 복장을 모조리 하루아침에 고친다면 이것이 어찌 후세의 귀감이 되겠습
> 니까.

라고 하며 지시를 철회하고 옛 제도를 보존하라며 반발하고 나서게 된다. 그
러자 국왕은

> 지금 나라의 형편이 문학만 숭상하여 문약(文弱)하고 군사제도는 말이 아닌데
> 모든 사람들은 구차하게 편안히 지낼 것만 생각하면서 모든 일을 하기 싫어하고
> 있다. 그래서 위의 지시가 아래에서 시행되지 않고 아래의 사정이 위에 보고되
> 지 않고 있는데 이러한 때에 와서 어떻게 옛 습관에 젖어 나태하게 지내면서 진
> 흥시킬 생각을 하지 않을 수 있겠는가.

라고 하면서 지시를 따라줄 것을 촉구했다.[21] 이에 대해 대신들은 연명으로
다시 차자를 올리고,

> 옛 법을 따르면서 고질적인 폐단인 사치 풍조를 금지하는 것이 가장 낫습니다.
> 진실로 민심은 쉽게 동요하고 진정시키기 어려우며 물정(物情)은 옛것을 편안히

---

21) 앞의 책, 高宗 21年 閏5月 27日.

여기고 새것을 싫어합니다. 마땅히 고쳐야 할 일도 지금 급히 서둘러서는 안 될 것이 있는데, 하물며 고쳐야 할 일이 아닌 것에 급급해하며 따라갈 필요가 있겠습니까.

라며 지시를 철회할 것을 거듭 요구하였다. 이에 대해 국왕은

수년 이래로 나라의 운수가 대단히 어려움이 많고 변란이 꼬리를 물고 일어나고 있으니 평상시의 무사한 시국이라고 할 수 없다. 그래서 군사들의 복장을 번잡한 것을 없애 간편하게 하자고 한 것이니 여기에 나의 깊은 의도가 있다. 이제 만약에 옛 것을 그냥 고집하면서 고치지 않는다면 이것이 어찌 크게 변혁하고 변통하는 뜻이라고 하겠는가? 역대 임금들도 대대로 새로운 것을 만들고 이미 있던 것을 변통하여 매번 시세에 맞게 맞추어 가지 않았는가. 경들이 이해하라.

라고 대응한다. 그러자 예조판서 이인명이 상소를 올려

예조가 거행하는 것은 단지 규례를 상고하여 이미 행한 일을 오로지 따라 하는 것이며 규례를 새로 만드는 문제는 감히 스스로 결단하기 어렵습니다. …의정부의 대신들이 방금 의복 변통의 일로 차자를 올렸으니, 부디 이 문제 있어서 경솔하게 행동해서는 안 됩니다.

고 하면서 여러 번 더 숙고하고 널리 의견을 들어 처리해야 한다고 맞섰다. 이에 대해 국왕이 이인명의 처벌을 명하며 강경하게 나서자, 사헌부와 사간원 양사(兩司)의 연명차자가 다시 뒤를 이었다.

전교(傳敎)를 보니 공복과 사복 제도를 변경시킬 것에 대한 지시가 있었는데, 뒤이어 사람들이 의혹을 가지고 황급해하며 뜬소문을 진정시키기 어렵게 되니 참

으로 지극히 근심스러운 마음을 금할 수 없습니다. 의상이란 신체의 표식입니다. 당우삼대(唐虞三代)로부터 문장을 만들고 제도를 알맞게 제정하였으니, 경전(經典)과 도식(圖式)에 당연히 근거가 분명하여 고찰할 수 있는데, 순전히 검은 빛깔의 옷이라든가 반령착수(盤領窄袖) 제도가 있었다는 말은 들어보지 못하였습니다. …역대 임금들이 계승해 내려오면서 문물제도를 크게 갖추어 놓음으로써 의복 제도가 찬연히 완비되었으니, 옷자락이 크고 띠가 넓은 선비들의 옷차림은 오직 예의의 나라인 우리나라에서 밖에 찾을 수 없습니다. 그러니 세상 사람들이 만약 이 옛 제도를 보자고 하게 되면 응당 모두 와서 본받아가야 할 것인데 이제 와서 하필 변경시킬 것이 있겠습니까. 바라건대, 깊이 생각하시고 멀리 내다보시어 이번에 내리신 지시를 도로 철회하고 나라의 제도를 보존해야 할 것입니다.

국왕은 이들의 제안을 거절하고 연명차자에 참여한 이들을 모두 파면시키겠다고 하면서 강경하게 나섰다.[22] 그러자 이번에는 홍문관 관리 등의 연명차자와 상소가 이어졌다. '이번에 의복제도의 변경은 전하께서 옛것을 참고하고 오늘 일을 헤아려 사정의 변화에 따라 시세에 맞게 고치려 한 것이다. 하지만 사치를 억제하려고 변경하는 것이라면 검소하게 할 방도가 달리 왜 없을 것이며, 번거로운 것을 없애고자 하는 것이라면 어찌 간편하게 할 다른 방도가 없겠는가'라는 것이었다. 같은 날 이수홍 등이 '우리나라의 의복은 실로 알맞도록 제정된 것이어서 천하가 흠모하는 바이다. 그런데 무엇 때문에 번잡하다고 제거하며, 간편하게 한다면서 새롭게 하여 백성들의 의심을 사는 것인가. 공복과 사복은 명나라가 남긴 제도이며 우리 왕조가 만들어 놓은 법으로서 만대에 이르도록 변경할 수 없는 법이다'라며 지시를 철회

---

22) 앞의 책, 高宗 21年 閏5月 28日.

하라는 상소를 올렸다. 이에 국왕은 이들의 파직을 지시하였다.[23]

이처럼 국왕이 강경하게 나서자, 전현직 대신들은 세 번째 차자를 통해

우리나라는 기자 때부터 이미 중국의 의관을 착용하여 왔는데, 우리 태조께서 나라를 세우기에 이르러서는 한결같이 명나라의 제도를 본받았으니 이에 문명과 문물이 찬연하게 빛나 늠름함이 삼대처럼 성대하였습니다. 그리고 지금의 천하에서 중화의 옛 제도를 보유하고 있는 나라는 오직 우리나라뿐입니다. …더욱이 의복이란 몸을 꾸미는 것입니다. 공경(公卿), 사대부에서 서민에 이르기까지 모두 등위가 있으니, 평상복이라 하여 소홀하게 해서는 안 됩니다. …의상은 경솔하고 조급한 행동을 방지하기 위한 것이라고 했습니다. 그런데 공경, 온 나라의 사대부와 서민들이 이런 옷을 입고 다니게 한다면 어찌 위엄과 볼거리가 있다고 하겠습니까. 또 나라의 빈부와 군사의 강약은 의복 제도의 변경과는 관계없다는 것은 지혜 있는 자가 아니라도 아는 것인데, 전하의 신성한 예감으로 어찌 이를 모르시겠습니까?

라고 하며 국왕에게 지시철회를 재차 요구하였다. 이에 대해 국왕은,

재작년의 난리(= 임오군란)로부터 2주년을 맞이하여 어찌 차마 할 말이 있겠는가. 폐단에 젖을 대로 젖고 규율이 해이해져서 만고에 없던 사태가 나타났던 것이다. 그러니 임금과 신하, 윗사람과 아랫사람이 힘을 다하고 마음을 하나로 합쳐 문란한 제도를 신속하게 잘 정돈하고 새롭게 바꿔가며 나라를 다스리고, 백성(民)을 인도하는 데서 볼만한 성과를 내는 것이 아주 시급한 일이다. 이번에 의복 제도를 변통하는 것은 바로 새롭게 변경하는 조치 중의 하나이다. 이전에 내린 비답에서 나의 속마음을 남김없이 모두 간절하게 털어놓았는데 경 들이 이처럼 강경하게 맞서고 있으니 너무도 이해해주지 않는구나. 나라의 근본이 되는 원로로서 대소사에 상관없이 백성(民)에게 편리한 것을 찾아서 이 일을 제때에

---

23) 앞의 책, 21年 閏5月 29日.

미처 하지 못할까 두려워하며 노력하는 것이 바로 진정으로 나를 보좌하는 도리
일 텐데 지금은 그리 하지 않으니 내가 어찌 경들에 대해 개탄하지 않을 수 있겠
는가. 왕명을 내린 지 이미 오래고 차자에 대한 비답도 여러 번 내렸으니 경들도
직분과 의리, 체면에 대하여 다시 생각해야 할 것이다.

라고 하면서 강경하게 밀어붙였다.[24] 열흘에 한 번 씩 간행되던『한성순보』
가 의제개혁에 대한 공방을 처음으로 기사화하여 소개한 것도 바로 이날이
었다.[25]

　이틀 후 예조에서 의복을 개혁하는 데 대한 세칙을 정하여 보고하자, 국왕
은 이를 시급히 전국에 알려 보름 내에 실시하도록 지시를 내린다.[26] 그러자
이번에는 봉조하 이유원이 상소를 올려 문물제도를 바꾸는 것이 적절하지
못함을 '역사적 선례'들을 길게 열거하며 언급하고, 조선의 의복제도가 모두
'성현들의 논의인 경전'에 의거하여 만든 것으로서 이를 고치게 되면 '귀천
(貴賤)의 구별'이 없어지게 되는데, 이와 같은 조치를 내리는 것은 성현들의
은덕을 저버리는 것이라고 국왕을 비판했다.[27]

　영의정 김병국(1825~1905)은 사임을 요청했고, 영중추부사 홍순목과 우
의정 김병덕이 강경하게 항의하였다. 성균관 유생들의 상소도 이어졌다.[28]
그리고 예조판서 이인명은 상소를 올려,

　　신이 만약 조금이라도 직무를 완수하는 것이 중요하고 왕법이 더없이 엄한 것임

---

24) 앞의 책, 高宗 21年 6月 1日.
25)『漢城旬報』陰曆 1884年 6月 1日자.
26)『承政院日記』高宗 21年 6月 3日.
27) 앞의 책, 高宗 21年 6月 3日.
28) 앞의 책, 高宗 21年 6月 4日, 5日.

을 알았더라면, 비록 도끼가 앞에 있고 칼과 톱이 뒤에 있더라도 확고하게 고집
하여 죽더라도 변하지 않았을 것입니다. 그렇게 했다면 어찌 우리 성상으로 하
여금 이런 일을 하시게 했겠습니까. 나라의 체통과 신하의 절의가 남김없이 무
너졌으니, 첫째도 신의 죄요, 둘째도 신의 죄입니다.

라고 하면서, '억지로 할 수 없는 일을 재촉한 국왕의 강경한 지시를 불가피
하게 따른 자신의 행위가 자신의 직분을 다하고 동요됨 없이 법을 지켜야하
는 신하된 자의 도리를 어긴 것이라고 하며 자기를 처벌해줄 것'을 요청하고
나왔다. 이에 국왕은 '예조판서가 올린 상소내용이 얼마 전 자신의 지시에
따라 지침을 시행하도록 한 것이 신하로서 해서는 안 되는 일이라고 마음대
로 규정함으로써, 신하로서의 직분과 의리를 스스로 저버렸다'고 격분하면
서 예조판서 이인명을 귀양 보내도록 지시를 내린다. 다만 이날부터 의복제
도를 간편하게 고치는 것을 찬성하는 상소도 많지는 않지만 나타나기 시작
하고 있어 주목된다.[29]

한편 황현이나 정교가 이에 관해 남긴 기록은 매우 짧고 단편적이지만 당
시 조정 정계의 분위기와 아울러 의제개혁을 바라보던 민간에 회자되던 정
서를 읽을 수 있게 해준다.

그들(= 전현직대신)이 전후로 올린 연명차자는 모두 우의정 김병덕이 주관하였
다. 그는 답사의 내용을 부드럽게 하여 사람들을 감동시키지는 못했다. 그러나
그가 임금과 등대(登對)한 후에는 강경하게 저항하여 "전하가 이렇게 마음을 고
치지 않으시면 반드시 나라가 망할 것입니다"라고 하자 고종은 몹시 노하여 그
를 꾸짖었다. 그 꾸짖는 소리가 전내(殿內)를 진동하므로 군신들은 얼굴빛이 변
하였다. 그러나 그는 침착하게 "전하께서 신을 죽이시려면 그뿐이지만 어찌 객

---

29) 이에 관해서는 〈표 1〉을 참조할 것.

기를 부려 옥체를 손상하십니까?"라고 한 후 빠른 걸음걸이로 대궐을 나와 그 즉시 동소문 밖에서 열흘 남짓 치죄하길 기다렸다. 그러나 고종은 아직 노여움이 풀리지 않아 그를 향리로 축출하라는 교지(敎旨)를 내리고, 영원히 그를 서용하지 않았다. …그 후 김병덕은 영평 향제로 돌아가 다시 한성을 오지 않았다. 그는 청렴하여 칭찬할 만하지만 역량이 모자라는데다가 풍절(風節)이 없기 때문에 유식한 사람들은 그를 보잘것없이 여겼다. 그러나 이런 일이 있은 후에는 군중의 여론이 완만하게 기울어져 그를 명재상이라고 하였다.[30]

관복은 오로지 흑단령(黑團領), 오사모(烏紗帽)를 사용토록 했다. 한결같이 조선 건국 초에 제정한 양식을 따른 것이다. 사복(私服)은 단지 착수의(窄袖衣), 전복(戰服), 사대(絲帶)를 입도록 하여 간편함을 따를 것을 분명한 규정으로 만들었다. 이에 공복과 사복 가운데 소매가 넓은 옷은 모두 폐지되었다. 전 의정(議政) 김병덕이 상소하여 간언하였으나 임금이 들어주질 않았다. 이보다 앞서 김병덕이 궁궐에 들어가 뵙고 임금에게 아뢰기를 "정치가 이와 같으면 나라가 틀림없이 망할 것입니다" 하니 임금이 화를 내며 이르기를 "임오년 변란 때 단 한 명의 대신도 내 곁에 없었다"하자, 대답하기를, "이는 덕을 잃은 결과입니다"라고 했다. 이에 이르러 벼슬을 버리고 시골로 돌아가서 다시는 서울로 들어오지 않았는데, 사람들이 모두 장하게 여겼다.[31]

정치적 입장의 적절성 여부를 떠나 벼슬을 박차고 직언을 마다하지 않는 행위가 존중되던 조선의 정치적 풍토 속에서 민간의 여론이 조정에서 벌어지는 의제개혁 논쟁에 대해 의혹의 눈길로 바라보고 있었음을 확인할 수 있다.

한편 앞에 나온 〈표 1〉에서 볼 수 있는 바와 같이, 국왕은 신하들의 저항

---

30) 황현, 앞의 책, pp. 153-155.
31) 정교 지음, 변주승 역주, 『대한계년사』 권1(소명출판사, 2004), pp. 111-112.

에 대해 매우 강경하게 대처하면서도, 다른 한편으로는 조정에 나오지 않는 영의정에게 '지금은 서로 버티며 헛되게 시간을 낭비할 때가 아니므로, 조정에 나와 부덕한 임금을 도와 국정에 임하라'는 설득을 계속해서 수 차례에 걸쳐 반복하고 있었다.[32] 그리고 이번에는 세계의 대세가 변화하는 오늘날의 상황에서 지금 필요한 것은 '실사구시'적 태도라는 것을 강조하는 교서[1884년 6월 15일]를 내린다.

> 실질을 중시하고 여기에 온 힘을 기울이는 것, 이것이야말로 바로 나라를 다스리는 급선무이다. 우리 왕조가 태평한 지 오래되어 모든 일이 편안하다 보니 안으로 궁중 관청에서부터 밖으로 감영이나 병영, 고을과 진영(鎭營)에 이르기까지 조정의 명령을 선포하고 백성(民)을 다스리는 모든 곳에서 임시방편으로 일을 때우고 옛 문서를 베껴서 전달하거나 실속 없는 빈 문서들만 갖추어 놓고 있다. 바로 이 때문에 법률과 규율이 정밀하게 갖춰지지 못하고 인재나 병제가 점점 시세에 맞지 않게 되고 말아 좀처럼 바로 세울 수 있는 가망이 없으니 어찌 한탄하지 않을 수 있겠는가.
>
> 현재 시국이 날로 변하고, 사무가 날로 늘어가며, 배와 수레로 교섭하는 길이 열리고, 감영과 보루에 군사훈련장을 설치하여 대응하는 것이, 결코 이전 날에 자기만을 지키려하던 때와는 비교가 되지 않는다. 그런데 어떻게 상투적인 방식을 고집하고, 쓸데없는 절차를 행하면서, 실사구시의 길을 탐구할 방도를 생각하지 않을 수 있겠는가. 실(實)이라는 것은 진실된 것으로 허망하지 않은 것을 일컫는 것이고, 간사한 것을 막는 것을 말하는 것이다. 조치를 취하고 일을 하는 데에 간사하고 허망한 것이 섞여들면 어떻게 결연히 떨쳐 일어날 수 있겠는가. 이것은 나의 말이 아니고 옛날의 어진 임금과 명철한 군주들이 정사를 볼 때 방법과 계책의 대강령이며, 또한 (상황에 따라) 새롭게 맞추어나가려는 뜻이다. 묘당(=의정부)에서는 이 뜻을 잘 헤아려서 문구를 만들어 중앙과 지방에 공문을 내려 보냄으로써 꼭 실제 성과가 있기를 기대하는 바이다.

---

32) 앞의 책, 高宗 21年 6月 7日, 9日, 12日, 14日, 17日.

그러나 일은 아직 수습될 기미를 보이지 않고 있었다. 오히려 대신들과 주요 관직자들이 계속 정무에 임하지 않고 버티는 날이 길어지게 되면서 모든 국정이 지체되고 마비되는 양상이 나타나고 있었음이 관찬자료에 항목별로 조목조목 기록되고 있다.

이러한 상황에서 같은 날 판중추부사 송근수(1818~1902)가 국왕을 비판하는 상소를 올렸고,[33] 얼마 후 조정에 나온 영의정 김병국은 '국왕이 위기상황에서 국정을 혼자서 운영하고 있으며', '높고 낮은 모든 사람이 의혹을 가지게 되고 온 나라가 소란스럽게 된 것도 바로 공론을 중시하지 않는데서 비롯된다'는 비판을 늘어놓았다. 홍문관의 연명차자가 다시 나타났고,[34] 송시열의 9대손에 해당하는 재야의 거물인 찬선 송병선(1836~1905)은 상소를 올려 '온 세상이 이적의 복장을 하고 있고 소국인 조선만이 오로지 문명의 유물을 보존하고 있는데, 이러한 위기 상황에서 우리가 겨우 보존해오던 것조차 폐기시킨다면 하늘의 이치와 백성(民)의 양심을 저버리는 것'이라고 주장했다.[35] 이와 같은 상소는 계속하여 이어졌다.[36] 그중에서도 예컨대 송근수가 재차 올린 상소는 그 대표적인 것이라고 할 수 있을 것이다.

> 이번의 사복제도 변통절목은 일반적인 제도의 변통에 비할 것이 아니며 그 관계되는 바가 실상 중국과 오랑캐를 가르는 경계가 되는 것인데 우리 전하가 어떻게 이런 일을 하는 것입니까. (중복) 이렇게 하게 되면 의복제도의 경우를 선례로 삼아 내일은 또 어떠한 변경을 도모하게 될 지 알 수 없습니다. 근년에 와서 금수 같은 사나운 발자취가 나라 안에 나타나서 이미 큰 근심거리로 되고 있는

---

33) 앞의 책, 高宗 21年 6月 15日.
34) 앞의 책, 高宗 21年 6月 23日.
35) 앞의 책, 高宗 21年 6月 25日.
36) 앞의 책, 高宗 21年 6月 30日, 7月 3日, 9日, 22日, 24日, 27日.

데 갑자기 이런 비상한 제도를 내오게 되었으니 듣고 보는 사람들이 어찌 놀라고 의혹을 갖지 않겠습니까. 바로 이 때문에 온 나라의 신하와 백성들이 누구나 답답하고 통분하여 눈물을 흘리면서 전하 앞에서 간곡히 말씀드리는 것입니다. 만약에 그렇지 않다면 무엇 때문에 가장 높은 관리에서부터 일반 백성들에 이르기까지 엄한 형벌을 아랑곳하지 않고 기어코 자기주장을 펴겠습니까.

옛날 조나라 무령왕이 기병의 힘을 빌리기 위하여 오랑캐의 복장을 제정하였다가 세상만대의 비방을 받았습니다. 전하도 역사를 읽을 때면 늘 이에 대하여 통탄하였는데 지금 시기에 따르는 적절한 조치를 세운다고 하는 의논이 어찌 조나라 사람의 술법과 다르겠습니까. 맹자는 말하기를, '나는 중국의 제도로써 오랑캐의 제도를 변경시켰다는 말은 들었어도 오랑캐에 의해서 중국의 제도가 변경되었다는 말은 듣지 못하였다'고 하였습니다. 생각하건대 우리나라는 비로소 큰 나라의 교화를 받아 차츰 문명한 지역으로 되었으니 우리 전하가 잘 계승 발전시켜서 억만 년 무궁할 계책을 남겨놓는다면 어찌 좋은 일이 아니겠습니까. 다시 잘 생각하셔서 이미 내린 지시를 도로 철회하여 온 나라 신하와 백성들의 마음을 위로하시기 바랍니다.[37]

국왕은 이러한 비판자들의 상소를 수용하지 않았다. 다만 앞의 〈표 1〉에서 확인할 수 있는 것처럼 비판자들을 처벌하기보다는 점차 유화적인 태도를 보이며 이들을 설득하려 하였다.

대체로 지나간 일은 마치 구름이 흩어지고 얼음이 녹는 것처럼 말끔히 잊어버려야하는 것이다. 더욱이 군신간, 상하간은 서로 믿고 사랑하며 존경하는 처지에 있는데 더 말할 것이 있겠는가.[38]

변통한 것은 바로 옛것을 끌어오고 오늘의 것을 참작하여 번잡한 것을 제거하고

---

37) 앞의 책, 高宗 21年 7月 3日.
38) 앞의 책, 高宗 21年 7月 16日.

간편한 것을 취한데 불과하다. 이미 절목에 대하여 공문을 띄웠으니 너는 양해할 것이다. (상소에서 언급한) 백성(民)을 인도하고 모범을 보이고 감화시켜 성취하게 하는 것은 의복제도에 달려있는 것이 아니라 실질적인 학문을 하는가 여부에 달려있다. 너는 분연히 조정에 나와 아침저녁으로 곁에서 품고 있는 유익한 말을 하여 임금과 백성들에게 그 혜택이 돌아가도록 하는 것이 시급한 일이다. 나는 이에 대해 몹시 기대하고 있다.[39]

이후 의복제도 개혁에 관한 비판은 조금씩 수그러드는 경향을 보이게 된다. 황현의 표현을 빌면, "임금과 신하가 서로 줄다리기를 하며 조정이 소란하였으나 점차 서로 양보하여 그 제도를 조정과 민간에게 반포"하게 된 것이다.[40] 이처럼 의복개혁을 둘러싸고 두 달 이상 지루하게 진행된 정치적 줄다리기의 내용만을 보면 분명 국왕은 조선의 협소한 정치공간에서 매우 고전하였으나 개혁안을 끝까지 밀어붙임으로써 힘겹게나마 정치적 승리를 거둔 것처럼 보였다.

4. 의제개혁의 주체와 국왕의 역할

의제개혁의 정치적 공방을 당대의 정치적 맥락 위에서 정밀하게 독해하기 위해서는 다음과 같은 질문에 대한 답변이 필요할 것으로 생각된다. 전술한 바와 같이, 의복에 대한 조선인의 자부심이 확고부동한 것이었다면, 어떻게 의제개혁이 현실정치 공간에서 추진될 수 있었던 것일까? 즉 조선정계에

---

39) 앞의 책, 高宗 21年 7月 22日.

40) 황현, 앞의 책, p. 154.

서 의제개혁의 추진주체는 과연 누구인가 하는 문제이다. 필자의 조사에 의하면, 의제개혁의 추진주체를 직접 언급하는 자료로는 『윤치호 일기』, 『청계중일한관계사료』, 황현의 『매천야록』과 『오하기문』 등이 있다. 따라서 여기 실린 내용을 통해 논의를 진행해기로 하자. 『윤치호 일기』에서는 이와 관련하여 다음과 같이 기록하고 있다.

> 이날 들으니 영을 내려 조관은 늘 흑단령(黑團領)을 입고 흉배(胸背)를 붙여 등급과 문무의 구별을 표시하고 벼슬이 있는 자는 늘 쾌자(快子)를 입고 사대(絲帶)를 띠고, 창의(氅衣), 중추막(中秋幕), 도포(道袍), 직령(直領)을 일체 폐지했다고 한다. 이는 운태(= 민영익)가 헌책한 것이다.[41]

당시 윤치호가 미국공사의 통역으로 국왕의 근거리에서 조정의 상황을 접하고 고려해볼 때 그의 기록이 갖는 신빙성은 매우 높다고 해야 할 것이다. 한편 『청계중일한관계사료』에서도 민영익의 건의가 의제개혁의 성립 배경으로 존재하고 있다는 내용이 수록되어 있다. 청의 북양대신 이홍장(1823~1901)은 6월 3일자 [사복제도변통절목]과 함께 다음 내용을 자국 황실에 보고하고 있다.

> 조선이 서양국가와 외교를 수립한 이후 의복개정에 관한 논의가 부단히 제기되었습니다. 얼마 전 민영익이 미국에 출사한 후, 영국과 프랑스를 거쳐 귀국한 뒤 의복 개정에 관해 결사적으로 주장을 하여 6월 3일 조선국왕이 정식으로 교령을 하달하였습니다. 여기 그 개정내용을 초록하여 첨부하니 살펴보시기 바랍니다. 일시에 옛 제도를 바꾸려하니 조정관원들 대다수가 이를 원하지 않았으나 단지

---

41) 윤치호 지음, 송병기 번역, 『국역 윤치호 일기』 1권(연세대 출판부, 2001) (1884년 윤 5월 26일, 양력 7월 18일자), pp. 149-150.

외서(外署) 관원들만 이를 반겨 지지하였는데, 특히 좌우의정 김병국과 홍순목 등의 사람들은 극력 반대하였습니다.[42)]

즉 보빙사의 임무를 띠고 미국, 유럽 등지를 보고 5월에 돌아온 민영익(1860~1914)이 국왕에게 건의를 해서 의제개혁이 진행되었다는 것이다. 반면 황현의 『매천야록』은 이와 관련하여 조금 다르게 기록하고 있다.

박영효 등은 서양의 제도를 미칠 듯이 좋아하여 임금에게 의제개혁을 권고하면서, "모두 간편한 옷을 입어야 합니다. 이것이 부강책의 첫째입니다."라고 하였고, 민영익도 청나라에서 돌아와 그와 같은 여론을 전개하였다.[43)]

이에 따르면, 의제개혁은 박영효(1861~1939) 등이 평소에 건의해온 것이고 민영익은 보빙사로 귀국한 후에 이러한 논의에 합세함으로써 의제개혁이 이루어지는 구체적인 계기를 만들었다는 추론이 가능해진다. 이것은 최근 연구를 통해 확인된 것처럼 1882년 일본에 파견된 3차 수신사 박영효가 일본에서 단발에 양복을 착용한 채 찍은 사진이 지금까지 남아있다는 것을 고려하거나,[44)] 혹은 김옥균(1851~1894)의 『한성순보(漢城旬報)』 1884년 윤 5월 11일자에 실려

---

42) 中央研究院近代史研究會 編, 『淸季中日韓關係史料』(臺北: 1972), 「朝鮮國王更定臣民冠服敎令」, 0876, 光緖 10년 6월 26일 (1884. 8. 16), pp. 1468-1469, 김성남, 「『申報』를 통해 본 1880년대의 조선 사회」, 『근대전환기 동아시아 삼국과 한국: 근대인식과 정책』(서울: 성균관대학교출판부, 2006), p. 54에서 재인용.

43) 황현, 앞의 책, p. 153. 다만 여기서 민영익이 청나라에서 돌아왔다는 내용은 사실과 다르다. 민영익은 보빙사를 이끌고 미국을 비롯한 세계를 유람하고 돌아왔다. 보빙사에 관해서는, 김원모, 『韓美修交史: 朝鮮雇聘使의 美國使行篇(1883)』(서울: 철학과현실사, 1999)을 참고할 수 있다.

44) 이경미, 「갑신의제개혁 이전 일본 파견 수신사와 조사시찰단의 복식 및 복식관」, 『한국의류학회지』 Vol. 33, No. 1(2009a), pp. 50-52.

있는 〈치도론(治道論)〉의 다음 내용을 고려해보더라도 설득력을 갖는다.

> 어떻게 무관직을 정비하느냐. …포복(袍服), 화정(靴頂) 등 몸에 걸치는 장신구
> 와 곤상(袞裳)을 버리고 수족을 민첩하게 할 수 있는 것으로 바꾸어 융복(戎服)
> 을 간편하게 하여야 한다.[45]

  하지만 지금까지 살펴본 기록만으로 의제개혁의 주체를 밝혀냈다고 생각
하는 것은 여러모로 한계를 가질 수 있다. 왜냐하면 실제로 의제개혁의 진행
과정이 진행된 내용을 현장에서 바로 기록하고 있는 『승정원일기』 등의 내
용을 검토해보면, 의제개혁안에 저항하며 전국에서 올라오는 모든 상소를
비롯하여 이를 행동으로 저지하려는 정치세력들을 현실정치 공간에서 직
접 상대한 것은, 지금까지 언급한 내용이나 〈표 1〉을 통해서도 분명히 드러
나는 것처럼, 민영익이나 박영효, 김옥균 등이 아니라 국왕이라는 것을 확인
할 수 있기 때문이다. 의제개혁의 추진 전후에 개화세력이 관여하고 있었던
『한성순보』에 수록된 기사들을 보면, 한편으로는 조정에서 진행되고 있는
의제개혁 공방을 전달하면서, 다른 한편으로는 일본의 사례 등을 통해 의복
개혁의 정당성을 직간접적으로 옹호하는 내용이 담겨 있을 뿐이다.[46] 그렇
게 보면, 민영익이나 박영효, 김옥균 등은 개혁을 진행하는 주체라기보다는
오히려 현실정치 공간에서 개혁을 주도하는 국왕 고종을 뒤에서 도운 보좌

---

45) 『漢城旬報』 1884년 윤 5월 11일자, 『漢城旬報, 漢城周報 飜譯
版』(서울: 관훈클럽신영연구기금, 1983), p. 508.
46) 의제개혁이 진행되던 시기 동안의 『한성순보』를 보면 의제개
혁 공방을 직접적으로 다루는 내용이 6월 1일, 11일, 21일, 7월 1
일, 11일까지 다루어지고 있음을 알 수 있다. 그러다 7월 22일부
터는 의제개혁과 관련된 상소 내용을 더 이상 기사화하지 말라는
국왕의 특별 지시를 따로 소개하며 기사화하지 않게 된다.

역에 가깝다는 생각을 지우기 어렵다.

　그러면 고종의 의제개혁에 대한 의식은 어떻게 형성된 것일까? 고종의 복식관을 보여주는 자료와 고종의 정치의식과 대외인식의 변화과정에 대한 기존연구를 종합적으로 활용하여 이 문제에 접근해보자. 여기서 상기시켜두고 싶은 사실은 당시 조선의 폐쇄적인 정치적, 사상적 여건 하에서 비교적 풍부한 정보를 지속적으로 접할 수 있는, 거의 가장 유리한 위치에 있었던 존재가 바로 다름 아닌 국왕이었다는 점이다. 이미 다른 연구를 통해 지적했던 바와 같이, 어린 시절 고종은 서양세계를 전통적인 화이(華夷)관념에 근거해 자기가 속한 문명세계와는 상극적인 이미지로 인식하고 있었다.[47] 국왕의 의복에 대한 인식 역시 당시의 전통적인 복식관과 동일한 것이었음은 1873년 김세균과의 경연에서의 대화를 통해 확인할 수 있다.

　　고종: 우리나라의 복식은 모두 명의 옛 제도를 따른 것이다.
　　김세균: 그렇습니다. 우리나라만이 명의 제도를 전수하고 있습니다. …오늘날 명
　　　　　의 제도를 사용하는 것은 단지 우리나라에만 있을 뿐입니다.[48]

　그런데 국내외의 각종사건과 외국으로부터의 정보에 접하게 되면서 국왕은 보다 적극적이고 구체적으로 대외상황을 이해하고자 노력하게 되고 이에 근거해서 조선의 현실을 반추하려는 태도를 보이기 시작한다. 예컨대 국왕의 대외적인 관심이 한창 고조되어가기 시작할 무렵, 연행사절의 귀국보고 장면을 살펴보면, 복식에 대한 고종의 관심이 여기저기에 산재해 드러나고 있음을 확인할 수 있다. 다음은 1873년 연행사절 귀국보고 장면이다.

---

47) 청년기 고종의 대외인식의 전환에 관해서는, 강상규, 앞의 책, IV장의 내용을 참고할 수 있다.

48) 『承政院日記』高宗 10年 5月 16日.

고종: 왜인 수십 여 명이 황성(皇城= 북경)에 와 있으면서 작년에는 복장이 아직
　　섬나라 복장을 유지한다고 하더니만 지금은 양이(洋夷)의 모양을 본받은
　　자가 많다고 하니 이는 양이들의 유혹에 이끌려 그들 본래의 복장을 바꾼
　　것인가?
정사 이근필: 과연 그렇습니다. 온 나라가 서양의 제도를 따르고자 한다 하니, 반
　　드시 내란이 일어날 것입니다.
부사 한경원: 왜놈들은 과연 서양 옷을 입고 있었습니다. …
서장관 조우희: 이른바 왜주(倭主= 천황)란 자가 양이와 부화뇌동하여 경전을 비
　　난하고 오로지 사교(邪敎)를 숭상하며, 심지어 의복제도까지 모두 서양과
　　똑같이 만들었습니다. …
고종: 왜에는 지금 관백(關白)이 없으니 양이와 왜의 통교는 곧 왜주가 하는 것인가?
이근필: 왜주가 양이를 불러들여 그 힘을 빌려 관백을 제거한 다음 스스로 국정
　　을 총괄한다고 말하고 있으나, 실상은 텅 빈 산에서 혼자 호랑이를 끌어들
　　여 자신을 호위하는 격입니다.
한경원: 이제는 양이(洋夷)와 왜(倭)는 다를 것이 없습니다.
고종: 서양 여러 나라 사람들이 중국황제를 알현할 때의 복장은 어떠했는가?
이근필: 각자 자기나라 복장을 하고 조회 및 알현하였습니다.
한경원: 처음에는 중국의 복장으로 인견(引見)하도록 되어있었으나 섬나라 무
　　리배들이 끝까지 따르지 않고 섬나라 복장으로 나가서 알현하였다고 합
　　니다.[49]

　위의 내용을 보면 일본의 복식이 서구식으로 개혁되었다는 소식을 듣고
그것이 어떤 의미를 갖는지를 국왕이 대단히 궁금해하고 있음을 알 수 있
다. 이후 일본과의 관계에서 복장의 문제가 핵심적인 문제 중의 하나로 대
두되었고 서구식 의복 착용이야말로 일본과 서양오랑캐가 하나라는 증거라
는 논의가 조야에서 계속적으로 제기되던 상황에서 거대한 변화의 흐름을

---

49) 『承政院日記』 高宗 10年 8月 13日.

감지하면서 새로운 방향전환을 모색하려고 했던 국왕에게 의복제도의 문제가 피해갈 수 없는 문제라고 인식하는 계기가 되었으리라는 것을 어렵지 않게 짐작할 수 있다. 김홍집의 귀국보고 자리에서 "저들이 비록 우리나라와 더불어 마음을 같이하고 힘을 합하자고 하지만 이를 어찌 깊이 믿을 수 있겠는가? 곧 우리도 또한 부강지술(富強之術)을 시행하는 것이 요구될 따름이다"라고 하면서 결의에 찬 입장을 보이던 국왕이 갑자기 대화의 주제를 바꿔 "왜주(= 일본천황)가 과연 양복을 입었던가?"[50]라는 질문을 던진 것도 이러한 이유와 관계가 있어 보인다. 그러나 유학적 가치관과 문명의식을 견지하고 있던 조선의 군주로서 조선의 문명의식을 표상하는 의복제도를 변통한다는 것은 쉽게 결정할 수 있는 문제일 수 없었다. 조사시찰단으로 일본의 내무성 시찰을 담당하고 귀국한 박정양(1841~1904)과의 대면 장면은 이러한 정황을 다음과 같이 전해주고 있다.

고종: 일본의 세력이 어떠하던가?

박정양: 일본의 외형을 보면 대단히 부강한 것처럼 보입니다. 땅이 넓지 않은 것도 아니며 군대가 강하지 않은 것도 아니고 건물과 기계도 화려합니다. 그러나 그 속을 자세히 살피면 실은 그렇지 않은 바가 있습니다. 일단 서양과 통교한 후로는 단지 교묘한 것을 따를 줄만 알아서 …오로지 서양의 제도를 좇으려다 보니 위로는 정법(政法)과 풍속으로부터 아래로는 의복과 음식에 이르기까지 이제 변하지 않은 것이 없었습니다.

고종: 저들이 타국의 법이 좋아져서 다분 절충하지 않았기 때문에 의복까지도 그런 식으로 되었을 것이다. 이것은 저들이 잃은 바일 것이다.[51]

---

50) 〈수신사입사연설〉, 송병기 편역, 『대미수교관련 수신사 기록 초 개방과 예속』(서울: 단국대학교출판부, 2000), pp. 95-96.

51) 『承政院日記』高宗 18年 8月 30日條; 「東萊暗行御史入侍時筵說」, 『박정양전집』 4권(아세아문화사, 1984), p. 332.

이 무렵 국왕은 개혁을 추진하기 위해 의정부와 동급기구로서 청과 일본모델을 절충하여 통리기무아문을 설치하는가 하면, 미국을 비롯한 서양열강과 조약체결을 추진하는 등 개혁개방의 물꼬를 트기 위한 방책을 마련해가던 상황이었다.[52] 이러한 상황에서 임오군란이라는, 대원군 세력과 전통주의자들의 물리적인 저항에 부딪히며 좌절을 경험하게 되고 그동안의 모든 개혁추진의 성과가 수포로 돌아가는 듯하였으나, 청군의 개입으로 상황이 극적으로 진정되면서 다시 개혁에 박차를 가하기 시작한다. 이러한 와중에서 1882년 8월 5일 국왕이 내린 유명한 교서에는 달라진 시대흐름 위에서 개방적이고 적극적인 국정운영을 펼쳐나가겠다는 의지가 명백히 드러나고 있다.

이런 정황과 앞서 언급한 내용을 종합적으로 고려해볼 때, 1884년 윤 5월에 국왕이 의제개혁을 단행할 수 있었던 배경에는, 새로운 시대흐름을 감지하고 부국강병의 길을 도모하면서 의제개혁의 방법과 시기에 대해 지속적인 관심을 기울이던 국왕이라는 존재와 그를 측근에서 보좌하면서 개혁정책의 일환으로 의제개혁의 필요성을 지속적으로 제기해온 김옥균, 박영효 등의 노력, 그리고 국왕의 또 다른 측근으로 보빙사의 자격으로 구미열강의 실정을 보고 돌아온 민영익의 주장 등이 존재하고 있었고 이러한 요소들이 맞물려 가능할 수 있었다고 해야 할 것이다.

5. 맺음말에 대신하여: 갑신의제개혁과 갑신정변

의복개혁을 둘러싸고 두 달 이상 격렬하게 진행된 정치적 줄다리기의 내

---

52) 이에 관해서는, 강상규, 앞의 책, III장과 IV장 참조.

용만 보면 분명 국왕 고종은 조선의 협소한 정치공간에서 개혁안을 끝까지 밀어붙임으로써 힘겹게나마 정치적 승리를 거둔 것처럼 보였다. 하지만 그 결과는 고종의 정치적 승리라는 방향으로 귀결되지 않았다. 갑신정변 때문이다.

그런데 황현(黃玹, 1859~1910)의 『오하기문(梧下記聞)』은 갑신 의복개혁과 갑신정변의 관련성을 이해하는 주목할 만한 실마리를 다음과 같이 제공해주고 있다.

> 갑신년 봄에 민영익, 홍영식, 서광범 등이 미국에서 돌아왔다. 민영익은 널리 천하를 두루 돌아보고는 우리나라가 사소한 것에 매달려 원칙만 고집하여 끝내 부강해질 희망이 없다고 한탄하면서 무령왕(武寧王)의 일을 흠모하였다. 그는 밤낮없이 임금께 양복으로 바꿔 입을 것을 권하였는데, 임금이 그것을 지지하여 여름에 세칙을 반포하여 소매가 넓은 것과 끈을 길게 드리우는 제도는 모두 없애고, 다만 소매가 짧은 옷을 입는 데 관직에 있는 사람은 전복(戰服)을 껴입도록 하라고 명령을 내려 시행하였다. 이에 조정의 대신과 대간뿐 아니라, 밖으로 산림에 이르기까지 모두 상소를 올려 그 부당함을 힘써 간하였다. …이 무렵 김옥균, 박영효 등은 서양과 왕래하면서 그 부강함을 헛되이 흠모하여 우리나라의 제도가 작고 보잘것 없다며 서로 이를 비난하더니 마침내 역모가 싹트기 시작하였다. 이에 민영익을 건드려 먼저 의복제도를 변경하는 것으로 사람들의 움직임을 떠보았다. 이에 조정백관 중에 바른 뜻을 가진 사람들이 적다는 것을 알고, 일이 이루어지지 않을 수 없다고 생각하였다.[53]

---

53) 황현, 김종익 역, 『오하기문』(서울: 역사비평사, 1994), pp. 39-40. 황현의 『매천야록』이 정리된 저술이라면, 그의 『오하기문』은 자료를 수집하면서 정리한 초고의 성격이 강하다.(앞의 책의 해설부분 p. 5 참조) 앞서 언급한 대로 동일 저자의 다른 두 책에서 같은 사건을 다르게 언급하고 있는 것은 두 책의 성격이 다른 데서 비롯된 것으로 생각된다.

앞서 다룬 자료들과 여기에 언급한 황현의 기록 등에 의거하여 당시의 정황을 종합하면, 갑신의제개혁은 보빙사의 임무를 띠고 미국, 유럽 등지를 5월에 보고 돌아온 민영익이 국왕에게 건의를 한 것이 하나의 중요한 계기가 되었음에 틀림없다. 또한 그 배후에는 서양의 부국강병을 흠모하여 전면적인 개혁을 도모하고자 했던 김옥균과 박영효 등의 부추김이 존재하고 있었으며, 이를 전체적으로 주도해나간 것은 국왕이었다고 할 수 있다. 그런데 의복개혁이 이루어지는 과정을 보면서 김옥균 등은 앞으로 갈 길이 너무 멀다는 것을 절감하였고 이에 급격한 방식의 역모가 마침내 구체화되었던 것으로 보인다.

이런 점들을 고려해볼 때, 의복개혁을 둘러싼 논란에서 나타난 강렬한 견제와 비판은 국왕의 측근 그룹 내부에 오히려 개혁의 성공여부에 대한 불안감을 심화시켰고, 이들을 열악한 정치현실 앞에서 무력감과 초조함에 빠져들게 했던 정황을 이해할 수 있게 해준다. 구미각국을 여행하고 돌아온 민영익이 오히려 개화 자강정책에 대한 자신감을 급속히 상실하고 친청의 자세로 경도된 것이나, 이러한 민영익 등의 태도에 억누를 수 없는 배신감을 느끼고 반청자주(反淸 自主)를 위해 불가불 일본의 힘에 의존하지 않을 수 없다고 느낀 김옥균, 박영효 등의 태도는 모두 이러한 조선의 협소한 정치공간에 대한 무력감과 초조함에서 비롯된 것이었고 아울러 이러한 정치상황에 대한 고민 속에서 나름대로 현실적인 전략을 모색하려했다는 점에서도 서로 닮아 있었다.

그러나 이처럼 정치적 선택지가 제한된 상황에서 초조해진 이들 측근세력이 추구하는 현실적인 전략이란 서로 상극적인 방향으로 치달리게 된다. 요컨대 민영익 등이 열악한 국내외의 현실 앞에서 청국의 보호우산 속에서 망국의 위기를 모면하려 했다면, 김옥균 등은 새롭게 세계의 흐름을 주도하고 있는 구미국가들이야말로 진정한 의미에서의 '문명'국가며 새로운 문명 기준에 따른 '문명개화'와 '부국강병'이야말로 조선이 망국을 면할 수 있는 유일한 길이라고 확신했다. 더욱이 후자의 입장에 서 있는 인물들은, '30년 내외의 개혁을 통해 문명부강을 이룩한' 일본이야말로 조선의 정치개혁에 있어서 모델로서 간주한 반면(윤치호, 1973, 1884年 6月 初1日, p. 85; 서재필, 1947, p. 82), 청국에 대해서는 "예전부터 우리나라를 속국(屬國)으로 삼아왔는데 이는 더할 나위 없는 수치이며, 또한 이것이야말로 나라를 진작시킬 희망을 없애는 것"이라고 확신하고 있었다(김옥균, 1979, p. 117).

갑신정변 직전 『윤치호 일기』는 홍영식과 푸트(Lucius H. Foote, 福德, 1826~1913) 미국공사의 밀담을 적어두고 있는데, 당시의 정황에서 초조해하는 급진세력의 심정과 함께 국왕과 조선정세에 대한 평가를 등불의 비유를 통해 다음과 같이 극명하게 언급하고 있다.

> 홍영식이 또 말하기를 "지금 여기에 한 기름등이 있어 불빛이 매우 밝으나 밖의 물건에 가려져 안의 빛이 능히 밖을 비추지 못하고 밖의 물건은 능히 밝은 것을 받지 못하고 있다. 어떤 사람이 그 가린 것을 걷어서 그 빛을 내보내려 하나 가린 물건이 너무 뜨겁고 단단하여 순하게 걷을 수가 없어서 부득이 그 가린 것을 깨뜨려 그 빛을 사방으로 전하려 하고 있다. 옆에서 보건대 이것이 잘한 일이라 하겠는가, 망령된 일이라 하겠는가?"라고 하였다.
> 푸트가 대답하여 말하기를, "귀공의 물음은 큰 뜻을 포함하고 있어 가볍게 대답하기 어렵다. 다만 어리석은 견해를 말한다면 지금 이 등은 사면으로 바람 부는 곳에 놓여 있어서 가리고 있는 물건은 바람이 불어 깨뜨릴 수도 있고 불이 붙어 스스로 깨질 수도 있고 열이 심해 깨질 수도 있어서 반드시 깨어질 것임을 기대할 수 있는 터인데, 왜 손을 써서 두드려 깨뜨리려 하는가. 요행이 손으로 깨뜨리는 것이 순조롭게 이루어진다면 그만이지만, 만약 일이 이루어지지 않는다면

손을 델 수도 옷을 태울 수도 있어서 그 위태함을 측량할 수 없고, 역적의 이름으로 돌아갈 수 있으니, 어찌 위태롭지 않으며 어찌 삼가지 않겠는가. 이런 까닭으로 나는 조용히 기회를 보아 그 스스로 깨어짐을 기다리는 것이 옳은 계책으로 생각한다"라고 대답하고 있다.[54]

푸트의 이처럼 불길한 예언은, 얼마 후에 갑신정변이 발생하여 '삼일천하'로 끝나게 되면서 그동안 개혁의 성과가 거의 모두 원점으로 돌아가게 되면서 현실이 되었다. 이에 관한 중국 측 언론의 기사내용을 살펴보자.

작년 여름에 의복제도의 개혁 명령이 내려졌으나 겨울에 다시 구제도로 돌아갔다. 현재는 넓기도 하고 좁기도 하여 일치하지 않는다. 왜냐하면 가난한 사람들은 바로 옷을 바꾸기가 쉽지 않으니 이러하다.[55]

조선의 난(= 갑신정변)이 평정된 후에 다시 옛 의복제도로 회복하라는 명이 내려졌다.[56]

그러고 보면 국왕의 의제개혁이 진행되고 있던 상황에서 보좌역할을 담당하던 개화세력이 일으킨 갑신정변이 역설적이게도 결과적으로는 의제개혁을 실패하게 하는 상황을 연출하게 되었음을 알 수 있다.[57] 결국 의복개혁

54) 윤치호 지음, 송병기 역,『국역 윤치호 일기1』(2001), 1884년 10월 2일, 양력 11월 19일자, p. 196.

55)『申報』「三韓叢話」, 1885. 1. 20 김성남, 앞의 논문, p. 55에서 재인용.

56)『申報』「朝鮮經變紀錄」, 1885. 2. 11 김성남, 앞의 논문, p. 48 에서 재인용.

57) 이번 연구를 마감하며 갑신의제개혁과 갑신정변은 결국 종합적으로 다루어져야할 사건이라는 확신을 갖게 되었다. 이에 관해서는 다른 논문을 통해 고찰해보기로 하겠다.

은 1895년 갑오개혁이 이루어지면서 일본의 강압적 분위기 하에서 다시 이루어지게 되었다. 이때 최익현이 '역적을 토벌하고 의제를 원상으로 복귀시킬 것을 청하는 상소'를 올리게 되는데, 19세기 조선의 정치세력들의 끊임없는 엇박자를 대면하게 되는 것 같아 읽는 사람의 마음을 착잡하게 만든다.

신이 살피건대, 한갓 오랑캐 풍속으로 중화를 변화시키고 사람을 금수로 타락시키는 것으로 능사를 삼으면서 이르기를 '개화'라고 하니, 이 개화란 두 글자는 용이하게 남의 나라를 망치고 남의 집안을 넘어뜨리는 것입니다. …의관을 무너뜨리고 오랑캐로 타락하면서 억지로 문명이라 칭하고, 혹 부유하고 강하게 한다 자칭하면서 군제를 없애고 나라 형세를 날로 약화시킵니다. 지금 하나하나 따질 수는 없으나, 오직 의복제도를 변경하는 한 가지 일은 더욱 그 의리를 해침이 심하여 시급하게 먼저 복구하지 않을 수 없는 일입니다. 대체로 의복이란, 선왕들께서 오랑캐와 중화를 분별하고 귀천을 나타내도록 한 것입니다. 우리나라 의복제도가 비록 다 옛 법에 맞지는 않습니다. 그러나 이는 중화문물이 보존된 바며 우리나라 풍속을 볼 수 있는 바로서 선왕들께서나 선대의 성현들이 일찍이 강론하여 밝혀 준수해온 것이며, 천하의 만국들이 일찍이 우러러 사모하며 찬탄해온 것입니다. …이것을 버린다면 요순문무가 서로 전승해온 중화의 한 줄기를 찾을 수가 없게 되고, 기자(箕子) 및 우리 조종들이 중화의 풍속을 가져다가 오랑캐를 변화시킨 훌륭한 덕과 큰 공로를 또한 천하의 후세에 밝힐 수 없게 될 것입니다. 이를 어찌 차마 할 수 있으리까?

지난 갑신년에 전하께서 일찍이 소매가 좁은 옷 제도를 만드셨다가 곧 잘못임을 깨닫고 폐지하시매, 상하 민중들이, 대성(大聖= 국왕)께서 개과천선하시는 도량이 보통사람과 비교 안 될 정도로 만만 배라고 우러르지 않는 사람이 없었습니다. …이제라도 시급히 덕음을 널리 내리시어 검은 의복을 엄금하여 옛 제도를 복구하도록 하고, 모든 여러 법도나 정령이 이적과 금수의 풍속에 가까운 것은 모두 차례차례 폐지하여 없애되, 한시도 지체됨이 없도록 하소서.[58]

58) 최익현, 앞의 책, 〈請討逆復衣制疏〉, p. 140.

동아시아의 19세기는 흔히 서세동점(西勢東漸)의 시기라고 일컬어진다. 이 시기는 중화질서, 혹은 천하질서 등으로 불리던 동양 문명이 막강한 물리력을 앞세운 서양 제국과 마주해야했을 뿐만 아니라 기왕의 고유한 삶의 방식과 가치관이 외래로부터의 새로운 패러다임과 전면적으로 조우해야했다는 점에서 '문명사적 전환기'라고 부를만한 '거대한 전환'의 시기였다. 당시 조선에서 가장 흔히 사용되던 표현을 빌면, '숯불과 얼음'의 관계라고 부를 만한 서로 다른 패러다임들이 격렬하게 만났던 위기의 시대라고 할 수 있을 것이다. 일본의 대표적인 사상가인 후쿠자와 유키치(福澤諭吉, 1834~1901)가 이 시기를 "마치 뜨거운 불과 차디찬 물이 만나는 것과 같고", "한 몸으로 두 인생을 겪는 것과 같으며 한 사람에게 두 개의 신체가 있는 것과 같은" 충격과 위기의 시대라고 부른 것은 이러한 맥락에서였다.[59]

이러한 '문명사적 전환기'의 위기상황에서 발생한 의제개혁을 둘러싼 격렬한 논란과정은 '문명의 충돌이란 실상 거시적 차원에서 이루어지기 보다는 오히려 미시적이고 구체적인 차원에서 나타나게 된다'는 점을 확인하게 해준다.[60] 뿐만 아니라 거대한 전환기의 상황 하에서 상소 등을 통해 나타난 위기의식의 내용도 민족주의에 익숙한 오늘날의 입장과는 많은 차이가 있음을 확연하게 느낄 수 있다.

국왕의 의제개혁을 반대 혹은 구속하는 핵심적인 논거는 철저하게 중화문명권의 고유한 '문명 기준'에 입각한 것이었다. 왜냐하면 국왕의 의제개혁

---

59) 福澤諭吉, 「緒言」, 『文明論之槪略』(東京: 岩波文庫, 1995), pp. 10-12.

60) "문명은 문명의 차원에서 충돌하지 않습니다. 충돌은 미시적이고 구체적인 차원에서만 일어납니다." 함재봉, 「David Hall 교수와의 대화: 동서문화의 상호이해는 가능하다」, 『전통과 현대』(서울, 전통과 현대사, 1997), p. 237.

지시에 대한 모든 비판과 견제 논리에는 국정을 운영하는 정치행위가 나라의 근본인 민(백성)의 의혹을 사는 행위이거나, 역사적인 시간 축 위에서 형성된 문명의 축적을 거슬러서는 안 되며, 그것을 표상하는 중화문명의 제도나 예적인 질서의식을 벗어나서는 안 된다는 자기암시가 지금까지 살펴본 모든 상소에 어디에나 강하게 짙게 깔려있기 때문이다. 이것은 의제개혁에 대한 비판과 반대논리가 기본적으로 '경전'과 '역사'그리고 '예적 권위'라는 세 개의 좌표축 위에서 전개되고 있음을 의미한다.

또한 의제개혁이 하필 그토록 격렬한 논란의 중심에 서게 된 데에는 명청 교체라는 문명질서의 전복이 이루어진 이후 조선이 일상 속에서 중화문명의 정수(精髓)를 유일하게 계승하고 있으며 조선이 문명국가임을 가장 명중하게 보여주는 근간이 바로 다름 아닌 조선의 의관문물이라는 의식이 팽배해있었기 때문임을 확인할 수 있다. 따라서 의제개혁의 문제는 거대한 혼돈의 시점에서 조선의 정체성과 신분질서를 뒤흔드는 문제라는 강렬한 위기의식으로 이어져 나타났던 것이다.

그런데 문제는 그렇게 확고히 믿어왔던 '문명 기준'이 완전히 바뀌고 있었다는 점일 것이다. 그것은 패러다임이 극적으로 바뀌는 상황에서 기존의 '고유한 문명 기준'이 오히려 '야만'과 '정체(停滯)'됨의 표상으로 전락하는 사태가 벌어지고 있었음을 의미한다. 그것은 동아시아적 관점에서 보면, '문명 기준의 역전'이라고 불러야할 사태의 전개였고, 이러한 거대한 전환기의 와중에서 나타난 조선 정치세력들의 끊임없는 엇박자로 조선의 운명은 비극으로 치닫게 된다.

참고문헌

『經國大典』(서울대학 규장각 영인, 1997).

『高宗純宗實錄 CD-ROM』高宗, 純宗(서울: 동방미디어, 1998).

『承政院日記』

『日省錄』

『朝鮮王朝實錄 CD-ROM』太祖-哲宗 (서울: 동방미디어, 1994).

《漢城旬報, 漢城周報 번역판》(서울: 관훈클럽신영연구기금, 1983).

Lowell, Percival. 1885 Chosön The land of the morning calm. Harvard Univ. Press. 조
    경철 역. 2001.『내 기억속의 朝鮮, 朝鮮 사람들』. 서울: 예담.

國史編纂委員會 編.『韓國史料叢書 9: 修信使記錄』(서울: 1971).

金綺秀.『日東記游』(釜山大學 韓日文化研究所, 1962).

金玉均. 趙一文 譯.『甲申日錄』(서울: 建國大學, 1984).

朴珪壽.『朴珪壽全集』上/下 (서울: 亞細亞文化社, 1978).

朴泳孝.「使和記略」.『修信使記錄』(서울: 國史編纂委員會編, 1971).

박은식. 이장희 역,『韓國痛史』상하 (서울: 박영사, 1996).

朴齊炯.『近世朝鮮政監』(1886)(서울: 教學社, 1968)(探求堂, 1975).

福澤諭吉. 慶應義塾 編.『福澤諭吉全集』(東京: 岩波書店, 1969~1971).

福澤諭吉.『文明論之概略』(東京: 岩波書店, 1995).

宋近洙.『龍湖閒錄』(서울: 國史編纂委員會, 1979).

송병기 편역.『대미수교관련 수신사 기록초 개방과 예속』(서울: 단국대학교출판부,
    2000).

유길준.『서유견문』(서울: 서해문집, 2004).

윤치호. 송병기 역.『국역 윤치호 일기』1권 (서울: 연세대학교 출판부, 2001).

鄭喬. 조광편, 변주승 역.『대한계년사』1권 (서울: 소명출판사, 2004).

中央研究院近代史研究會 編.『清季中日韓關係史料』11卷 (臺北: 1972).

최익현.『국역 면암집』(서울: 솔, 1997).

최익현 외.『韓末憂國名上疏文集』(서울: 서문당, 1975).

카르네프 외 4인. 김정화 역.『러시아장교 조선 여행기: 내가 본 조선, 조선인』(서울: 가야넷, 2003).

許東賢 編.『朝士視察團關係資料集』1-14卷(서울: 國學資料院, 1999).

헐버트, H. B. 신복룡역.『대한제국멸망사』(서울: 집문당, 1999).

황현. 김준 역.『梅泉野錄』(서울: 敎文社, 1994).

황현. 김종익 역.『오하기문』(서울: 역사비평사, 1994).

강상규. 2003.「조선시대 왕권의 공간과 유교적 정치지형의 탄생」.『애산학보』. 서울: 애산학회.

───. 2007.『19세기 동아시아의 패러다임 변환과 제국일본』. 서울: 논형.

───. 2008.『19세기 동아시아의 패러다임 변환과 한반도』. 서울: 논형.

강재언. 이규수 역. 1998.『서양과 조선: 그 이문화 격투의 역사』. 서울: 학고재.

강정인. 2004.『서구중심주의를 넘어서』. 서울: 아카넷.

권오창. 2004.『조선시대 우리옷』. 서울: 현암사.

김명호. 2008.『환재 박규수연구』. 서울: 창비.

김성남. 2006.「『申報』를 통해 본 1880년대의 조선 사회」.『근대전환기 동아시아 삼국과 한국: 근대인식과 정책』. 서울: 성균관대학교출판부.

김소현. 2005.「19세기 조선의 의생활 풍속」. 한국학중앙연구원 편.『19세기 조선, 생활과 사유의 변화를 엿보다:『오주연문장전산고』를 통해 본 조선 후기 생활 문화』. 서울: 돌베개.

김수암. 2003.「1870년대 조선의 대일관: 교린질서와 만국공법질서의 충돌」. 국제관계연구회편.『근대 국제질서와 한반도』. 서울: 을유문화사.

김용구. 2001.『세계관충돌과 한말외교사: 1866~1882』. 서울: 문학과지성사.

───. 2004.『임오군란과 갑신정변』. 인천: 도서출판 원.

김원모. 1999.『韓美修交史: 朝鮮雇聘使의 美國使行篇(1883)』. 서울: 철학과 현실사.

김은정, 김용서, 안명숙. 1998.「조선조 고종대의 의제개혁에 따른 변화」.『논문집』7. 광주대학교 민족문화예술연구소.

민태원. 1947.『甲申政變과 金玉均』. 서울: 國際文化協會.

유송옥. 1998.『韓國服飾史』. 서울: 수학사.

이광린. 1981/1997.『韓國史講座Ⅴ: 近代篇』. 서울: 일조각.

이경미. 2008. 「대한제국의 서구식 대례복 패러다임」. 서울대학교 의류학과 박사논문.

———. 2009a. 「갑신의제개혁이전 일본 파견 수신사와 조사시찰단의 복식 및 복식관」. 『한국의류학회지』 Vol. 33, No. 1.

———. 2009b. 「19세기말 서구식 대례복 제도에 대한 조선의 최초 시각: 서계접수 문제를 통해」. 『한국의류학회지』 Vol. 33, No. 5.

이양자. 2002. 『朝鮮에서의 袁世凱』. 서울: 신지서원.

정옥자. 1998. 『朝鮮後期 朝鮮中華思想硏究』. 서울: 一志社.

조한욱. 2000. 『문화로 보면 역사가 달라진다』. 서울: 책세상.

타키 코지(多木浩二). 박삼헌 역. 2007. 『천황의 초상』. 서울: 소명출판사.

하영선 편. 2004. 『21세기 한반도 백년대계』. 서울: 풀빛.

허동현. 1999. 『일본이 진실로 강하더냐: 근대의 길목에 선 조선의 선택』. 서울: 당대.

———. 2000. 『近代韓日關係史硏究』. 서울: 國學資料院.

4장 — 동아시아 문명권에서 '주권'과 '국제' 개념의 탄생

동아시아 문명권에서 '주권'과 '국제' 개념의 탄생

우리는 주권국가 속에서 국제적이고 세계적인 현상들을 매일같이 접하면서 살아간다. 하지만 지금 우리에게 너무도 익숙한 '주권국가', '국제관계'와 같은 현상이나 표현들은 동아시아 한자문명권에서 그다지 오래된 개념이 아니다. 그러면 이런 용어는 '언제' 동아시아 한자문명권에 등장하게 되었던 것이며, '어떤' 과정을 거치며 정착되었던 것일까? 그리고 이런 용어로 지칭되는 현상이 보편화된다는 것은 정치적으로 어떤 함의를 갖고 있었던 것일까? 본 연구는 이러한 문제를 탐구한 것이다.

이에 대한 논의를 위하여 이 글에서는 우선 유럽에서 '주권' 및 '국제'와 같은 개념이 등장하게 된 경위와 의미에 관해 고찰하였다. 그리고 이러한 새로운 개념이 '서세동점'의 시대였던 19세기에 한자문명권에 번역되어 들어와 전파, 수용되는 양상을 살펴보았다. 여기에서는, 특히 19세기라는 거대한 전환기에 새로운 정치적 개념들이 탄생하게 되는 모태로서의 역할을 담당한 것이, 오늘날의 국제법에 해당하는, 바로 '만국공법' 류의 서적이라는 점에 착안하여, 당시의 만국공법의 다양한 판본을 검토하였다. 본 연구는 이러한 논의를 통해 동아시아 문명권에 새로운 국가 개념으로서 '주권국가'가 등장하게 되고, 국가 '간'의 관계도 독립적이고 상호병렬적인 성격을 내포한 개념인 '국제'관계로 전환하게 되는 역사적 맥락과 의미를 분석해보았다.

1. 문제의식의 소재

우리는 '주권국가' 속에서 '국제적'이고 '세계적'인 현상들을 매일같이 접하면서 살아간다. 하지만 지금 우리에게 너무도 익숙한 '주권국가', '국제관계'와 같은 현상이나 표현들은 사실 동아시아 한자문명권에서 그다지 오래된 개념이라고 하기 어렵다. 예컨대 실제로 조선왕조실록을 살펴보더라도, 우리가 아는 '주권(主權)'과 '국제(國際)'라는 용어는 각각 19세기가 끝날 무렵이 되어서야 처음 비로소 등장하는 것을 확인할 수 있기 때문이다.[1] 이러한 상황은 무엇을 의미하는 것일까?

여기서 연쇄적으로 다음과 같은 질문들을 생각해볼 수 있을 것이다. 그렇다면 현재 우리가 살아가는 세계의 핵심적인 구성요소 중의 하나인 '주권(sovereignty)'과 '국제(international)'라는 용어는 언제 어디에서 어떤 경위를 거쳐 생겨난 개념들인가? 그리고 '주권'과 '국제'라는 개념의 정확한 의미는 무엇인가? 만일 이러한 용어들이 어느 지역의 어떤 역사적 환경을 통해 형성된 특수한 개념이라면 어떻게 오늘날 세계를 구성하는 보편적인

---

1) 조선왕조실록 데이터베이스(http://sillok.history.go.kr)를 통해 확인해보면, '주권'과 '국제'라는 용어는 『高宗實錄』에서 각각 高宗 31年 10月 3日과 32年 3月 月 25日자에 처음 등장한다.

개념으로 등장할 수 있었던 것인가? 또한 '주권'국가나 '국제'관계 혹은 '국제'질서와 같은 용어들이 동아시아 문명권에 등장하기 이전에 동아시아 지역에 존재하던 국가들은 주권국가와 어떤 차이가 존재했던 것이며, 당시의 국가들 '간'의 관계는 오늘날의 '국제'관계라고 부르는 것과 어떻게 달랐던 것일까?

바꿔 생각해보면, 이 용어들은 '언제' 동아시아 한자문명권에 등장하게 되었던 것이며, '어떤' 과정을 거치며 이처럼 확고하게 정착되었던 것일까? 그리고 이런 용어로 지칭되는 현상이 보편화된다는 것은 이러한 현상이 처음 나타나던 당시의 역사적 맥락에서는 정치적으로 어떤 함의를 갖고 있었던 것일까? 또한 '주권'과 '국제'와 같은 개념이 수용되는 과정에서 당대 사람들은 이들 용어로 지칭되는 현상에 대해 어떠한 반응을 보였으며, 한중일 삼국의 반응에는 어떠한 차이가 존재했던 것일까?

물론 위에 언급한 각각의 문제에 대한 개별적인 연구가 다양한 분야에서 이미 깊이 있게 전개된 바 있으며, 앞으로도 활발히 진행될 것이라고 생각된다. 본 연구는 이처럼 연쇄적으로 발생하는 질문 중에서 특히 '동아시아 문명권에 주권과 국제 개념이 등장하게 되는 과정'에 대해 좀 더 명료한 이해의 실마리를 찾아보려는 의도에서 이루어졌다. '주권'이나 '국제'와 같은 현재를 구성하는 핵심적인 용어들의 의미를 피상적이고 '초'역사적인 개념으로서가 아닌 역사적 문맥에서 이해하는 동시에 한반도라는 구체적인 공간의 궤적 위에서 생생하게 포착해내는 것은 과거는 물론 현재, 미래적 의미에서의 한국 정치학은 물론 동아시아 지역연구의 토대를 다지는 데 피해갈 수 없는 문제라고 생각되기 때문이다.

19세기 조선을 비롯한 동아시아 삼국이 마주한 것은, 구미열강의 거대한 물리력과 아울러 오늘날 우리가 '근대 국제질서'라고 부르는, 서구에서 만들어진 상이한 대외질서관념이었다. 그리고 주지하는 바와 같이, '서세동점(西勢東漸)'으로 표현되는 이 시기에 결국 동아시아 지역질서는 그동안 오래도록 지속되어오던 고유한 중화(中華)질서— 연구자에 따라 천하(天下)질서, 중국적 세계질서, 화이(華夷)질서 등 다양한 이름으로 부르고 있다 —가 동요 붕괴되기 시작하고, 서구의 근대 국제질서로 재편되어가는 지난한 과정을 겪게 된다.

그런데 이처럼 19세기 동서문명이 폭력적으로 만나는 상황에서, 만국공법(萬國公法)이라는 생소한 용어가 한자문명권에 새롭게 등장하여 외압과 얽혀있는 위기의 현장마다 마치 유령처럼 나타나 주변을 배회하게 된다. 오늘날의 국제법에 해당하는 이 용어는 마틴(William Alexander Parsons Martin, 丁韙良, 1827~1916)이라는 미국 선교사가 당시의 저명한 국제법 관련서적을 한자 문명권에 번역하여 소개하면서 번역서의 제목으로 처음 등장하게 된 이름이기도 하다.[2] 하지만 『만국공법』에는 단지 국제법의 수용이라는 차원으로만 한정할 수 없는 매우 특별한 의미가 담겨 있다는 점을 주목할 필요가 있다.[3]

---

2) '만국공법'이란 중국에 와있던 선교사 마틴이 미국의 국제법학자이자 외교관이었던 헨리 휘튼(Henry Wheaton, 1785~1848)의 국제법 서적 *The Elements of International Law*을 번역하여 동문관에서 『만국공법』이라는 제목으로 출간(1864년)하게 되면서 한자문명권에 처음으로 등장한 용어이다. 이후 이 용어는 동아시아 지역에서 반세기 남짓 생명력을 유지하고 사용되었다.

3) 한국학계에서 만국공법 이해는 처음에는 대체로 국제법사의 차원에서 진행되어왔다. 이것은 서양에서 전래된 중요한 서적의 하나로서 만국공법을 바라보는 관점으로서 이한기(1980), 이광린(1982), 최종고(1982), 이상면(1987), 김효전(1987, 1989, 1998) 등의 연구는 만국공법 곧 국제법이 한국에 어떻게 수용되었는지를 실증적으로 다루는 것에 역점을 기울인 작업이라고 할 수 있다. 이후 이러한 연구 경향은 김용구의 단행본 『세계관 충돌의

만국공법과 국제법은 어느 쪽이건 international law의 번역어이다. 그렇지만 19
세기 후반의 중국인이 썼던 만국공법이라는 단어와 현재 우리들이 쓰는 국제법
이라는 단어 사이에는 바로 치환할 수 없는 뉘앙스의 차이가 존재한다.[4]

왜냐하면 19세기 후반의 동아시아 상황에서 '만국공법'은 어떤 의미에서
'국가들 간의 새로운 질서를 표상하는, 생경한 대외질서관념이 함축되어있
는 집적물'로서 부상하여 인식되고 있었기 때문이다. 따라서 이미 근대 국제
질서체계 '안'에서 살아가는 현대인에게 느껴지는 국제법과 19세기 상이한
대외질서관념 간에 각축이 벌어지던 동아시아에 등장한 만국공법 사이에
는 매우 다른 차원의 간극이 존재하고 있었다고 할 수 있다. 본 연구의 주제
인 동아시아 문명권에서 '주권'과 '국제' 개념이 새롭게 탄생하게 되는 과정
에서, 어떤 식으로든 마틴의 『만국공법』이 핵심적인 매개 고리로서의 역할
을 할 수밖에 없었던 것은 이러한 이유 때문이다. 이에 관해서는 19세기라
는 대외질서 관념이 전환하던 시기에 다름 아닌 국가 간 관계의 새로운 패러
다임 즉 '근대적인 서구 국제질서의 행위주체인 주권국가의 권리와 규범 등
을 다루는 책'이 바로 『만국공법』이었다는 점을 상기해보면 쉽게 이해될 수

국제정치학: 동양 禮와 서양 公法』(1997)을 계기로 문명사적인
관점, 국제정치적 관점으로까지 확대되어 나감으로써 만국공법
에 대한 이해 폭은 크게 확장되었다고 할 수 있다. 김봉진(1993,
1995, 2001), 유재곤(1997), 김세민(2002), 김현철(2005), 김수암
(2003), 김홍수(2002), 오영섭(2004), 강상규(1999, 2006, 2007)의
일련의 연구는 19세기 동아시아의 정치 외교사에서 만국공법이
갖는 구체적인 의미를 고찰하는 연구를 진행시켰다. 한편 이와는
별도로 이근관(2002)에서는 근대적 번역어들을 비교해가며 통계
적으로 정리해 보여주는 치밀함을 보여주었고, 윤영도(2005)는
19세기의 언어-문화 공간에서 번역이 갖는 거시적 의미를 만국공
법을 중심으로 검토함으로써 만국공법 이해 가능성을 심화시켰
다고 생각된다.

4) 佐藤愼一, 『近代中國の知識人と文明』(東京: 東京大學出版部,
1996), p. 45.

있을 것이다.

이러한 점들을 고려하여 이 장에서는, '주권'과 '국제'라는 개념이 유럽에서 탄생한 이래 동아시아 문명권에 전파, 수용되어 들어오는 과정에서 『만국공법』이 어떠한 역할을 하였으며, 해당 개념에 관해서 어떻게 소개하고 있는지를 특히 주목하여 다룸으로써 모두(冒頭)에서 언급한 연쇄적인 질문에 대한 실마리를 푸는 단서를 제공해보려고 한다.

2. 유럽에서의 'sovereignty'와 'international' 개념 등장의 경위와 의미

근대 이전의 인류 역사에서 보편적인 정치질서는 문명권을 단위로 하는 제국(帝國)과 제국 내에 존재하는 여러 가지 형태의 정치체들이었다. 그리고 이때 개인의 윤리에서부터 사회조직의 운영, 정치적 권위, 우주관까지를 규율한 것은 유교, 이슬람교, 힌두교, 기독교, 불교 등의 가르침이었다. 제국의 중심을 지배하는 정치세력은 어느 한 문명의 중심으로서 주변의 정치세력들을 위계적으로 복속시켰다. 제국 내에서 복수의 평등한 정치적 권위는 대체로 인정되지 않았으며, 제국의 정치적 경계는 문명의 변경(邊境)으로서 그리고 그 밖은 '야만'의 세계로 간주되고 있었다.[5]

동아시아 문명권을 지칭하는 중화질서 혹은 천하(天下)질서 역시 이러한 정치질서의 연장선상에서 이해될 수 있을 것이다. 요컨대 천하질서란 기본적으로 개인 간의 관계를 규율하는 예의에 근거한 위계적 원리를 천하를 구

---

5) 강상규, 이혜정, 「1장. 근대 국제정치질서와 한국의 만남」, 하영선, 남궁곤 편저, 『변환의 세계정치』(을유문화사, 2007), p. 36.

성하는 일종의 '복합적 행위주체' 간의 관계로까지 확대하여 적용한 일종의 이념적으로 상상되어진 세계라고 할 수 있다. 여기서 '예 혹은 예의라고 하는 것은 사람이 반드시 지켜야 할 행동규범이라는 좁은 의미에서 시작하여 귀천이나 상하의 구별, 나라의 법제, 나라 사이의 관계, 모든 사물의 통일된 법칙 등을 지칭하는 매우 폭넓은 의미를 지닌 개념'이라고 할 수 있다.[6] 이러한 이념체계로서의 천하질서는 춘추전국시대에 성립된 이래 각 지역의 국가들에 의해 편의적으로 활용되다 이민족의 지배를 탈피하고 한족(漢族)에 의해 명(明)이 성립(1368)된 이후 보다 체계적으로 확립되어 가는 양상을 보이게 되며, 막강한 중국의 정치적, 문화적 권위와 군사력에 의해 보호되고 변형 유지 지속되어 나가게 된다.

전통적인 천하질서의 국가 간 관계에서, '사대'나 '사대자소'(事大字小: 큰 것을 섬기고 작은 것을 품어준다), 혹은 '일시동인'(一視同仁: 편벽되지 않게 모든 이들을 한결같은 어진 마음으로 돌본다)의 원리가 강조되었던 것도 이처럼 예의를 중시하는 천하질서의 성격에서 비롯되는 것이었다. 한반도의 대외관계의 원리가 흔히 '사대교린(事大交隣)'으로 표현되었던 것이나 중화질서내부에 근대 '국제'질서처럼 외교를 전담하는 부서가 없고 사실상의 외교업무를 중국의 예부(禮部)나 조선의 예조(禮曹)가 담당한 것도 이러한 이유에서였다. 중화질서의 이념은 현실정치 공간에서 군사적 기반에 의해 지탱될 수 있었던 것임에도 불구하고 기본적으로는 이처럼 문화주의적 성격이 강한 것이었다. 거기에는 예치(禮治)나 덕치(德治)라고 부르는 보편적인 통치이념이 추구되고 있었고, 이러한 통치이념에 기초한 천하관념이 중화

---

6) 김용구,『세계관 충돌과 한말 외교사, 1866~1882』(문학과 지성사, 2001), pp. 66-67.

이외 세계의 이질적 요소를 포섭하고 있었다.[7]

반면 서구의 근대 '국제'질서는 유럽이라는 특정한 사회에서 형성된 질서 체계로서 기존의 다른 질서와는 구별되는 역사적 기원을 갖고 있다. 근대 '국제'체제는 정치권력들이 이슬람 문명권을 타자화(他者化)하고 중세유럽 의 교황과 같은 보편화된 권위에 대항하는 과정에서 생겨났다. 즉 국가보다 상위의 권위체를 부정하고 복수의 국가들이 독립적이고 경쟁적으로 싸우고 공존하는 가운데 가시화되어 나타나기 시작한 것이다. 요컨대 서구의 근대 '국제'질서는 몇 개의 강국과 다수의 군소(群小)국가 간의 '경쟁적 공존'이라 는 역사적 배경 위에서 성립되었던 것이다.

근대 '국제'질서의 주요한 특성은 이러한 역사적 맥락에서 형성되었다고

---

7) 중화질서 공간 내부의 역동성을 이해하기 위해서는, 적어도 이 념 공간 내에서는 화(華) = 문명이란 독점될 수 없는 것이라고 간 주되고 있었다는 사실에 주목할 필요가 있다. 왜냐하면 중화질서 의 이념 공간 내에서 문명이란 현실 정치공간에서 덕치나 예치로 표상되는 왕도정치(王道政治)를 구현하는 능력이라고 믿어졌기 때문이다. 환언하면, 정치를 윤리적 차원으로까지 승화시키는 능 력여부가 행위주체의 문명과 야만 여부를 판가름하는 기준이 된 다는 믿음이 공유되고 있었던 것이다. 그것은 화(華) 즉 문명에 대한 접근가능성이 각각의 행위주체에게 맡겨져 있다는 것을 의 미하는 것이기도 했다. 이러한 이념 체계는 마치 유교적 사유체 계에서 개인에게 교화(敎化) 혹은 덕화(德化)의 가능성이 열려있 는 것과 기본적으로 동일한 논리 구조라고 할 수 있다. 그리고 이 러한 이념적 개방성이야말로 중화질서의 생명력이 지속될 수 있 는 근원이 될 수 있었다. 따라서 적어도 '이념상'으로 중화질서 내 부에는 많은 화(華)가 병존할 수 있었고, 어떠한 국가도 스스로를 '중화(中華)'라고 자부할 수 있는 가능성이 열려 있었다. 그리고 이러한 자부심이 중화세계를 지탱하는 위계제도와 격식을 존중 하는 한, 중국으로서도 현실적으로 크게 문제 삼으려 하지 않았 다. 물론 그런만큼 중화질서 내부에는 주변부의 인식과 현실 간 에 불가피하게 괴리가 발생할 소지가 항시적으로 존재하고 있었 고, 그러한 긴장적 요소가 실제로 여러 차례에 걸쳐 물리적인 충 돌로 표출되기도 하였지만 장기적으로는 예적(禮的)인 질서이념 하에 끊임없이 해소될 수 있었던 것이다. 이에 관해서는, 강상규, 「조선시대 왕권의 공간과 유교적 정치지형의 탄생」,『애산학보』 29(애산학회, 2003.11) 참고.

할 수 있다. 즉 서구에 나타난 국가들이 경쟁적으로 공존하는 상황에서 이들 국가들은 과거의 중세국가와는 달리 선(線)개념으로 명확하게 표현되는 '영토' 내에서 단일하고 배타적인 권력을 행사하려는 경향을 띠게 된다. 그리고 대외적으로는 비교적 협소한 유럽권역 내부에서 서로 국경을 접하며 대치하게 되면서 무력으로 우열을 가리지 않으면 안 될 상황이 항시적으로 지속됨에 따라, 국가의 안전과 독립, 자국의 국가이익을 모든 것에 우선시하는 의식을 당연한 것으로 받아들여가게 되었다.

무정부상태에 가까운 이탈리아의 정치적 상황에서 니콜로 마키아벨리 (Niccolo Machiavelli, 1469~1527)가 군주에게 강력한 통일국가를 이룩하는 방법과 그 정당성을 역설하는 『군주론』(1513)을 내놓은 것도 이처럼 유럽에서 근대국가가 태동하던 역사적 문맥에서였다. 그리고 이러한 역사적 배경 위에서 대내적으로는 최고성, 대외적으로는 배타적 독립성을 특징으로 하는 '주권'(Soveraineté, Souveränität, Sovereignty)이라는 새로운 개념이 국가의 속성으로 등장하여 서서히 정착되어가게 되는데, 이 용어는 16세기 프랑스의 장 보댕(Jean Bodin, 1530~1596)의 『국가론』(1576)에서 처음 사용되기 시작한 것이었다.[8]

이러한 상황에서 유럽의 종교전쟁인 30년전쟁(1618~1648) 이후 성립한 이른바 '웨스트팔리아체제'는 유럽의 국가 간 질서가 로마 교황이나 신성로마제국의 황제로 대표되던 중세적 권위로부터 해방되어 '주권'국가 간의 근대 '국제'체제로 넘어가는 하나의 역사적인 전환점을 이룬다는 점에서 특별히 기억할 만하다.

---

8) 장 보댕과 그의 주권론에 관해서는 장 보댕, 임승휘 옮김, 『국가론』(책세상, 2005); 박상섭, 『국가, 주권』(소화, 2008)을 참조할 수 있다.

아울러 '주권'국가들의 탄생과 근대 '국제'체제가 형성되어가는 과정에서 간과해서는 안 될 사실중의 하나는 서구 근대국가들이 대내적으로는 군주의 위신과 국력을 과시하여 국내의 모든 계급과 모든 계층의 '강렬한 충성심 (strong loyalties)'을 환기시키고 대외적으로는 국부(國富)의 원천이라 할 수 있는 영토의 확장과 식민지정책을 추구하면서 가장 선호했던 정책이 다름 아닌 바로 '전쟁'이었다는 점이다.

전쟁이 기존의 질서를 변화시키는 데 결정적 역할을 했다는 사실은 국내정치에 국한된 것이 아니라 국제적 수주에서도 동일하게 나타났다. 예컨대 지난 4~5 세 기간에 있어서 대규모의 전쟁과 그 전쟁을 마무리하는 국제적 협약들이 유럽식 근대국가체제─ 국제정치적 의미와 국내체제 양면 모두에 걸쳐 ─의 모습을 결정짓는 결정적 요인이었음은 우리가 익히 알고 있는 사실이다. 즉 30년 전쟁과 웨스트팔리아조약(Treaty of Westphalia), 스페인 왕위계승전쟁과 유트레히트 조약(Treaty of Utrecht), 나폴레옹 전쟁과 비엔나 회의(The Congress of Vienna), 1차 대전과 베르사이유 조약(the Treaty of Versailles), 2차 대전과 얄타협정 등이 가장 대표적인 예들로 지적될 수 있을 것이다. 이러한 점에서 국가들이 전쟁을 만들어 냈지만 동시에 바로 그 전쟁이 오늘날과 같은 모습의 국가들을 만들어냈다고 하는 말은 단순히 인상주의적 표현 이상의 의미로 이해되어야 할 것이다.[9]

---

9) 박상섭, 「근대국가의 군사적 기초: 근대국가 형성기 유럽의 군사와 정치」, 『정경세계』(국제사회과학학술연구소), pp. 287-288; 전쟁과의 관련성 속에서 근대국가를 합리적으로 운영하는 핵심적 장치라고 할 수 있는 근대 관료제도가 탄생할 수 있었다는 것은 매우 흥미로운 사실이 아닐 수 없다. 이에 관해서는 "근대 관료제가 이루어질 수 있었던 데는 권력정치에 의해 규정된 상비군(常備軍) 창설의 필요성과 군사기구와 관련된 공공재정의 발전에 의해 주로 영향을 받았다"는 막스 베버(Max Weber, 1864~1930)의 논의와 아울러 "모든 국가조직은 원래 전쟁을 위한 군사조직이었다"는 오토 힌체(Otto Hintze, 1861~1940)의 언급만을 상기해두고 넘어간다. Weber, Max, *Economy and Society: An Outline of Interpretive Sociology*, Günther Roth and Claus

계속되는 전쟁은 '주권'국가를 주요 행위자로 하는 '국제'체제가 본질적으로 얼마나 무질서한지를 명백히 드러내주는 것이었다. 대외적으로 배타적 독립성을 지닌 '주권'국가 간의 '국제'체제가 본질적으로 무질서한 속성을 갖고 있기 때문에, 가급적이면 전시나 평시에 이들 국가 간의 관계에 규칙과 질서를 부여하려는 모색들이 이루어졌다. 근대적 의미의 '국제법(law of nations)'의 윤곽이 점차 명료해지게 되는 것은 이러한 노력들이 그로티우스(Hugo Grotius, 1583~1645)나 푸펜도르프(Samuel von Pufendorf, 1632~1694), 바텔(Emmerich de Vattel, 1714~1767) 등에 의해 결실을 보게 되면서부터였다.

다만 오늘날 영어로 '국제법'을 의미하는 international law라는 용어를 처음 사용한 것은 제레미 벤담(Jeremy Bentham, 1748~1832)인 것으로 알려지고 있다. 벤담은 당시 국제법의 의미로 사용되던 law of nations라는 용어가 국내법과 분명히 구별되지 않는 등 적절하게 국제법이 담고 있는 특징을 전달하지 못하고 있다고 하여, 주권국가 상호 간의 법으로서의 국제법을 지칭하기 위하여 international law라는 용어를 처음 사용하였으며, 이 과정에서 기왕의 'internal'이라는 단어에 대비되는 의미에서 'international'이라는 형용사를 새로 만들어 사용하게 되었다는 것이다.[10] 오늘날 한자문명권에서 흔

Wittich(ed.)(Berkeley, Los angels and London: Bedminster, 1968), p. 972; Otto Hinze, "Military Organization and the Organization of the State" in Felix Gilbert(ed.), *The Historical Essays of Otto Hintze*(New York: Oxford University Press, 1975), p. 181.

10) 벤담이 그의 저서 *Introduction to the Principles of Morals and Legislation*(1789)에서 'international law'라는 용어를 사용하게 된 경위 등에 관해서는, Nussbaum, Arthur, *A Concise History of the Law of Nations*(New York: Macmillan Company, 1954), p. 136; Suganami, Hidemi, "A Note on the Origin of the Word of International," *British Journal of International Studies* 4(1978), pp. 226-232 등을 참조.

히 '국제(國際)'라고 이해되는 international이라는 용어가 이처럼 근대 '국제' 체제가 새로이 형성되어가던 역사적 과정에서 비로소 만들어졌다는 사실은 그만큼 이 개념에 담긴 의미가 새로운 가치로서 인식되고 있었음을 보여준다고 해야 할 것이다. 아울러 근대 '국제'체제의 형성 및 전개과정에서 '국제법'의 형성 및 전파가 가지는 비중이 얼마나 큰 것인지를 상징적으로 보여주고 있다는 점도 간과되어서는 안 될 것이다.

원래 근대 유럽의 기독교 문명의 소산으로서 기독교 문명권 내의 국가 간 관계를 규율하려는 의도에서 형성되어가던 국제법이 다른 문명권의 국가들과 접촉하는 과정에서 처음에 유럽문명국만을 국제법의 주체로서 상정하였던 것은 이러한 유럽문명의 세계 지배라는 역사적 상황에서 빚어진 것이었다. 기독교 문명국 간의 논리가 형식적으로 상호 간의 권리의무관계 이행이라는 '상호주의'에 입각한 이상, 유럽문명국과 이질적인 문명국가 간의 관계는 법적 무질서의 상태로 인식되지 않을 수 없었다. 왜냐하면 이질적인 문명이란 또 다른 '문명 기준'에 입각해 바라보게 되면 '야만'에 다름 아닐 수 있었기 때문이다.

유럽의 국제법이 비유럽문명권으로 확대되는 과정에서 미합중국의 탄생은 유럽 기독교 문명의 계승자로서 특별히 유럽국가의 지리적 확대로 간주되었으며, 형식적으로는 종교적인 요소가 분리되어 나가고 대신에 '국제' 사회(Family of Nations)의 일원— 국제법적으로는 국제법적 주체 —이 될 수 있는 요건으로서 '문명'이라는 자격요건이 요구되었다. 이 과정에서 이른바 '국제기준' 혹은 '문명국 표준주의'가 거론되었으며, 결국 문명 기준에 미치지 못한다고 구미국가에 의해 판단되어진 국가는 국제법을 준수할 능력이 없으므로 국가로서의 '승인(recognition)'이 불가한 것으로 간주되어, 근대적 의미에서의 주권을 존중해줄 필요가 없게 되는 것이다. 따라서 비서구권 국가들은 서구의 문명 기준에서 요구하는 여러 조건을 갖추었다고 구미 열강에 의해 판단되어지기 전에는 국제법의 영역 '밖'에 놓이게 되며, '문명의 신성한 의무'라는 미명하에 서구 문명국가의 '보호' 대상으로 전락하기 십상이었다.[11] 예컨대 19세기 동아시아 국가들이 서양국가와 맺은 조약이 예외 없이 불평등조약이었던 것은 기본적으로 이러한 문명적 요소의 미비라는 명분에 의해 이루어진 것이었다. 이러한 의미에서 볼 때, '기독교 문명국가의 비서구권에 대한 포섭과정은 스스로를 '보편'이자 '문명 기준'으로 인식해가는 과정인 동시에 그것을 비서구권에게 인식시켜가는 과정이었다'고 할 수 있을 것이다.

한편 이러한 근대 '국제'질서체제가 형성되는 데는 이른바 '물적 토대'가 존재하고 있었다. 전 지구적 차원의 세계사의 성립이란 유럽의 산업혁명과 자본주의의 발전과 병행해서 진행된 것이었다. 대외확장을 촉구한 요인이 성장해가는 '자본(資本)'이라 한다면, 신흥 자본가들의 해외에서의 활동을 법적으로 보장하는 국제법규의 존재는 그만큼 필수적인 것이었다. 따라서 서구 근대국가의 발전에 따라 경제적 부와 군사력의 관계는 더욱 긴밀하게 밀착되어 갔으며, 신흥자본가 세력의 해외에서의 자유로운 활동을 법적으로 보장하는 '국제법'과 그것을 물리적으로 지원해줄 군사력의 존재는 그만큼 상호보완적 성격을 갖지 않을 수 없었다. 결국 유럽의 근대국가들은 유럽 내

---

11) 국제법의 문명적 편견에 대해서는 Schwarzenberger, Georg, "The Standard of Civilization in International Law", *Current Legal Problems*, Vol. 8(London: Stevens & Sons Limited, 1955); 筒井若水, 「現代國際法における文明の地位」, 『國際法外交雜誌』 66卷(1967); Gerrit W. Gong, *The Standard of "Civilization" in International Society*(Oxford: Clarendon Press, 1984); 김용구, 『세계관 충돌의 국제정치학: 동양 禮와 서양 公法』(나남, 1997)

에서는 '주권국가' 간의 수평적이고 독립적이며 대등한 관계, 즉 이른바 '국제'관계를 지향하고 있었지만, 지구의 대부분에 해당하는 비서구지역에서는 '제국'의 모습을 추구하는 이중성을 드러내고 있었던 것이다.

3. 서세동점과 '주권', '국제' 개념의 등장: 『만국공법』의 번역과 판본의 비교

아편전쟁은 서세동점으로 일컬어지는 서구 제국주의의 물리적 공세가 시작되는 신호탄이 되었다는 점에서 세계사적 의미를 지닌 사건이었다. 그리고 장구한 역사 위에 구축된 중화질서의 관점에서 보더라도 아편전쟁은 이후에 나타나게 되는 '거대한 전환'의 양상을 예고하는 획기적 사건이었다. 19세기 서세동점의 위기상황에서 동아시아의 삼국은 국가의 존재방식이라는 측면에서 볼 때, 이른바 '예의 관념'에 기반한 중화질서로부터 '주권 관념'에 입각한 유럽발 근대 '국제' 질서로 동아시아 국가들 간의 관계를 구성하는 패러다임의 변동을 겪게 된다.[12] 이것은 동아시아 국가 '간' 관계의 패러다임이 중화질서하의 '조공 책봉관계'에서 근대 '국제'질서의 수평적이고 독립적

---

12) 천하질서와 근대 '국제'질서는 흔히 '위계적'인 질서공간과 '수평적'인 질서공간으로 표현되고 있다. 그러나 이러한 표현은, 동일한 권력적 차원에서 '차별' 공간과 '평등' 공간이라는 식으로 평면적으로 비교되기 쉽다는 점에서 주의를 요한다. 왜냐하면 두 개의 질서가 근거하는 우주관이나 가치체계가 다르기 때문에 이러한 전체적 맥락을 무시한 채 비교해서 논의하게 되면, 오히려 당시 상황에 대한 피상적인 논의로 이어지기 쉽기 때문이다. 예의 관념에 기초하는 위계적 질서공간이든, 주권과 국가 평등 관념에 입각한 수평적 질서공간이든 공히 권력적 측면이 내재되어 있다고 보아야 할 것이다. 하지만 두 개의 질서 공간 모두 지식과 권력이 긴밀히 결합되어있어, 상대적인 차이는 있겠지만 권력 장치의 폭력성이 잘 드러나 보이지 않는 공통점을 갖고 있었다.

이며 그런 만큼 전체적으로는 '무정부적인 관계'로 전환하는 것을 의미하는 것이었다. 이것은 중화문명권의 관점에서 보면, 기존의 '문명 기준'이 완전히 '역전'되는 사태가 발생하였음을 의미하는 것이었다.

이처럼 19세기 동아시아가 '거대한 전환'의 회오리 속으로 들어가고 있을 때, 국가 '간' 관계의 새로운 패러다임으로 한자문명권에 번역되어 등장한 것이 모두에서 언급한 바로『만국공법』(1864)이었다.『만국공법』은 유럽에서 탄생한 주권국가(sovereign state)라는 '새로운 국가형식'과 함께 조약체제(treaty system)라는 '새로운 국가 간의 교제 및 교섭방식' 등을 다루고 있다는 점에서 동아시아에 대두하게 될 새로운 '문명의 문법'을 표상하는 것이기도 했다.

그러면 이 연구의 주제와 관련된 심화된 논의를 위해 휘튼의 저작 *Elements of International Law*와 마틴의『만국공법』의 구성과 내용에 대해 직접 살펴보기로 하자. 〈표 1〉은 휘튼의 *Elements of International Law*와 마틴 번역본『만국공법』(1864)의 대목차를 비교하는 표이다. 여기에 1882년 일본 사법성의 지시로 휘튼의 영어원문을 직접 완역한 것으로 알려지고 있는 오오츠키 세츠조(大築拙藏)의『휘튼씨 만국공법(惠頓氏萬國公法)』의 대목차도 참고로 삽입해보았다. 목차에서 드러나듯, 휘튼의 원본은 4부로 되어있으며,『만국공법』은 총 4권으로 되어있다. 그 중 1권은 만국공법의 정의(定義)와 연원(淵源), 그리고 주체를 다루고 있으며, 특히 1권 2장에서는 '주권'국가의 권리를 포괄적으로 설명하고 있다. 그리고 2권은 국가의 기본권, 3권은 평시(平時)국제법, 4권은 전시(戰時)국제법을 다룬다.

〈표 1〉 휘튼의 *Elements of International Law*와 중국/ 일본의 번역본 목차 비교

휘튼의 Elements of International Law 목차	마틴 번역본『萬國公法』(1864) 목차
	大築拙藏,『惠頓氏萬國公法』(1882) 목차
Part I. Definition, Sources, And Subjects ofInternational Law	第一卷 釋公法之義明其本源題其大旨
	第一編 제목 부분이 생략됨
Ch.1. Definition and Sources of International Law Ch.2. Nations and Sovereign States	第一章 釋義明源 第二章 論邦國自治自主之權
	第一章 公法ノ辭義淵源及ヒ其要旨ヲ論ス 第二章 邦國及ヒ自主國ノ論
Part II. Absolute International Rights of States	第二卷 論諸國自然之權
	第二編 各國固有ノ權利ヲ論ス
Ch.1. Rights of Self-preservation and Independence Ch.2. Rights of Civil and Criminal Legislation Ch.3. Rights of Equality Ch.4. Rights of Property	第一章 論其自護自主之權 第二章 論制定法律之權 第三章 論諸國平行之權 第四章 論各國掌物之權
	第一章 各國自護自主ノ權利 第二章 法律制定ノ權ヲ論ス 第三章 諸國平行ノ權 第四章 各國所有ノ權
Part III. International Rights of States inTheir Pacific Relations	第三卷 論諸國平時往來之權
	第三編 平時各國交際ノ權利
Ch.1. Rights of Legation Ch.2. Rights of Negotiation and Treaties	第一章 論通使 第二章 論商議立約之權
	第一章 公使往來ノ權 第二章 商議及ビ約定ノ權利
Part IV. International Rights of States in Their Hostile Relations	第四卷 論交戰條規
	第四編 敵國ニ對シテ有スル權利
Ch.1. Commencement of War and itsImmediate Effects Ch.2. Rights of War as between Enemies Ch.3. Rights of War as to Neutrals Ch.4. Treaty of Peace	第一章 論戰始 第二章 論敵國交戰之權 第三章 論戰時局外之權 第四章 論和約章程
	第一章 始戰ノ論及ビ交戰ニ因テ直チニ生スル所ノ成果 第二章 敵國ニ對スル交戰權利ノ論 第三章 中立國權利ノ論 第四章 和約ノ論

휘튼이 주권에 관해 설명하고 있는 내용을 오늘날의 표현으로 요약하면, 주권(Sovereignty)은 특정 국가 내에서 행해지는 최고 권력으로서 '대내적 주권(internal sovereignty)'과 '대외적 주권(external sovereignty)'으로 구분 된다. 대내적 주권은 헌법이나 공동체의 근본 법률에 의해, 한 국가의 인민 (people)에 내재하거나 지배자에게 귀속된 것으로 간주되며, 헌법과 같은 대내적 공법(internal public law)에 의해 규제된다. 반면 대외적 주권은 특정 국가가 다른 국가나 기타 정치체와의 관계에서 갖는 독립에 관련되며, 국제 법(international law)과 같은 대외적 공법(external public law)에 의해 규제 된다고 지적하고 있다.[13]

그러면 마틴의 번역본인 『만국공법』에서는 sovereignty, international과 같은 개념들이 어떻게 번역되고 있는지를 확인해보기로 하자. 우선 〈표 1〉 을 보게 되면 'sovereign state'의 경우, 의외로 '주권(主權)'이라는 용어가 등 장하는 것이 아니라, '자치자주지권(自治自主之權)'이라고 번역하고 있음을 알 수 있다. 오오츠키 세츠조의 『휘튼씨 만국공법(惠頓氏萬國公法)』에서도

---

13) 휘튼의 원문은 다음과 같이 되어있다. 〈Sovereignty defined.〉 Sovereignty is the supreme power by which any State is governed. This supreme power may be exercised either internally or externally. [Internal sovereignty] Internal sovereignty is that which is inherent in the people of any state, or vested in its ruler, by its municipal constitution or fundamental laws. This is the object of what has been called internal public law, *droit public interne*, but which may more properly be termed constitutional law. [External sovereignty] External sovereignty consists in the independence of one political society, in respect to all other political societies. It is by the exercise of this branch of sovereignty that the international relations of one political society are maintained, in peace and in war, with all other political societies. The law by which it is regulated has, therefore, been called external public law, *droit public externe*, but may more properly be termed international law. Wheaton, Henry, *Elements of International Law*(London & Philadelphia, 1836)의 6th edition(Little, Brown & Company, Boston, 1855), p. 29.

'주권국가'가 아니라 '자주국'이라고 번역되고 있다는 점이 흥미롭다. 실제로 휘튼과 원저와 마틴의 번역본을 비교 대조하면서 살펴보면, sovereignty라는 용어가 주권(主權), 자치자주지권(自治自主之權), 자주지권(自主之權), 관할 지권(管轄之權), 국권(國權) 등 문맥에 따라 다양한 용어로 한역(漢譯)되고 있음을 알 수 있다. 왜 이렇게 된 것일까?

이것은 아마도 하나의 용어로 번역했을 때 초래될 수 있는 문제점들을 고려한 고민의 산물인 것으로 생각된다. 만일 sovereignty라는 새로운 개념을 소개하기 위해 매우 낯선 하나의 용어만을 사용하였다면, 이 개념은 한자문명권의 수용자들에게 제대로 이해되지 못할 가능성이 높다는 것을 번역자 마틴이 생각하지 않았을 리 없다. 그리고 그가 번역어로 채택한 주권이라고 하는 용어가 한자문명권에서 그다지 많이 사용하는 용어는 아니었다고 하더라도, '군주 혹은 황제의 권력' 또는 '직권을 가진 관리'를 의미하는 말로 이미 사용되고 있었기에[14] 이 용어를 번역어로 채택하였을 때 개념상의 혼란을 초래할 수 있다는 점을 고려하여 한자문명권에 사용되던 친화적인 용어들을 문맥에 따라 동원한 것으로 생각된다. 그러나 그럼에도 불구하고 sovereignty에 해당하는 번역어 중에서 '주권'이라는 용어가 『만국공법』의 주요한 장면마다 등장하고 있다는 점,[15] 그리고 2개장 37개절로 구성되

---

14) 진관타오, 류칭펑 지음, 양일모, 송인재, 한지은, 강중기, 이상 돈 옮김, 『관념사란 무엇인가』 1(푸른역사, 2010), p. 386.

15) 이러한 하나의 사례로서, 앞서 소개한 휘튼의 'sovereignty'에 관한 설명이 마틴의 『만국공법』 제1권 제2장 〈나라의 자치와 자주권에 관해 논함(論邦國自治自主之權)〉에서 어떻게 번역되고 있는지 살펴보기로 하자. "나라를 다스리는 상위 권력을 일컬어 주권(主權)이라고 하고 있다. 이 상위 권력인 '주권'은 국내외적으로 행사되어지는데, 국내에서 행해지면 그 나라의 법과 제도에 따라 백성(民)에 속하거나, 군주에 속하거나 한다. 이에 관해 논하고 있는 것을 일찍이 내공법(內公法)이라고 하였는데 국법이라고 칭하는 것이 더 나을 것이다. '주권'이 외부인 국외에서 행해

어있는 1권내에서만 지속적으로 40여 차례나 사용되고 있다는 점 등은 번역자 마틴의 의도를 드러내주는 부분이라고 할 수 있을 것이다. 이를 통해 필자 나름대로 추정해보면, 번역자 마틴은 '자주지권'을 비롯한 한자문명권에 익숙한 표현들을 통해 sovereignty 혹은 sovereign state를 설명하면서도, 그것이 기존의 용어와는 차별성을 담지하는 새로운 개념인 것을 부각시키기 위해 '주권'이라는 새로운 개념어를 만들어 쓴 것이라고 보아야 할 것이다.[16] 또 한 가지 특기할 만한 사실은 마틴의 번역본에서는 sovereignty와 관련하여 '독립(獨立)'이라는 번역어를 거의 사용하지 않는다는 점이다. 1권에서 단한 차례만 등장하고 있기 때문이다. 반면 오오츠키 세츠조의 번역본의 경우에는 이를 '독립'이라는 표현을 빈번하게 사용하되, '자주 독립' 혹은 '독립 자주'와 같이 두 개의 말을 병용해서 사용하고 있다는 점에서 주목된다.

뿐만 아니라 앞서 언급한, 1882년 일본에서 나온 오오츠키 세츠조의 번역본, 『휘튼씨 만국공법(惠頓氏萬國公法)』에서도 '주권국가'가 아닌 '자주국'

지면, 곧 본국이 자주(自主)하여 타국의 명령을 받지 않는다. 각국이 평시나 전시상태에 있거나, 혹은 서로 교제하는 것이 모두이 권리를 근거로 하니, 이를 논하여 일찍이 외공법(外公法)이라고 명명한 것이다. 흔히 말하는 공법이란 바로 이것을 말한다."〈主權分內外〉"治國之上權, 謂之主權, 此上權, 或行於內, 或行於外, 行於內, 則依各國之法度, 或寓於民, 或歸於君, 論此者, 嘗名之爲內公法, 但不如稱之爲國法也, 主權行於外者, 卽本國自主, 而不廳命於他國也, 各國平戰, 交際, 皆憑此權, 論此者, 嘗名之爲外公法, 俗稱公法, 卽此也." Martin, W.A.P. 譯, 『萬國公法』(亞細亞版) 第一卷二章五節, p. 92.

16) 하지만 이처럼 대내적인 최고성과 배타적인 독립성을 기본특징으로 하는 '주권'이라는 개념과 아울러 국가 '평등' 관념에 근거한 주권국가들 간의 대외질서관념을 중국 측에서 적극적으로 수용하기는 어려운 것이었다. 왜냐하면 이러한 패러다임을 중국이 수용한다는 것은 '제국으로서의 중화'라는 정치적 관점에서 보면, 기왕의 중화질서가 해체되는 것을 의미하는 것에 다름 아니었기 때문이었다. 이에 관해서는, 강상규, 「중국의 만국공법 수용에 관한 연구」, 『동양철학』 25집(2006.7) 참조.

등 다양한 용어로 번역되고 있다는 점 등을 종합적으로 고려해보면, 이후 한 자문명권에 '주권'이라는 생소한 용어가 확고하게 정착하기 전까지는 동아 시아 문명권에서 사실상 sovereignty를 지칭하는 용어가 다양한 이름으로 불 렸을 것이라는 점과 아울러 그렇게 된 경위를 동시에 이해할 수 있게 된다. 이러한 문제는 후술하는 것처럼, 예컨대 19세기 동아시아의 국가 간 관계의 패러다임이 변화하는 전환기를 살았던 조선의 위정자들이나 지식인의 정치 적 언어와 그들의 인식체계를 심층적으로 분석하는 데도 매우 중요한 의미 를 갖는 것으로 사료된다.

한편 'international'의 경우도 역시 흥미롭다. 〈표 1〉의 목차에서도 드러나 는 것처럼, 마틴은 'international'을 대개 '제국(諸國)'이라고 번역하는 경우가 많았다. 이외에도 번역본에서는 international을 '천하(天下)'라거나 '만국(萬 國)'과 같은 용어를 빌어 설명하기도 하였다. 반면 우리에게 익숙한 '국제(國 際)'라는 용어는 『만국공법』이라는 책에서 단 한 차례도 등장하지 않고 있 다. 이것은 애초에 한자문명권에 '국제(國際)'라는 단어가 존재하지 않았기 때문이며, 마틴이 이 용어를 창안해내지도 않았다는 것을 의미한다.

그리고 책의 제목으로서는 international law의 자연법적인 측면을 특별 히 강조하기 위해 만국공법이라고 번역했지만, 목차에서는 그냥 '공법(公 法)'이라고 번역하고 있는 부분도 간과해서는 안 된다. 필자의 생각으로는 international이라는 개념을 '일국(一國)'이 아닌 '여러 나라 간(間)'이라는 점 에서 공(公)이라고 번역한 것이라고 생각되는데, 실제로 마틴의 『만국공법』 의 1권을 살펴보면, 만국공법이라는 용어가 사용되는 것은 책의 제목과 서 문, 그리고 범례에서 뿐이고, 정작 본문 중에서는 모두 '공법'이라고만 나타 나고 있음을 확인할 수 있다. 〈표 2〉에서 보듯이 마틴이 번역하여 간행한 만국공법 관련 서적들의 이름이 『공법편람』, 『공법회통』과 같이 그냥 '공법'으로 나오는 것도 이러한 연유에서 비롯된다고 할 수 있을 것이다.

〈표 2〉 중국의 동문관에서 마틴이 한문으로 번역하여 간행한 만국공법 관련서적

원 저 자	번역자	원서 제목(초판) 및 번역에 이용된 판본	번역본 제목	간행 년도
Henry Wheaton (惠頓, 1785~1848)	W.A.P.Martin	Elements of International Law(1836)/1855년 제6판	萬國公法	1864
Theodor D. Woolsey (吳爾璽, 1801~1899)		Introduction to the Study of International Law(1860)/1874년 제4판	公法便覽	1877
Johann C. Bluntschli (步倫, 1808~1881)		Das moderne Völkerrecht der civilisierten Staaten als Rechtsbuch dargestellt (1868)/ 프랑스어 판본	公法會通	1880

정작 '국제(國際)'라는 용어가 등장한 것은 중국이 아닌 일본에서였다. 지금까지 확인된 바로는 '국제'라는 용어가 한자문명권에 처음 사용되기 시작한 것은 일본의 미즈쿠리 린쇼(箕作麟祥, 1846~1897)가 울지(Theodor D. Woolsey)의 저서 *Introduction to the Study of International Law*를 번역하면서 '국제법'이라는 용어를 최초로 창안해내면서부터였다. 미즈쿠리는 울지의 만국공법 관련저서—〈표 2〉에서 보듯이 이 책은 마틴에 의해서 1877년 『공법편람』이라는 이름으로 번역 출간됨—를 번역하여 1873년에 6책(册)으로 된 『국제법: 일명 만국공법(國際法 一名 萬國公法)』이라는 이름으로 출간하게 되었는데, 앞서 언급한 바와 같이 유럽에서 international law라는 개념어가 탄생하는 과정에서 international이라는 단어가 처음 생겨난 것처럼, 한자문명권에서도 '국제법'이라는 새로운 개념이 탄생하면서 비로소 '국제'라는 말도 최초로 사용되었다는 점은 대단히 흥미로운 사실이 아닐 수 없다.

필자가 다른 연구를 통해 이미 지적한 바와 같이, 1873년 무렵 일본에서는 만국공법에 대한 주요한 관심이 법의 본질이나 근원에 대한 근본적인 사상에 관한 탐구보다는 현재 구미의 국가들 간에 실행되고 있는 실정법(實定法)에 대한 구체적인 내용으로 이미 관심의 영역이 옮겨 가 있는 상황이었다. 왜냐하면 일본의 주요한 지도층들이 이와쿠라 사절단을 비롯한 다양한 서구 경험을 통해 세계를 '열국평등(列國平等)'보다는 약육강식, 만국대치(萬國對峙)의 상황에 가까운 것으로 해석하고 있었기 때문이다.[17]

문제는 이러한 일본 지도층의 정서가 미즈쿠리 린쇼의 번역방식에 그대로 녹아들어 있다는 섬일 것이다. 미즈쿠리는 울지 책의 앞부분, 즉 국제법의 정의, 국제법 성립의 법률적, 도덕적 기초, 국제법의 연원 등을 언급한 처음 제1조부터 35조까지에 해당하는 부분에 대한 번역을 과감히 생략한다. 그리고 이 점에 대해 '역자가 생략한 부분의 이론은 대단히 교묘하여, 그 의의를 이해하더라도 오늘의 현실에 그다지 도움이 되지 않기 때문에 생략하였으며, 오직 현재의 국제교류 및 통상관계에 실질적 도움을 주기 위해 36조부터 번역했다'고 밝히고 있다.[18] 일본인 번역자 미즈쿠리 린쇼가 보편적인 도리의 이미지가 강한 '만국공법'이라는 용어를 실정법적 뉘앙스를 주는 '국제법'으로 바꾼 것은 이러한 의도에서 비롯된 것이었다.[19]

---

17) 강상규,「근대 일본의 「만국공법」 수용에 관한 연구」,『진단학보』 87집(진단학회, 1999) 참조.

18) 伊藤不二男,「國際法」,『近代日本思想史7: 近代日本法思想史』(有斐閣, 1979), p. 469.

19) 일본에서 미즈쿠리 린쇼가 국제법이라는 용어를 사용한 후에도 만국공법이라는 용어는 계속 혼용되어 사용되었다. 그러다 1881년 동경대학에서 국제법학과를 설치한 후 국제법이라는 용어가 서서히 정착되는 과정을 밟게 된다. 하지만 보편원리로서의 공법이 가지는 이미지를 활용해야 할 필요성 때문에 만국공법, 만국교제의 법, 외국교제공법 천하의 공법 등등의 용어는 상당히 지속적으로 사용되었다. 〈표 1〉에 소개한 오오츠키 세츠조

요컨대 '국제'라는 용어에는 주권국가로 구성된 국가 간 관계라는 새로운 패러다임과 만나면서 이를 표현하기 위해 새롭게 등장한 번역어로서 그 자체가 근대국가 '간'의 독립적이고 상호병렬적이며 그런 만큼 '무정부적'인 성격이 내포되어 있었던 것이다. 그리고 이러한 의미를 담고 있는 '국제'라는 용어가 중국으로 수용된 것은 청일전쟁에서 패배를 경험한 다음에야 비로소 가능할 수 있었다. [20]

4. 조선에서 '주권'과 '국제' 개념의 수용 양상

'주권'과 '국제' 개념이 조선에 수용된 것은 과연 언제일까? 논문의 모두에서 언급한 것처럼, 두 개념이 조선에서 수용된 실록(實錄)의 기록은 청일전쟁(1894~1895)이 진행 중이던 상황에서야 비로소 등장한다. 그러면 이 기록이 나타나기 이전에는 주권국가, 국가 평등 관념에 대한 인식은 부재했던 것일까? 물론 그런 것은 아니다. 관견(管見)에 의하면, '주권(主權)'이라는 용어가 등장하기 시작한 것은, 『한성순보』(1883년 10월~1884년 10월 무렵까지 발행)와 『한성주보』(1886년1월~1888년 7월까지 발행) 정도인 것으로 보인

의 1882년도 번역판 『휘튼씨 만국공법(惠頓氏萬國公法)』에도 국제법이라는 용어는 사용되지 않고 있다.

20) 최근의 중국측 연구에 의하면, '국제'라는 용어가 사용된 최초의 기록은 캉유웨이(康有爲)가 1897년 『일본서목지(日本書目志)』에 '국제법'을 거론하면서부터였다. 그리고 1901년 이후 '국제법'이라는 용어의 사용빈도가 '만국공법'이라는 말을 넘어서게 되며, 1905년 이후에는 월등하게 압도하게 되었다는 것이다. 진관타오, 류칭펑 지음, 양일모, 송인재, 한지은, 강중기, 이상돈 옮김, 『관념사란 무엇인가』 2(푸른역사, 2010), pp. 255-257.

다.[21] 그리고 보다 본격적으로 사용되는 것은, 박영효가 일본에서 작성한 '내정개혁을 위한 건백서'(1888), 유길준의 『서유견문』(1895)에서 정도이다. 예컨대 유길준의 서유견문의 제3편 〈방국(邦國)의 권리〉에서는 주권을 다음과 같이 설명하고 있다.

> 나라의 권리는 두 가지로 나누어 볼 수 있다. 하나는 국내적인 주권이다. 나라 안에서 시행되는 모든 정치 및 법령은 그 정부의 입헌적인 기능을 스스로 지키는 것이다. 다른 하나는 국외적인 주권이다. 독립과 평등의 원리에 따라 외국과 교섭하는 일이다. 이를 미루어 본다면, 한 나라의 주권이라고 하는 것은 그 나라의 형세가 강한지 약한지, 그 나라의 시작이 잘되었는지 못되었는지, 땅이 큰지 적은지, 국민이 많은지 적은지를 따질 것 없이, 국내외 관계의 참다운 형상에 의하여 단정할 수 있다. 천하 어느 나라든지 다른 나라가 마찬가지로 가지고 있는 권리를 침범하지 않을 때에는 독립과 자주에 기초하여 그 주권의 권리를 행사하는 법이다. (중략) 대개 국내외의 정치와 외교를 자주적으로 결정하고, 외국의 지휘를 받지 않는 나라가 정당한 독립국이다. 그러한 나라를 주권국의 자리에 놓지 않으면 안 된다. 독립 주권의 뚜렷한 증거는 다른 주권 독립국과 동등한 수호조약과 통상조약을 체결하거나 사신을 주고받으며, 강화나 교전에 관한 선언을 자주적으로 행하는 것이다.[22]

지금까지의 논의를 염두에 두고서 이 글을 읽으면 서유견문이 그 당시 얼마만큼 파격적인 글인지를 느낄 수 있을 것이다. 하지만 그럼에도 불구하고 서세동점이라는 19세기 동아시아의 문명사적 전환기의 긴박한 상황 하에서 '주권'과 '국제'와 같은 새로운 패러다임의 핵심 용어가 조선에 들어온 것

---

21) 『漢城旬報』 1883년 11월 20일, 1884년 9월 19일 〈公法說〉, 『漢城週報』 1886년 2월 1일, 3월 1일 등.

22) 유길준, 허경진 옮김, 『서유견문』(서해문집, 2004), pp. 104, 109.

은 상당히 늦은 감이 없지 않다. 뿐만 아니라 아주 한정된 인물들에 의해 사용되었다는 것도 분명해 보인다. 하지만 논문의 서두에서 강조한 바와 같이, 시각을 조금 달리하여 『만국공법』을 매개로 조망해보면 기존에는 눈에 들어오지 않던 사각지대(死角地帶)가 들어오게 됨으로써 전체적인 그림이 상당히 다르게 보일 수 있다는 점을 간과해서는 안 된다. 따라서 여기서는 특히 주권개념이 조선에 어떻게 '변용'되어 들어왔는지를 만국공법을 매개로 생각해보기로 하겠다. 이를 위해서는 19세기 후반 동아시아의 정치적 상황을 어떤 식으로든 좀 더 언급할 필요가 있어 보인다.

앞에서도 지적한 바와 같이 중화질서의 변동이 아편전쟁이라는 외부로부터의 충격에서 비롯되었다면, 동아시아 국가들 간의 구체적인 관계 변동이 본격적으로 가시화되기 시작한 것은 1868년의 '메이지 유신(明治維新)'이라는 일본 국내의 정치변동을 기점으로 한다고 말할 수 있다. 이른바 '서양의 충격(western impact)'이라는 외부로부터의 충격의 여파가 이제 동아시아 문명권 내부로 깊게 퍼져 들어가기 시작한 것이다. 이 과정에서 동아시아 국가들 간에 지금까지 언급한 국가 '간' 관계의 패러다임 문제가 대두되는 것은 불가피한 상황이 아닐 수 없었다. 이러한 상황이란 환언하자면 동아시아 문명권 내부의 국가 '간' 관계도 기왕의 중화질서하의 '조공 책봉'이나 '사대교린'과 같은 의례적인 관계로부터 근대 '국제'질서의 수평적이고 독립적이며 그런 만큼 '무정부적인 관계'로 변환하게 되었다는 것을 의미한다.

1870년대에 나타난 청과 일본 간에 조약관계의 성립(1871), 일본과 조선 간의 조약 체결(1876), 그리고 유구(琉球)왕국에 대한 일본의 일방적인 병합(1879) 등의 일련의 사건은 동아시아의 국가 '간' 관계가 본격적으로 변동되기 시작되었으며, 중화질서의 주변부에 위치하던 일본이 이러한 정치변동을 주도할 것임을 강력하게 시사하는 것이었다. 일본의 유구병합 과정은 중국 측의 위기의식을 급격하게 심화시켜 놓았고, 중국의 위기감의 심화는 조선에 대한 간섭과 압박의 심화, 즉 점차 기존의 전통적인 조청(朝淸)관계의 '변질'로 나타나기 시작한다. 일본의 유구병합이 마무리되고 1880년대에 접어들면서 동아시아 갈등의 핵심 이슈는 이른바 '조선문제'로 이전되게 된 것이다.[23]

이처럼 조선의 대외적 지위라는 문제가 긴박하게 제기되는 위기 상황에서 새로운 국가 간의 관계를 다루고 있는 '만국공법'이 대두되는 것은 당연한 것이었다. 예컨대 1879년 조선의 개화승 이동인(1849~1881)이 개화파 김옥균(1851~1894), 박영효(1861~1939)의 경제적인 후원과 일본 동본원사(東本願寺)의 부산별원의 협력을 통해 몰래 일본에 밀입국(1879년 9월)하게 되는데, 이때 그가 밀입국하는 이유가 '열국(列國)의 공법(公法)' 곧 만국공법을 배우기 위해서라고 되어 있어, 일본과의 조약을 전후하여 세계의 변화에 주목한 소수의 개혁지향 세력들이 가장 주목한 것이 기존의 중국적 세계질서와는 구별되는 새로운 세계질서를 다루는 만국공법이었음을 분명히 확인할 수 있다.[24] 이들 개화세력이 이처럼 만국공법에 이렇게 주목하고 있었다

---

23) 이에 관해서는, 강상규, 「일본의 유구병합과 '조선문제'의 부상」, 『19세기 동아시아의 패러다임 변환과 한반도』(논형, 2008) 참조.

24) "東仁ハ元來僧侶ナレトモ, 居常愛國護法ノ神經家ニテ, 挽近朝鮮國々運日々ニ衰頹シ, 宗敎ハ旣ニ地ヲ拂ントス. 此時革命黨朴泳孝・金玉均等國家ノ衰運ヲ奮慨シ, 大ニ刷新セントス. 又東仁モ意見符節セシュエ, 朴泳孝・金玉均兩氏ヨリ東仁ヲ引見シ, 重用スルニ至レリ. 故ニ列國ノ公法等ヲ知ラン爲メニ我宗門ニ歸入シテ, 日本ヘ渡ン事ヲ以テセリ. 東仁ハ朴泳孝ヨリ送レル純金ノ丸棒四本, 餘レニ示シ, 是レヲ路費トシテ渡ント云ヘリ. (중략) 是レ卽チ韓國改革黨日本ヘ渡海スル始トス." 조동걸, 「奧村의 朝鮮國布敎日誌」, 『한국학논총』 7(국민대학교, 1985), p. 270; 萩原延壽, 『遠い崖: アーネスト・サトウ日記抄, 14卷 = 離日』(東京: 岩波書店, 2001), pp. 82-83(강조는 필자)

면 만국공법의 핵심인 sovereignty의 번역어를 주목해서 보지 않았을 리 없다. 그럼에도 불구하고 왜 이들 역시 '주권'이라는 용어를 사용하지 않은 것일까?

이 문제를 이해하려면, 앞에서 강조한 바와 있듯이, 마틴의 번역본에서 sovereignty의 번역어가 주권(主權) 이외에도 자치자주지권(自治自主之權), 자주지권(自主之權), 관할지권(管轄之權), 국권(國權) 등 문맥에 따라 다양하게 번역되고 있었다는 점을 되새겨볼 필요가 있다. 이러한 점을 감안해볼 때, 당시의 독자들은 『만국공법』을 보면서, 공법질서 하에서의 국가의 권리를 '주권'이라는 생소한 용어보다는 당대 독자들에게 훨씬 익숙한 '자치자주지권' 혹은 '자주지권'이라는 용어로 이해했던 것으로 봐야할 것이다. 예컨대 유명한 조일수호조규의 제1조에서도 '조선은 자주국이며 일본과 평등한 권리를 보유한다(朝鮮國自主之邦保有與日本國平等之權)'고 되어 있었던 점을 함께 상기해볼 필요가 있을 것이다. 아울러 본 논문의 문제의식과 관련하여 이 문제가 중요한 이유는 새롭게 변화된 내용을 '자주'라는 기존의 언어를 통해 담아냄으로써 '문명 기준이 역전'되는 상황에 놓여 있던 당시의 '거대한 전환기' 상황에서 새로운 것에 대한 심리적 저항감을 최소화하는 효과가 발생했으리라는 것은 매우 중요한 의미를 가질 수 있기 때문이다. 이것은 환언하면, 조선 지식인들이 만국공법에 나온 주권국가의 권리를 전통적인 의미에서의 '자주자(自主者)'라는 개념, 즉 "자기생각대로 행하여 자기행동이 다른 사람에 의해 좌우되지 않는 것"(『大漢和事典』卷9)의 연장선상에서 이해하고, 이를 만국공법 질서에 참여한 국가의 고유한 권리로서 믿게 되었다는 것이라고 해석할 수 있을 것이다.

1882년 8월 5일 고종이 내린 교서는 이처럼 세계의 달라진 변화상에 주목

하고 달라진 무대에 새롭게 적응하겠다는 조선 정부의 국정운영의 청사진을
명확하게 밝히고 있다는 점에서 중요하다. 그 내용을 요약하면 다음과 같다.

"(가) 조선은 외국과 교섭을 하지 않아 해외 사정에 어두운데, 작금의 세계의 대
세는 춘추열국 시대를 방불케 하는 만국병립(萬國並立)의 시대로서, 일본은 물
론 중국까지도 만국공법 질서에 따라 평등한 입장에서 조약을 맺고 있다. (나)
이번에 조선이 영국, 미국, 독일 등과 평등의 원리 하에 조약을 맺은 것은 이러한
대세에 따른 것으로 걱정할 문제가 아니다. (다) 그런데 이를 반대하는 세력들은
오로지 척화론(斥和論)으로 일관함으로써 조선이 고립무원의 지경에 빠지고 있
는 현실을 외면하고 있다. (라) 또한 서양과 공법에 입각해 조약을 맺는 것과 사
교(邪敎, 여기서는 천주교)의 확산은 별개의 문제로서 조선이 이룩한 문명의 성
취는 앞으로도 지켜갈 예정이다. (마) 사교(邪敎)는 배척하되 서양의 발달된 기
(器)는 이용후생(利用厚生)의 차원에서 받아들여야 하며, 그렇지 않고 서양의 기
(器)까지 배척하게 되면 외국에 비해 현저하게 약한 조선이 살아남을 방법이 없
다. (바) 얼마 전의 양이(攘夷)사건[壬午軍亂]으로 인해 나라는 위기에 노출되고,
막대한 배상금을 지불하게 되는 등 우리만 더욱 어려운 형국에 놓이게 되었음을
직시해야 한다. (사) 최근 맺은 외국과의 조약은 세계의 대세에 동참하는 것이니
외국인에게 친절할 것이며, 만일 외국 측이 문제를 일으키면 조약에 근거하여
내가 문제를 풀어갈 것이다. (아) 이제 외국과 선린관계에 들어감으로 전국의 모
든 척화비를 없애니, 이러한 의도를 깊이 헤아리고 협력해 달라"는 것이었다.[25]
(가나다 구분은 필자)

이것은 만국병립의 상황이 바로 세계적 대세이며, 종래의 배외정책이나
양이적(攘夷的) 관념은 조선을 세계 속에서 고립시켜 위태롭게 할뿐이므로,
조선의 '문명국가로서의 자부심'과 '이용후생의 원칙에 입각한 부강책'을 절
충하여 개혁해나가겠으며, 또한 '국가평등' 관념에 입각한 새로운 만국공법

---

25) 『承政院日記』高宗 19年 8月 5日.

적 질서에 근거해 조선의 대외관계를 전면적으로 재정립해나갈 것임을 조선의 국왕이 공개적으로 천명한 것이라고 할 수 있다.[26]

그러나 이처럼 세계의 변화상에 주목하고 달라진 무대에 새롭게 적응하려는 모습은 국내외의 다양한 비판과 견제에 부딪치게 된다. 그 와중에서 일어난 임오군란(1882년 6월)과 갑신정변(1884년 10월)은 서로 정반대되는 방향을 지향하는 세력들이 주도한 사건들이었지만, 타협과 조정 능력을 보여주지 못한 채 급격한 방식으로 일어났다는 그 과정상의 특징이나, 동아시아 질서가 변동하면서 '조선문제'가 첨예한 국제정치적 이슈로 부상하던 와중에서 발생함으로써 주도세력의 주관적인 의도와는 달리 결과적으로 공히 외세의 간섭을 불러들이고 그 간섭을 질적으로 심화시켜 놓았다는 점에서 닮아 있었다.

한편 조청(朝淸)관계의 '변질'은 고종을 비롯한 개혁인사들에게 '자주'란 사실상 '중국의 간섭과 속박에서 벗어나는 것'이라는 의미로 느껴지게 하였고 이에 따라 '자주'라는 개념은 점차 만국공법적 개념인 '독립(independence)'의 의미로 전이되게 되었던 것으로 생각된다.

이후 갑신정변의 여파로 인한 강렬한 보수회귀의 분위기 속에서 친청(親淸)세력의 득세와 청의 조선에 대한 압박 증가, 국왕에 대한 견제가 더욱 강화되는 시점에서 위안스카이(袁世凱, 1859~1916)는 리훙장(李鴻章, 1823~1901)에게 보내는 서한에서 다음과 같이 보고하고 있었다.

---

26) 고종의 자주의식의 성격 및 형성과정에 관한 상세한 내용에 관해서는 강상규, 「1870~1880년대 고종의 대외관과 자주의식에 관한 연구」, 『한국 근대국가 수립과 한일관계』(경인문화사, 2010)에서 상세히 논의된 바 있다.

韓王(=고종)은 自主에 잘못 빠져들어, (이로 인해) 죽음에 이를지라도 후회하지 않을 것입니다. (韓王之諺於自主, 至死不悔)[27]

이후 사태전개는 주지하는 바와 같이 동학 농민봉기라는 아래로부터의 개혁요구와 외세의 개입에 의한 탄압, 그리고 조선을 둘러싼 외세 간의 전쟁으로 귀결되어지게 된다. 이처럼 문명사적 전환기라는 거대한 위기 상황에서 끊임없는 엇박자로 조선 정치가 전개되어가는 양상은 문명사적 전환기의 조선이 개혁의 타이밍을 잃고 '주권' 국가 간의 근대 '국제'질서라는 새로운 패러다임에 적극적으로 참여할 수 있는 선택의 여지가 급격하게 봉쇄되어가게 되는 경위를 고스란히 드러내준다.

5. 맺음말

19세기 동아시아 문명은 거대한 전환의 와중에 놓여있었다. 그것은 외부로부터의 새로운 패러다임이 기왕의 고유한 패러다임을 밀어내는 과정이었으며, 기존의 문명 기준이 새로운 문명 기준에 의해 전복되는 과정이기도 했다. 즉 상이한 패러다임의 만남과 충돌 속에서 고민과 혼돈, 모색과 좌절이 뒤섞인 그야말로 '위기의 시대'였다. 당시 조선에서 가장 흔히 사용되던 표현을 빌면, '숯불과 얼음'의 관계라고 부를 만한 서로 다른 성격의 패러다임들이 격렬하게 부딪힌 위기의 시대라고 할 수 있을 것이다. 19세기를 살았던 일본의 대표적인 사상가 후쿠자와 유키치(福澤諭吉, 1834~1901)의 표현

---

27) 『淸季中日韓關係史料』 4卷,(1980). 문서번호 1242, p. 2306.

에 따르면, 이 시대는 '마치 뜨거운 불과 차디찬 물이 만나는 것과 같고', '한 몸으로 두 인생을 겪는 것과 같은' 충격과 위기, 거대한 변동의 시대였던 것이다.[28]

그중에서도 19세기 동아시아 국가 '간' 관계의 패러다임의 변환이란 동아시아 전통국가들의 '무대'가 예의(禮義) 관계에 입각한 '천하질서'에서 상위의 질서를 인정하지 않는 주권국가 간의 관계 즉 '근대 국제질서'로 변화해갔던 것을 지칭한다. 무정부적 속성을 지닌 새로운 무대 환경에서는 덕치(德治)나 예치(禮治), 왕도정치(王道政治), 사대자소(事大字小)와 같은 기존의 '연기'와는 다른 부국과 강병, 균세(均勢=세력균형)와 자강(自强)의 능력이 보다 중시되었고 이에 적응하지 못한 배우들은 무대 밖으로 밀려나야 했다.

동아시아 국가 '간' 관계의 패러다임 변동이 진행될 때, 이러한 국가 '간' 관계의 새로운 패러다임으로서 번역되어 등장한 것이 바로 『만국공법』이었다. 여기에는 현재 우리가 살아가는 세계의 핵심적인 구성요소인 'sovereignty'와 'international' 같은 새로운 개념어에 대한 번역어들이 담겨있었다. 그 중 'sovereignty'에 대해 살펴보면 마틴의 만국공법에는 주권 이외에도 자치자주지권, 자주권, 국권 등의 번역용어가 사용되었음을 확인할 수 있었다. 하지만 책의 중요한 부분에서는 주권이라는 용어를 주로 사용함으로써 'sovereignty'의 의미가 기존 용어와의 차별성을 지닌 새로운 개념이라는 것을 부각시키려는 마틴의 의도를 읽을 수 있었다. 또한 마틴의 경우에는 '독립'이라는 표현을 거의 쓰지 않았는데 반해, 일본 측의 번역에서는 '독립'이라는 새로운 용어를 자주 등장시키고 있다는 점도 주목할 만한 것으로 보

---

28) 福澤諭吉, 「緖言」, 『文明論之槪略』(東京: 岩波文庫, 1995), pp. 10-12.

인다. 'sovereignty'에 대한 다양한 번역어들은 이후 주권이라는 용어가 정착될 때까지 혼용되며 사용되었는데, 조선의 경우에는 사대질서에서도 친화적인 '자주'라는 용어가 특히 빈번하게 사용되었음을 확인할 수 있었다.

한편 마틴은 'international'에 대해서는 '제국(諸國)' 혹은 '천하', '만국' 과 같은 용어로 번역하거나 혹은 '공(公)'이라고 옮기는 경우가 많았다. 따라서 우리에게 익숙한 '국제(國際)'라는 번역어는 일본의 번역자 미즈쿠리 린쇼에 의해서 탄생하게 된 것이었다. '국제'라는 번역어의 속에 '주권'국가 간의 독립적이고 상호병렬적이며 무정부적인 성격이 담겨 있다는 것을 그의 번역 방식 등을 통해 확인할 수 있었다. 그리고 이러한 의미를 담고 있는 '국제'라는 번역어가 중국이나 조선으로 건너가게 되는 것은 청일전쟁을 계기로 현실화될 수 있었던 것으로 생각된다.

마지막으로 부언해두고 싶은 점은 '주권'이나 '국제'와 같은 용어가 동아시아 한자 문명권에 등장하여 수용되어간다는 것이 단순히 새로운 용어가 등장한 것을 의미하는 것이 아니라는 사실이다. 이것은 '주권'과 '국제'로 표상되는 서양의 대외질서관념 자체를 받아들이고 이를 기준으로 기존의 질서가 재구성된다는 것을 의미하는 것이었다. 따라서 주권과 국제라는 용어가 탄생하는 과정을 따라가다 보면, 동아시아 국가들의 관계가 전면적으로 재편되는 '국제정치'의 현장과 만나게 된다. 이 장은 '주권'과 '국제'라는 개념이 유럽에서 탄생하여 동아시아 문명권에 전파 수용되는 과정을 만국공법의 역할에 주목하여 다룸으로써 19세기 대외질서 관념이 전환하는 양상과 그 경위에 대해 고찰해보았다.

참고문헌

『承政院日記』『왜사문답(倭使問答)』『조선왕조실록』

Martin, W.A.P. 丁韙良 譯. 『公法會通』(1880) (서울: 亞細亞文化社, 1981) 원본은
　　Bluntschli, Johann Kaspar. *Das moderne Volkerrecht der civilisirten Staaten als*
　　Rechtsbuch dargestelt(1868).

Martin, W.A.P. 丁韙良 譯. 『萬國公法』(1864) (서울: 亞細亞文化社, 1981) 원본은
　　Wheaton, Henry. *Elements of International Law* (London & Philadelphia, 1836)
　　의 6th edition, Little, Brown & Company, Boston, 1855.

Martin, W.A.P.(丁韙良)譯, 『公法便覽』(1877) (서울: 亞細亞文化社, 1981) 원본은
　　Woolsey, Theodore D. *Introduction to the Study of International Law*(1860).

久米邦武(구메 쿠니타케) 編. 『特命全權大使: 米歐回覽實記』5册(岩波文庫, 1979).

박영효. 김갑천 옮김. 「박영효의 건백서」. 『한국정치연구』 2권 1호 (서울대 한국정
　　치연구소, 1990).

福澤諭吉(후쿠자와 유키치). 『文明論之槪略』(東京: 岩波文庫, 1995).

송병기 편역. 『개방과 예속: 대미 수교관련 수신사 기록(1880)초』(단국대학교 출판
　　부, 2000).

西周(니시 아마네). 大久保利謙 編. 『西周全集』第2卷(宗高書房, 1966).

大築拙藏(오오츠키 세츠조). 『휘튼씨 만국공법(惠頓氏萬國公法)』(1882).

魏源(웨이위안). 『海國圖志』(第2版 60卷本, 1847).

유길준. 허경진 옮김. 『서유견문』(서해문집, 2004).

日本開成所飜刻版. 『萬國公法』(마틴譯 『萬國公法』(1864)의 1865년도 일본 수입
　　판)中 公法第一卷第2章」丸山眞男外 編『日本近代思想大系1: 開國』(岩波書店,
　　1990).

장 보댕. 임승휘 옮김. 『국가론』(박영사, 1982).

鄭觀應(정관잉). 『易言』(1880).

───. 『성세위언: 난세를 향한 고언』(책세상, 2003).

重野安繹(시게노 야스츠구) 譯. 『和譯萬國公法』(鹿兒島藩刊, 1870)『日本近代思想

體系: 翻譯の思想』(岩波書店, 1991).

芝原拓自(시바하라 타쿠지)外 篇.『近代日本思想大系12:對外觀』(岩波書店, 1988).

萩原延壽(하기하라 노부토시).『遠い崖: アーネスト・サトウ日記抄, 14卷 = 離日』
　　(東京: 岩波書店, 2001).

강동국. 2006.『동아시아에 있어서의 국제법학과 국제정치학의 분화: Balance of
　　Power의 개념사』. 한국법제연구원.

강상규. 1999.「근대 일본의「만국공법」수용에 관한 연구」.『진단학보』87집. 진단
　　학회.

———. 2003.「조선시대 왕권의 공간과 유교적 정치지형의 탄생」.『애산학보』29.
　　애산학회(2003.11).

———. 2006.「2장. 천하예의지방과 국민부강국가」. 하영선, 김상배 편.『네트워크
　　지식국가: 21세기 세계정치의 변환』. 을유문화사.

———. 2006.「중국의 만국공법 수용에 관한 연구」.『동양철학』25집(2006.7).

———. 이혜정. 2007.「1장. 근대 국제정치질서와 한국의 만남」. 하영선, 남궁곤 편.
　　『변환의 세계정치』. 을유문화사.

———. 2008.『19세기 동아시아의 패러다임 변환과 한반도』. 논형.

———. 2010.「동아시아의 전환기 경험과 새로운 세기의 시대정신」.『한국학연구』
　　32집. 고려대 한국학연구소(2010. 3).

———. 2010.「1870-1880년대 고종의 대외관과 자주의식에 관한 연구」.『한국 근대
　　국가 수립과 한일관계』. 경인문화사.

———. 2010.「근대지식체계와 조선사 이미지」.『동양정치사상사』9권 2호(2010. 9)

김세민. 2002.『한국근대사와 만국공법』. 경인문화사.

김수암. 2003.「1870년대 조선의 대일관」.『한국정치외교사논총』25권 1호.

김용구. 1997.『세계관충돌의 국제정치학: 동양 禮와 서양 公法』. 나남출판사.

———. 2001.『세계관충돌과 한말외교사, 1866-1882』. 문학과 지성사.

———. 2008.『만국공법』. 소화.

김효전. 1989.「近代韓國에 있어서의 國際法發達」.『東亞法學』.

———. 1987.「韓國에 있어서 國際法의 初期受容」.『韓國國際法學의 諸問題』. 박영사.

———. 2000.『근대 한국의 국가사상』. 철학과 현실사.

———. 2009. 『헌법』. 소화.

渡辺浩(와타나베 히로시). 1996. 「〈朝鮮國〉〈日本國〉관계와 〈道理〉: 17-19세기」. 『21세기 한일관계』. 법문사.

박상섭. 「근대국가의 군사적 기초: 근대국가 형성기 유럽의 군사와 정치」. 『정경세계』 (국제사회과학학술연구소.

———. 2008. 『국가, 주권』. 소화.

배재식. 1982. "Growth of the Law of Nations in the Yi Dynasty of Korea." 서울대학교 『法學』 23권 4호.

윤영도. 2005. 『중국 근대 초기 서학 번역: 『만국공법』 번역 사례를 중심으로』. 연세 대학교 박사논문.

이광린. 1982. 「한국에 있어서의 만국공법의 수용과 그 영향」. 『한국개화사연구』 개 정판. 1993. 일조각.

이근관. 2002. 「동아시아에서의 유럽 국제법의 수용에 관한 고찰: 『만국공법』의 번 역을 중심으로」.

이상면. 1987, 1988. "Korean Attitudes toward International Law after the Open-Door to the West(I, II)." 서울대학교 『法學』 28권 3-4호, 29권 1호.

주진오. 2010. 「19세기 말 조선의 자주와 독립」. 『한국 근대국가 수립과 한일관계』. 경인문화사.

진관타오, 류칭펑 지음. 양일모, 송인재, 한지은, 강중기, 이상돈 옮김. 2010. 『관념 사란 무엇인가 1, 2』. 푸른역사.

최종고. 1982. 『한국의 서양법수용사』. 박영사.

페데리코 마시니, 이정재 옮김. 2005. 『근대중국의 언어와 역사: 중국어 어휘의 형성 과 국가어의 발전 1840-1898』. 소명.

하영선 외. 2009. 『근대한국의 사회과학 개념 형성사』. 창비.

Beasley, W. G. *Japan Encounters the Barbarian :Japanese Travellers in America and Europe.* Yale Univ. Press. 1995.

Gerschenkron, Alexander. *Economic Backwardness in Historical Perspective, A Book of Essays.* Cambridge: Harvard University Press. 1962.

Hintze, Otto. "Military Organization and the Organization of the State." in Felix

Gilbert (ed.). 1975. *The Historical Essays of Otto Hintze*. New York: Oxford University Press.

Hsü, Immanuel C. Y. 1968. *Chinese Entrance into the Family of Nations*. Harvard Univ.

Kennedy, Paul. 1988. *The Rise and Fall of the Great Powers*. New York: Random House.

Nussbaum, A. 1958. *A Concise History of the Law of Nations*. Macmillan, N.Y.

Schwarzenberger, Georg. 1955. "The Standard of Civilization in International Law." *Current Legal Problems*, Vol. 8. London: Stevens & Sons Limited.

Shinobu, J. 1951. "Vicissitudes of International Law in the modern History of Japan." 『國際法外交雜誌』50卷 3號.

Suganami, Hidemi. 1978. "A Note on the Origin of the Word of International." *British Journal of International Studies* 4.

Weber, Max. 1968. *Economy and Society: An Outline of Interpretive Sociology*. in Günther Roth and Claus Wittich (ed.). Berkeley, Los angels and London: Bedminster.

吉野作造(요시노 사쿠조). 「我國近代史に於ける政治意識の發生」. 『吉野作造選集』 11卷(岩波書店, 1995) 「明治政治史の一節:明治前後における公法の觀念』1927 年 3月・6月 『政治學研究』2(岩波, 1927. 12)

金鳳珍. 「朝鮮の萬國公法の受容: 開港前夜から甲申政變に至るまで」. 『北九州大學 外國語學部紀要』第78號, 第80號.

渡辺浩(와타나베 히로시). 1994. 「進步と中華: 日本の場合」. 『近代化像: アジアから 考える 5』. 東京大學.

尾佐竹猛(오시다케 타케시). 1932. 『近世日本の國際觀念の發達』. 共立社.

松澤弘陽(마츠자와 히로아키). 1974. 『日本思想大系 66: 西洋見聞集』解說. 岩波書店.

———. 1993. 『近代日本の形成と西洋經驗』. 岩波書店.

植手通有(우에테 미치아리). 1971. 「對外觀の轉回」. 『近代日本思想史體系 3: 近代 日本政治思想史 I』. 有斐閣.

伊藤不二男(이토 후지오). 1979. 「國際法」. 『近代日本思想史體系7: 近代日本法思想

史』. 有斐閣.

伊原澤周(이하라 타쿠슈). 1999. 『日本と中國における西洋文化攝取論』. 汲古書院.

一又正雄(이치마타 마사오). 1973. 『日本の國際法學を築いた人々』. 日本國際問題
　研究所.

張嘉寧(장쟈닌). 1988. 「『萬國公法』成立事情と翻譯問題:その中國語譯と和譯をめ
　ぐって」. 『日本近代思想體系: 翻譯の思想』. 岩波.

田保橋潔(다보하시 키요시). 1940. 『近代日鮮關係の研究』. 朝鮮總督府.

田中彰(다나카 아키라). 1984. 『「脱亞」の明治維新: 岩倉具視を追う旅から』. NHKブ
　ックス.

―――. 1990. 「黑船から岩倉使節團へ」. 『日本近代思想大系1卷: 開國』. 東京:岩波書店.

佐藤愼一(사토 신이치). 1996. 『近代中國の知識人と文明』. 東京大學.

住吉良人(스미요시 료이치). 1978. 『明治初期における國際法の導入」. 『國際法外交
　雜誌』76卷.

芝原拓自(시바하라 타쿠지)外 篇. 1988. 『近代日本思想大系12:對外觀』. 岩波書店.

筒井若水(츠츠이 와카미즈). 1967. 『現代國際法における文明の地位』. 『國際法外交
　雜誌』66卷.

坂本多加雄(사카모토 타카오). 1994. 「萬國公法と文明世界」. 『日本は自らの來歴を
　語りうるか』. 筑摩書房.

丸山眞男(마루야마 마사오). 1952/1983. 『日本政治思想史研究』. 東京大學.

―――. 1992. 『忠誠と反逆: 轉形期日本の精神史的位相』. 筑摩書房.

―――. 加藤周一. 1998. 『翻譯と日本の近代』. 岩波新書.

5장 — 19세기 동아시아의 전환기 경험과 새로운 시대정신

19세기 동아시아의 전환기 경험과 새로운 시대정신
과거와 미래의 대화

이 글은 21세기 지구적 차원에서 맞이하고 있는 거대한 전환의 흐름을 동아시아와 한반도의 맥락에서 더듬어보고 재구성하려는 의도에서 이루어진 것이다. 본 연구는 다음과 같은 질문을 담고 있다. 19세기 이후 동아시아에서는 어떠한 패러다임의 전환이 있었을까? 거대한 전환의 과정에 한반도와 다른 동아시아 국가들은 어떠한 위기의식을 가지고 있었으며, 어떠한 대응을 했던 것인가? 당시 동아시아 삼국의 각기 다른 선택은 이후 어떤 다른 결말로 이어졌는가? 동아시아의 19세기와 20세기, 21세기는 어떻게 이어지는가? 전환기로서 19세기와 21세기는 무엇이 다른가? 그러면 애초에 역사는 왜 움직이는 것이며, 전환기란 무엇인가? 그렇다면 한반도에게 전환기란 무엇인가? 바꿔 묻는다면, 한반도는 통시적으로 볼 때 전환기적 상황에서 구체적으로 어떠한 역사적 경험을 하였는가? 이러한 문제들은 최종적으로 다음 질문으로 귀결된다. 새로운 세기의 한반도는 어디로 가야하며 동아시아와 한반도의 역사적 경험에서 무엇을 배울 것인가?

동아시아의 19세기는 상이한 문명 곧 '동서문명'의 충돌이 이루어진 거대한 전환기로서, 보통 '서세동점'의 시기로 표현된다. 그것은 외부로부터의 새로운 패러다임이 기왕의 고유한 패러다임을 밀어내는 과정이었으며, 기존의 문명 기준이 새로운 문명 기준에 의해 전복되는 과정이기도 했다. 이것은 중화문명권의 관점에서 보면, '문명 기준'이 완전히 '역전'되는 사태가 발생하였다는 것을 의미하는 것이기도 했다. 동아시아의 19세기가 문명사적 전환기로서 외래의 문명 기준에 의해 고유의 문명 기준이 뒤집히는 '문명 기준의 역전'의 시기였다면, 동아시아의 20세기는 '근대 따라잡기'의 세기라고 해야 할 것이다. 동아시아 국가들이 20세기에 구체적으로는 서로 매우 다른 궤적을 밟은 듯 보였지만, 각국의 위기의식과 대응방식이 겨누는 창끝이 결국 '근대 따라잡기'라는 동일한 하나의 과녁으로 모아지고 있기 때문이다.

한반도는 역사적으로 전환기적 상황마다 동아시아의 정치적 긴장관계의 초점으로 떠오른 경험을 가지고 있다. 그만큼 인류 보편의 문제를 근원적으로 성찰하고 발상의 전환을 가능케 하는 능력이 우리에게 절실하게 요구되는 것이다. 전환기 한반도의 '역사적' 경험과 '구조적' 사례들은 한반도가 국제정세의 변화에 얼마나 민감하며 또한 취약할 수 있는지, 그리고 이와 아울러 한반도의 역할이 역설적으로 얼마나 중요한지를 선명하게 드러내준다. 한국의 정치가 국제정치 혹은 세계정세에 대한 안목을 왜 동시에 필요로 하는지를 극명하게 보여주는 부분이기도 하다. 뿐만 아니라 21세기를 이해하기 위해 보다 장기적인 역사적 시야가 필요한 이유를 명확히 보여준다.

1. 들어가는 말: 세계사의 길목에서 길을 묻다

2001년 9월 11일, TV 정규방송 중에 뉴욕과 워싱턴의 낯익은 건물 속으로 민간 항공기가 차례로 돌진하는 모습과 시커먼 연기가 하늘 위로 솟아오르는 영상이 흘러나왔다. 이어서 화염에 휩싸인 쌍둥이 빌딩이 마치 거짓말처럼 송두리째 무너져 내리고 있었다. 그리고 얼마 전까지 지구상에 가장 높은 마천루 빌딩이 서 있던 그 자리에는 거대한 잔해 외에 아무것도 남지 않았다. 세계인은 눈앞에 펼쳐진 광경에 경악했다. 쌍둥이 빌딩이 허망하게 무너져 내리는 모습은 마치 인류가 어렵게 구축해온 문명의 바벨탑이 하루아침에 사라질 수 있음을 보여주는 듯했다. 21세기의 벽두에 벌어진 이 뜨거운 사건은 새로운 세기가 평화와 번영, 그리고 안정된 미래로 이어지리라는 낙관적인 전망에 찬물을 끼얹는 것이었다.

21세기, 우리는 지금 어디에 서 있으며 어디로 가고 있는 것일까. 9.11테러로 불길하게 개막한 새로운 밀레니엄의 출발 이후 우리는 어떠한 '거대한 전환(great transformation)'의 소용돌이 위에 떠있는 것은 아닌가. 20세기말 국경을 뛰어넘는 세계의 본격적인 출현과 '정보혁명'으로 표상되던, '미래' 매트릭스의 세계가 언제부턴가 어느덧 우리의 '일상'이 되어버렸다. 새로운 '문명 기준(standard of civilization)'을 창출하지 않으면 무한경쟁에서 뒤쳐진다는 일종의 집단적 무의식이 유령처럼 우리 주변을 배회하고 있다. 대체 변하는 것은 무엇이며 변하지 않는 것은 무엇인가.

한편 동아시아는 현재 세계에서 가장 역동적으로 부상하고 있는 지역이다. 하지만 동아시아 지역은 오랜 기간에 걸친 중화질서의 경험과 19세기 서구 문명과의 폭력적인 만남, 20세기 일본제국/식민지의 체험과 아울러 세계대전 이후 냉전체제의 두 개의 진영이 강력하게 대립해온 복잡한 역사적 경험과 기억을 가지고 있다. 그럼에도 불구하고 여전히 한자문명과 고유한 문화적 공감대를 폭넓게 공유한다. 동아시아는 지금까지 여러 제국들의 부침을 경험하는 동안 독특한 정치적 관계와 정서를 형성해왔으며, 한반도의 운명도 지역질서의 명운과 줄곧 긴밀히 맞물려 진행되었다. 따라서 21세기에 세계적 차원에서 진행되는 변화의 양상이 동아시아에서 그대로 재현되기는 어려울 것이라 생각된다.

우리는 흔히 현재의 상황이 역사적으로 대단히 특수한 것이라고 생각하는 경향이 있다. 하지만 동아시아와 한반도의 역사적 경험에는 현재의 상황을 다양하게 반추해볼 수 있는 수많은 위기상황이 존재한다. 아울러 위기를 극복하려는 치열한 고민과 모색의 장면 또한 존재하고 있었다. 그것은 한반도에서 살아온 우리 자신의 경험이라는 점에서 외국의 사례들이 보여주는 것과는 또 다른 의미에서 우리에게 각별한 의미를 지니며 유용한 '지혜'의 원천이 될 수 있다. 다만 역사에 대한 피상적인 검토를 넘어 과거와의 진지한 소통을 위해서는 과거로의 시간여행, 과거로의 추체험이 필요하며 나아가서 과거의 상황이 현재 혹은 미래에 던지는 함의를 여러모로 부단히 반추하지 않으면 안 될 것이다.

본 연구는 대체로 다음과 같은 질문들로 채워져 있다. 19세기 이후 동아시아에서는 어떠한 패러다임의 전환이 있었을까? 거대한 전환의 과정에 한반도와 다른 동아시아 국가들은 어떠한 위기의식을 가지고 있었으며, 어떠한 대응을 했던 것인가? 당시 동아시아 삼국의 각기 다른 선택은 이후 어떤 다른 결말로 이어졌는가? 동아시아의 19세기와 20세기, 21세기는 어떻게 이어지는가? 전환기로서 19세기와 21세기는 무엇이 다른가? 그러면 애초에 역사는 왜 움직이는 것이며, 전환기란 무엇인가? 그렇다면 한반도에게 전환기란 무엇인가? 바꿔 묻는다면, 한반도는 통시적으로 볼 때 전환기적 상황에서 구체적으로 어떠한 역사적 경험을 하였는가? 이러한 문제들은 최종적으로 다음 질문으로 귀결될 것이다. 새로운 세기의 한반도는 어디로 가야하며 동아시아와 한반도의 역사적 경험에서 무엇을 배울 것인가?

본 연구는 21세기 지구적 차원에서 맞이하고 있는 거대한 전환의 흐름을 동아시아와 한반도의 맥락에서 살펴보고 재구성하는 과정에서 이루어진 것이다. 환언하면, 본 연구는 19세기 이후 동아시아와 한반도의 전환기 경험을 거시적인 맥락에서 성찰해봄으로써 21세기 현재 한반도가 직면하고 있는 거대한 변화의 징후에 대한 적절한 대응방향을 모색하기 위한 예비 작업이라고 할 수 있다.

2. 19세기 동아시아의 전환기 경험: 문명 기준의 경합과 역전

동아시아의 19세기는 흔히 중세 봉건 혹은 전근대적 사회에서 근대로의 전환기로 이해되며, 이러한 전환의 계기가 서양세력에 의해 주어졌다는 관점에서 보통 '서세동점'의 시기로 지칭된다. 그리고 이러한 시각의 저변에는 근대인의 상식이라고 할 수 있는 서구의 발전사관에 입각한 역사인식이 굳건하게 자리 잡고 있다. 하지만 동아시아의 19세기는 중세에서 근대로의 전환이라는 직선적 발전사관 만으로는 포착할 수 없는 보다 복잡하고 중층적인 문제가 내포되어 있음을 간과해서는 안 될 것으로 생각된다.

당시 동아시아는 중화질서라는 독자적인 문명권에 속해 있었고, 중화질서 고유의 문명의식과 자부심을 견지하고 있었다. 이러한 상황에서 동아시아 삼국은 압도적인 물리력을 앞세운 구미제국의 압력과 근대 유럽의 문명 기준에 입각한 상이한 가치체계와 마주하게 되었고, 이 과정에서 양측은 서로를 야만으로 간주하며 충돌하게 된다. 이처럼 보다 중층적인 관점에서 보면, 동아시아의 19세기는 상이한 문명 곧 '동서문명'의 충돌이 이루어진 거대한 전환기로서, 그것은 외부로부터의 새로운 패러다임이 기왕의 고유한 패러다임을 밀어내는 과정이었음이 드러날 수 있다. 이것은 중화문명권의 관점에서 보면, 기존의 문명 기준이 새로운 문명 기준에 의해 전복되는 과정이자, '문명 기준'이 완전히 '역전'되는 사태가 발생하였음을 의미하는 것이기도 했다.

동아시아 삼국에게 19세기는 상이한 패러다임의 만남과 충돌 속에서 빚어지는 고민과 혼돈, 모색과 좌절이 뒤섞인 '위기의 시대'였다. 당시 조선에서 가장 흔히 사용되던 표현을 빌면, '숯불과 얼음'의 관계라고 부를 만한 서로 다른 패러다임이 격렬하게 부딪힌 위기의 시대라고 할 수 있을 것이며, 당대의 일본 사상가 후쿠자와 유키치(福澤諭吉, 1834~1901)의 표현을 빌면, '마치 뜨거운 불과 차디찬 물이 만나는 것과 같고', '한 몸으로 두 인생을 겪는 것과 같은' 충격과 위기, 거대한 변동의 시대였던 것이다.[1]

국가의 존재방식이라는 측면에서 보면, 19세기 한-중-일 동아시아 삼국은 이 과정에서 이른바 '예의 관념'에 기반한 중화질서로부터 '국가평등관념'에 근거한 유럽발 근대 '국제' 질서로 동아시아 세계를 구성하는 패러다임의 변동을 겪게 된다.[2] 이러한 측면에서 볼 때, 19세기 동아시아 삼국은 동일한

---

1) 福澤諭吉, 「緖言」, 『文明論之槪略』(東京: 岩波文庫, 1995), pp. 10-12.

2) 중화질서와 근대 국제질서는 흔히 '위계적'인 질서공간과 '수평적'인 질서공간으로 표현되고 있다. 그러나 이러한 표현은, 동일한 권력적 차원에서 '차별' 공간과 '평등' 공간이라는 식으로 평

사태에 직면했다고 할 수 있다. 이것은 동아시아 국가 '간' 관계의 패러다임 변동이 중화질서하의 '조공 책봉관계'에서 근대 국제질서의 수평적이고 독립적이며 그런 만큼 '무정부적인 관계'로 변환하는 것을 의미한다.[3] 무정부적 속성을 지닌 새로운 '무대' 환경에서는 덕치(德治)나 예치(禮治), 왕도정치(王道政治), 사대자소(事大字小)와 같은 기존의 '연기'와는 다른 부국과 강병, 균세(均勢= 세력균형)와 자강(自强)의 능력이 보다 중시되었고 이에 적응하지 못한 '배우'들은 무대 밖으로 밀려났다.[4]

하지만 한중일 동아시아 삼국에 나타난 '서구의 충격'이란 실제로 각국이 처한 각각의 외압의 성격이나 강도, 타이밍의 차이, 지정학적 위치, 기존 정치질서의 안정성 등의 여부에 따라 그 충격의 객관적 여파 곧 '위기상황'의 내용이 다르게 나타나지 않을 수 없었다. 이와 더불어 주목해야 할 사실은 각국의 중화문명 내에서의 위상과 중화문명의 수용 혹은 체감의 양상, 국가 내부의 구조와 정치적 풍토 및 정체성, 고유하면서도 주요한 사유방식 등의

면적으로 비교되기 쉽다는 점에서 주의할 필요가 있다. 왜냐하면 두 개의 질서가 근거하는 우주관이나 가치체계가 다르기 때문에 이러한 전체적 맥락을 무시한 채 비교해서 논의하게 되면, 오히려 당시 상황에 대한 피상적인 논의로 이어지기 쉽기 때문이다. 예에 기반한 위계적 질서공간이든, 민주나 국가 평등 관념에 기반한 수평적 질서공간이든 공히 권력적 측면이 내재되어 있다고 보아야 할 것이다. 하지만 두 개의 질서 공간 모두 지식과 권력이 긴밀히 결합되어있어, 상대적인 차이는 있겠지만 권력 장치의 폭력성이 잘 드러나 보이지 않는다는 공통성을 갖고 있었다.

3) 여기에서 '국제'라는 용어를 사용하지 않고 국가 '간'이라는 표현을 쓴 데는 이유가 있다. 전통적으로 한자문명권에서는 '국제'라는 단어가 존재하지 않았다. '국제'라는 용어가 한자문명권에 처음 사용되기 시작한 것은 일본에서 1873년 'international law'라는 단어를 '국제법'으로 번역하는 과정에서였다. 즉 '국제'라는 용어는 근대국제질서라는 구미의 새로운 패러다임과 만나면서 새롭게 등장한 번역어로서 그 자체가 근대국가 '간'의 독립적이고 상호병렬적인 성격을 내포하고 있다고 할 수 있다.

4) 하영선 · 김상배 편, 『네트워크 지식국가』(서울: 을유문화사, 2006), p. 98.

차이에 따라 주관적 '위기의식'의 성격에도 적지 않은 편차가 존재했으며 이에 따라 대응방식도 달랐다는 점이다.[5]

이러한 점들을 고려해볼 때, 19세기라는 전환기를 맞이하는 각국의 대응양상과 위기의식을 이해하는 데 동아시아 삼국의 '국제법 수용 과정에서 나타나는 차이'는 대단히 특별한 의미를 보여주는 것이다. 왜냐하면 19세기의 거대한 전환의 와중에서 국가 '간' 관계의 새로운 패러다임으로 번역되어 등장한 것이 다름 아닌 만국공법, 곧 오늘날의 국제법이며, 동아시아 삼국이 이를 수용하는 양상에는 주목할 만한 차이가 담겨 있었기 때문이다.[6] 잘 알려진 것처럼, 19세기 동서문명이 대면하는 현장은 물리적 폭력과 갈등을 수반하고 있었고 그 어지러운 현장의 한복판에는 서양국가와의 '조약'체결이

---

5) 필자가 위기상황과 위기의식의 차이에 관해서 주목하게 된 것은, 국제정치의 현실이 이미 일방적으로 주어진 것이 아니라, 역사적 그리고 간주관적으로(inter-subjectively) 구성되었으며, 관념(idea)이라는 변수와 주체의 역할에 대해 강조한 알렉산더 웬트 등의 구성주의(constructivism)의 논의로부터 시사 받은 바가 크다는 점을 밝혀둔다. Alexander E. Wendt, "The Agent-Structure Problem In International Relations Theory," *International Organization*, Vol. 41, No. 3(1987), pp. 335-370; "Collective Identity Formation and the International State," *American Political Science Review*, Vol. 88, No. 2(1994), pp. 384-396; Green, D., (ed.), *Constructivism and Comparative Politics: International Relations in a Constructed World*(New York: M.E. Sharpe, 2001).

6) '만국공법'이란 미국의 국제법학자 헨리 휘튼(Henry Wheaton, 1785~1848)의 국제법 서적 *The Elements of International Law*이 마틴(William Alexander Parsons Martin, 丁韙良, 1827~1916)에 의해 한역(漢譯)되어 『만국공법』이라는 책제목으로 출간(1864년)되는 과정에서 처음 등장한 번역어이다. 이후 동아시아 지역에서 반세기 남짓 생명력을 유지하고 사용되었던 용어이다. 반면 만국공법 대신 '국제법'이라는 용어를 가장 먼저 사용한 것은 1873년 일본의 미즈쿠리 린쇼(箕作麟祥, 1846~97)였다. 이후 국제법이라는 용어는 1881년 동경대학에서 국제법학과를 설치한 후 서서히 정착되는 과정을 밟아가게 된다. 강상규, 「근대 일본의 만국공법 수용에 관한 연구」, 『진단학보』 87호(1999), pp. 41-42.

라는 문제가 어김없이 얽혀 있었다. 만국공법은 이처럼 서구와의 대규모 물리적 충돌과 그에 따른 불평등 조약의 체결이라는 새로운 위기상황의 접점에 놓여 있었던 것이다.

주지하는 바와 같이, 대외적인 '독립(Independence)'을 가장 중요한 특징의 하나로 간주하는 근대적 의미의 '주권'(sovereignty, Souveränität, Soveraineté)이라는 개념은 유럽이라는 기독교 문명권에서 중세질서가 해체되는 과정에서 생겨나기 시작한 독특한 국가 '간' 관계를 배경으로 17세기를 전후해서 비로소 등장한 개념이다.[7] 그런데 한자문명권에서 오늘날 사용하는 의미의 '주권(主權)'이라는 신생어는 마틴에 의해 번역된 『만국공법』을 통해 최초로 사용되기 시작하였다. 이 점은 『만국공법』, 곧 국제법 서적이 근대적인 서구 국제질서의 행위주체인 주권국가의 권리와 규범 등을 다루는 책이라는 사실을 상기해보면 명확하게 이해될 수 있을 것이다. 이처럼 만국공법은 주권국가(sovereign state)라는 '새로운 국가형식'과 함께 조약체제(treaty system)라는 '새로운 국가 간의 교제 및 교섭방식' 등을 다루고 있다는 점에서 동아시아에 대두하게 될 새로운 문명의 문법을 표상하는 것이기도 했다.

개화기 일본 최고의 베스트셀러가 후쿠자와 유키치의 『서양사정』과 함께 마틴의 번역본 『만국공법』이었던 것도, 중국의 정관잉(鄭觀應, 1842~1922)이 국가경영에 관한 양무 지침서로 『이언(易言)』(1880-36편본, 1882-20편본)을 집필하면서 제1편을 〈논공법(論公法)〉으로 구성한 것도, 그리고 조선의 승려 이동인(1849~1881?)이 1879년 9월 김옥균(1851~1894), 박영효(1861~1939)의 후원과 일본 동본원사(東本願寺) 부산별원의 협력을 받아 비밀리에 일본에 밀입국한 이유가 다름 아닌 만국공법을 배우기 위해서였던

---

7) 박상섭, 『국가/주권』(서울: 소화, 2008).

것도 모두 이러한 국가 '간' 관계의 패러다임의 변환을 이해하려는 치열한 노력이 어떤 식으로든 각국마다 전개되고 있었음을 보여주는 사례라고 할 수 있다.[8)]

그런데 여기서 매우 주목할 만한 차이가 발생한다. 동아시아 문명권의 중심을 이루고 있던 중국은 이미 17세기 후반 네르친스크 '조약'(1689)을 체결한 바 있는가 하면, 아편전쟁 이전 린쩌쉬(林則徐, 1785~1850)의 경우와 같이 서구의 국제법에 주목하여 이를 이용한 선례가 있었다. 그러나 아편전쟁 이후 서세동점 현상이 점차 심화되어가는 와중에서도 무려 20여 년 이상 중국 측은 국제법에 대한 관심을 전혀 보이지 않았다. 그것은 기본적으로 중국 내부문제의 심각성이 외부문제에 관한 관심을 압도하고 있었기 때문이기도 하지만, 서양국가와의 양국 간 수평적 관계를 전제한 조약의 형식이나 혹은 불평등 조항에서 발생하는 현실적 불이익이 다분히 편의적으로 고유한 중국적 세계질서의 논리 안에서 중국의 전통적 회유책 내지 시혜의 관점으로 간주되고 있었기 때문이다.

그 후 총리아문의 지원으로 동문관에서 서양의 국제법 서적이 『만국공법』이라는 제목으로 간행되면서(1864년), 중국은 비로소 '만국공법'이라는 서양의 새로운 문명 기준에 접할 수 있게 된다. 하지만 중국의 만국공법에 대한 관심은 소극적인 것이었다. 왜냐하면 중국은 서구 국제사회의 문명 기준을 적극적으로 수용하기 어려운 본질적인 문제를 안고 있었기 때문이다. 대내적인 최고성과 배타적인 독립성을 기본 특징으로 하는 주권이라는 개

---

8) 이에 관해서는 丸山眞男·加藤周一, 『翻譯と日本の近代』(東京: 岩波書店, 1998), p. 119; 鄭觀應, 『易言』第1篇 「論公法」; 조동걸, 「奧村의 朝鮮國布敎日誌」, 『한국학논총』 7(1985), p. 270; 萩原延壽, 『遠い崖: アーネスト·サトウ日記抄, 14卷＝離日』(東京: 岩波書店, 2001), pp. 82-83.

넘과 이른바 '국가평등관념'에 근거한 '주권국가'라는 행위자를 전제로 한 새로운 패러다임을 청이 천하질서 내의 예외적인 일부로서 인정하는 데 머무르는 것이 아니라 있는 그대로 수용한다는 것은, '제국으로서 중화'라는 정치적 관점에서 보면, 기왕의 중국적 세계질서의 '해체'를 의미하는 것에 다름 아니라는 데에 중국의 근본적인 딜레마가 놓여 있었던 것이다.

게다가 만국공법으로 표상되는 서구의 문명 기준을 전면적으로 수용한다는 것은 '화이(華夷)관념'이라는 이념적 차원에서 보면, 중국인들은 지금까지 중화문명권에서 문명 기준을 제공하던 입장에서 유럽 기독교 문명에 의해 스스로를 재편해야만 하는 입장으로 전락하는 것을 말하며, 중화문명권의 문명 기준이 역전되었음을 스스로 인정하는 것이 아닐 수 없었다. 이민족들에 의해 수차례 정복당하는 와중에서도 수천 년간 문명의 중심을 견지하던 '중(中)'국인들로서 이러한 사태는 유례를 찾아볼 수 없는 '역사적 단절'이자 스스로의 아이덴티티의 근간을 흔들어 놓는 상황이 아닐 수 없었다. 따라서 청이 스스로가 세계의 중심이라는 의식을 버리고 만국(萬國) 중의 일국(一國)이라는 인식의 전환을 갖기 전에는, 청이 『만국공법』으로 대변되는 근대 국제질서에 적극적으로 동참하기는 어려웠고, 결국 청의 만국공법 활용이란 어떤 식으로든 '현상유지책'의 차원에서 임기응변적으로 이루어질 수밖에 없는 상황에 놓여 있었던 것이다.[9] 이것은 패러다임 전환기에 기존의 중심축 혹은 주류세력이 갖는 고민과 적절한 타이밍을 놓치게 되는 상황을 전형적으로 드러내는 사례로 여겨진다. 패러다임 전환기의 상황에서 기존의 중심에서 나타나는 패러독스라고 할 수 있을 것이다.

---

9) 강상규, 「중국의 만국공법 수용에 관한 연구」, 『동양철학』 25집(2006).

반면 동아시아 문명권의 주변에 놓여있던 에도시기 일본의 대외관념은 화이사상의 영향 하에 놓여 있으면서도,[10] 중국의 화이관념에 비해 유연하며 능동적인 성격을 갖추고 있었을 뿐만 아니라 상대적으로 정치적, 군사적 경향성이 현저했다. 이러한 상황에서 1840년의 아편전쟁과 1853년 흑선의 내항으로 상징되는, 서세동점의 대세는 '일본식 화이사상의 정치적, 군사적 경향성' 및 '무사사회 특유의 긴장감'과 맞물려 화이라는 명분보다는 죽느냐 사느냐라는 긴박한 위기의식으로 이어져 양이(攘夷)로 표상되는 배외(排外) 주의적 기운으로 나타났다.[11]

하지만 외세배척의 기운이 일본 열도 전역으로 확산되는 와중에서, 서양 제국의 군사적 우월성을 인식하고 그 저변에 놓인 서양의 과학기술을 섭취해서 국력을 충실히 하는 것이 핵심적 문제라는 전략적 인식이 생겨나게 된다. 이처럼 일본이 서양문명의 이질성을 비교 가능한 것, 수용 가능한 것이라는 관점에서 인식할 수 있었던 데에는 17세기 이래의 나가사키(長崎)와 란가쿠(蘭學)의 오랜 축적이 존재하고 있었기 때문이었다. 일본의 서양관에서 볼 수 있는 상대적 유연성은 중국의 천하개념에서 드러나는 자기완결성이 결여되어 있었기 때문에 역설적으로 가능한 것이었다.[12] 이러한 와중에

---

10) 丸山眞男,「近代日本思想史における國家理性の問題」,『忠誠と反逆』(東京: 筑摩書房, 1992), pp. 294-295.

11) 植手通有,「對外觀の轉回」,『近代日本政治思想史』(東京: 有斐閣, 1971).

12) 이처럼 중심보다도 주변이 변화의 상황 곧 전환기의 상황에서 보다 유연하고 능동적으로 대처할 수 있다는 것은 역사적으로 반드시 예외적인 경우라고 할 수 없다. 이처럼 역사적으로 다소 역설적인 상황은, 예컨대 종속이론(dependence theory)의 관점에서는 결코 수용하기 어려운 논의이겠으나, 거쉔크론이 말하는 이른바 '후발주자의 이익(advantages of backwardness)'이나 역사적으로 강대국들의 흥망성쇠를 검토한 폴 케네디의 저작들이 보여주는 것처럼 역사의 가변적이고 역동적인 상황을 이해하는데 간과되어서는 안 되는 측면이라고 할 수 있을 것이다.

서 중화제국을 유린할 힘을 가진 서구 국가들 간에 통용되는 국가 간 관계란 대체 어떤 것이며 기존의 중국적 천하질서와는 어떻게 다른 것인가 하는 문제는 중화질서의 주변에서 화이사상을 섭취하고 있던 일본, 더 정확하게는 막부를 비롯한 지배세력과 하급무사들, 그리고 지식인들의 최대의 관심이 아닐 수 없었고, 『만국공법』이야말로 바로 이러한 의문에 대한 해답을 제시한 것이라는 인식이 생겨났다.[13]

만국공법에 관한 초기 일본연구자인 오시다케 타케시(尾佐竹猛)의 표현을 빌면, "지금까지 나라 문을 닫고 살아오던 우리 국민은 처음 각국의 교통에도 조규(條規)가 있다는 것을 알아 식자(識者)들은 다투어 이 책을 읽게 된 것"이다.[14] 이러한 과정에서 오랑캐로 간주되던 서구가 새로운 '문명 기준'으로 인식되게 되는데, 후쿠자와의 『문명론의 개략』은 새로운 문명 기준이 서구로 바뀌었다는 것과 아울러 이에 대한 일본 측의 대응전략을 가장 명료하게 제시한 저작이라고 할 수 있을 것이다.[15]

한편 일본의 메이지 정부는 1871년 후반 구미지역에 이와쿠라 도모미(岩倉具視, 1825~83)를 특명전권대사로 한 구미사절단을 파견한다.[16] 조약개정

Alexander Gerschenkron, *Economic Backwardness in Historical Perspective, A Book of Essays*(Cambridge: Harvard University Press, 1962); Paul Kennedy, *The Rise and Fall of the Great Powers*(New York: Random House, 1988).

13) 吉野作造, 「我國近代史に於ける政治意識の發生」, 『吉野作造選集』11(東京: 岩波書店, 1995).

14) 尾佐竹猛, 『近世日本の國際觀念の發達』(東京: 共立社, 1932), p. 34.

15) 福澤諭吉, 「西洋の文明を目標とする事」, 『文明論之概略』(東京: 岩波文庫, 1995).

16) 이와쿠라 사절단의 목적은 크게 조약개정교섭, 서구의 제도 및 문물의 시찰 두 가지로 요약할 수 있다. 그러나 최초로 방문한 미국에서 조약개정교섭이 현실적으로 불가능하다는 것을 깨닫고, 구미제국의 시찰에 전념하게 된다. 사절단에는 이와쿠라

교섭에 실패한 사절단 일행은 제국주의 전야의 유럽의 국제정치를 견문하고 서양문명의 양면성에 대한 확고한 인식을 갖게 된다. 이들의 눈에 비친 근대서구의 국제질서란 요컨대 '열국평등(列國平等)'보다는 오히려 '약육강식(弱肉強食)', '만국대치(萬國對峙)'의 상황에 가까운 것이었으며, 이는 일본 무사사회의 전통적 관념인 '실력상응원리'에 따라 해석, 수용되어졌다.[17]

이와쿠라 사절단은 만국공법이 약소국에게는 어떠한 역할도 할 수 없으며, 국가의 자주적 권리를 잃지 않으려면 애국심을 고양시키고 국력을 진흥시켜 실력으로서 국권을 보전하지 않으면 안 된다는 인식과 아울러, '소국이라는 관념에서 대국지향으로' 근대일본의 지향할 방향을 바꾸어 설정하는 데 중요한 역할을 하게 되었다. 이러한 과정 등을 겪으면서 일본의 위정자들은 일본이 만국공법으로 상징되는 새로운 국제질서 '밖'에 놓여있는 나라가 아니라 명실 공히 새로운 국제질서의 행위주체가 되는 것을 확고한 국가목표로 인식해가게 된다.[18]

19세기 후반 동아시아 삼국에 핵심화두로 등장한 '문명개화'와 '자주 독립국가'는 이처럼 구미의 근대국제질서와 충돌하는 과정에서 새롭게 부상한 일종의 '시대정신(zeitgeist)'이었다. 이러한 시대적 흐름을 일찍이 간파한 후쿠자와 유키치는『문명론의 개략』에서 "문명을 아무리 고차원적인 것으로 발전시킨다하더라도 전국의 국민에게 한조각의 독립심이 없다면 문명 역시

도모미를 비롯하여, 오오쿠보 도시미치(大久保利通, 1830~78), 기도 타카요시(木戸孝允, 1833~77), 이토 히로부미(伊藤博文, 1841~1909)등 메이지의 거물들이 대거 참여하고 있었다. 이와쿠라 사절단에 대해서는 田中彰,『脱亜の明治維新: 岩倉具視を追う旅から』(東京: ＮＨＫブックス, 1984).

17) 坂本多加雄,「萬國公法と文明世界」,『日本は自らの来歴を語りうるか』(東京: 筑摩書房, 1994).

18) 강상규,「근대 일본의 만국공법 수용에 관한 연구」,『진단학보』87호(1999).

일본에는 소용이 없으며 그것을 일본의 문명이라고 이름 지을 수 없다"고 설파하게 된다.[19] 그러나 다음에 소개하는 것처럼 후쿠자와의 통찰력은 이후 '부국'과 '강병'으로 지나치게 경도되면서 일본을 침략적인 '제국'으로 질주하게 만든 사상적 기반을 제공하기에 이른다.

> 결국 지금의 금수와 같은 세계에서는 (중략) 두 가지 길이 있는데, 죽이는 것과 죽음을 당하는 것이다. 일신처세(一身處世)의 길 역시 이와 같다. 그렇다면 만국교제의 길도 또한 이와 다르지 않다. 화친조약이나 만국공법은 대단히 우아하게 보이지만 그것은 오직 명목상 그런 것이며, 교제의 실제는 권위를 다투고 이익을 탐하는 것에 불과한 것이다. 세계고금(世界古今)의 사실을 보라. 빈약무지(貧弱無智)의 소국이 조약과 만국공법에 잘 의뢰하여 독립의 체면을 다한 사례가 없는 것은 모든 사람이 아는 바이다. 오직 소국뿐 아니라 대국 사이에서도 바로 대립하여 서로가 그 틈을 엿보며 파고 들어갈 틈이 있으면 그것을 간과하는 나라는 없다. 이것을 엿보고 이것을 살피며 아직 발하지 않는 것은 병력강약(兵力强弱)의 한 가지에 달려있을 뿐이며 그다지 의뢰할 수 있는 방편이 없다. 백 권의 만국공법은 여러 대의 대포만 못한 것이며, 여러 화친조약은 한 상자의 탄약만 못한 것이다. 대포와 탄약은 있을 수 있는 도리를 주장하는 준비가 아니라 없는 도리를 만들어내는 기계이다. 각국 교제의 도(道)는 죽느냐 죽이느냐에 있을 뿐이다.[20]

동아시아의 패러다임 변환과정에서 나타난 문명 기준의 역전은, 후쿠자와에게서 나타나는 것처럼, 힘에 대한 숭배와 약육강식, 우승열패적 세계관으로 이어졌으며, 불행히도 이에 대한 제동은 걸리지 않았다. 서구의 근대가

---

19) 福澤諭吉(1995), p. 292.

20) 福澤諭吉, 「通俗國權論」, 慶應義塾 編, 『福澤諭吉全集』 4卷 (東京: 岩波書店, 1970), pp. 636-637.

출현하여 전개되는 과정에서 나타난 근원적인 회의와 모색 그리고 개인의 발견과 자각이 일본의 지식인을 비롯한 학생, 젊은 세대들에게 '유행'은 하였으나 그에 대한 깊은 성찰과 전망의 발견으로 나아가지는 못했다고 해야 할 것이다.[21] 이처럼 원리적 보편적인 것에 대한 고민의 결여는 '되어가는 형편', '세계의 대세'에 대한 상황추수적 자세를 일반화시켰을 뿐 아니라,[22] 행위의 가치 기준을 일본의 '국체'와 같은 자의적이고 신화화된 세계에 의탁하게 함으로써, 일본적 특수성의 틀 안에 모든 세계를 억지로 담아내려는 작위적이고 현상타파적 인식의 사상적 모태가 되었고 근대일본을 포함한 동아시아 전체를 불행한 궤도로 몰아넣게 된다.[23]

3. 19세기 한반도의 전환기 체험: 위기의식, 선택 그리고 좌절

한편 동시대 조선의 위정자와 일반 지식인들은 사상적으로 매우 고립주의적 경향을 보이고 있었다. 조선의 지식인들은 17세기의 장기간에 걸친 '혼

---

21) 마루야마 마사오, 김석근 역, 『현대정치의 사상과 행동』(서울: 한길사, 1997); 마루야마 마사오, 박충석 · 김석근 역, 『충성과 반역: 전환기 일본의 정신사적 위상』(서울: 나남출판사, 1998); 이시다 다케시, 황원권 역, 『日本의 정치문화』(서울: 학민사, 1984).

22) 오에 겐자부로(大江健三郎)는 일본인들에게 나타나는 원리적 보편적인 것에 대한 고민이나 천착의 결여에 대해서 일본의 이중성(Japan's duality) 혹은 일본의 애매모호성(Japan's ambiguity)이라고 명명하면서, 이러한 보편성의 결여는 전후에도 줄곧 지속되어 오고 있다고 지적하고 있다. Kenzaburo Oe, "Japan's Dual Identity: A Writer's Dilemma," in Masao Miyoshi and H. D. Harootunian (eds.), *Postmodernism and Japan* (Durham: Duke University Press, 1989).

23) 강상규, 「일본의 자기정체성에 관한 연구시론: 근대 일본의 에피스테메로서의 국체」, 『國際/地域研究』 7권3호(1998).

돈'의 와중에서 등장한 존주론(尊周論)의 언설에 따라, 주체와 객관적 세계 간의 소통의 필요성에 대해 유연하고 탄력적으로 인식하지 못하고 세계의 흐름과 변화에 대해 경직된 자세를 일상적으로 반복하게 된다. 이러한 양상은, 환언하면, 조선 성리학의 다양한 경향에도 불구하고 항심(恒心)과 항산(恒産)의 두 개의 날개로 왕도정치의 정치적 이상을 추구하던 기왕의 균형 잡힌 사유체계가, 17세기 이래 위기상황에 장기적으로 노출된 이후 '항산의 보장 없는 항심'의 강조를 통해 '정신주의'적 경향이 짙어져가고 있음을 반영하는 것이었다. 뿐만 아니라 타협과 조정을 특징으로 하는 '정치'의 논리가 옳고 그름[正邪]의 분별을 중시하는 '규범과 윤리'의 논리에 의해 재단되고 억압되는 사태가 일상화되면서, 모든 논의가 〈군자 대 소인〉이라는 소모적 이분법으로 귀결될 소지가 커지게 되었음을 의미한다. 그것은 요컨대 조선의 사상계가 이단이 아닌 정통, 이(夷)가 아닌 화(華), 실리가 아닌 의리에 지나치게 집착하게 되면서, 견제와 균형, 타협과 조정을 이끌어내던 조선의 유교적 정치지형의 유연한 소통공간이 심각하게 경직되어가고 있음을 의미하는 것이었다.[24]

더욱이 19세기 벽두에 정조가 승하하게 되면서 조선에서는 천주교에 대한 탄압은 물론 모든 서양서적의 도입이 금지된다. 이후 조선은 사상적으로 외부 세계로부터 더욱 고립되어가는 양상을 보이고 있었다. 반면 아편전쟁 이전부터 조선의 해안에는 이양선(異樣船)이라 불리는 서양 선박들이 나타나기 시작하여, 시간이 갈수록 그 출현하는 빈도가 늘어갔다. 천주교가 서구의 이념적 도전을 상징한다면, 포경선과 군함을 포함한 이양선은 서구제국

---

24) 강상규,「朝鮮の儒教的政治地形と文明史的転換期の危機」 (東京大學 博士論文, 2005), 1章 3節.

주의의 경제적, 군사적 도전을 상징하는 것이었다.

19세기 중반 병인양요(1866)와 신미양요(1871)를 통해 조선은 서구의 군사력과 직접 충돌한다. 당사국 모두가 상대방을 야만으로 규정한 이 두 차례의 충돌에서 조선은 승리한 듯 보였다. 대원군의 리더십과 독려 속에 치러진 서양 열강과의 싸움에서 패배하지 않고 조선을 방어할 수 있었다는 사실은 국가적 차원의 자신감과 일체감을 불러일으켰고 나라 전체가 오랑캐를 격퇴시켰다는 승리감에 들뜨게 했다. 이는 당시 중국과 일본의 상황과 비교할 때 매우 특기할 만한 사태라고 할 수 있다. 하지만 이 승리로 조선이 서세동점을 거스르지는 못했다. 오히려 이로 인해 조선의 '배외적(排外的)'인 태도는 한층 확고한 원칙이 되어 좀처럼 바꾸기 힘들게 되었으며 서양 열강 및 주변국과의 긴장관계를 극도로 고조시킴으로써 조선의 대외적인 입지를 위태롭게 하였고 아울러 조선의 위정자와 지식인들로 하여금 세계정세와 시대적 변화를 객관적으로 파악하기 더욱 어렵게 만들었다는 것은 패러다임 전환기 조선에서 나타난 하나의 거대한 패러독스가 아닐 수 없다. 조선의 지정학적 외벽인 중국과 일본이 이미 지구적 규모에서 구미 열강의 세력균형 구도 속으로 들어가고 있었고 조선은 세계의 대세를 외면함으로써 오히려 소중한 변화의 기회를 놓치고 있었던 것이다.

당시 조선의 전통적인 유자 지식인들은 서양세계를 자기들이 살아가는 '문명'세계에 대한 반대의 이미지로서 바라보고 있었다. 이러한 이해방식은 전통적인 화이관념에 입각한 것으로서 병인양요를 비롯하여, 오페르트 도굴사건(1868),[25] 신미양요 등 서양과의 폭력적이고 적대적인 만남과 충돌 과

---

25) 오페르트 도굴사건은 서양 오랑캐의 야만성을 여지없이 확인시켰다는 점에서 매우 주목할 만한 사건이다. 오페르트 도굴 사건의 충격을 그리피스(Griffis, William Elliot, 1843~1928)는 다음

정 속에서 확산되어갔다. 서양의 '야만성'을 확인할수록 '예의지방(禮義之邦)으로서 조선'이라는 문명국가로서의 자부심과 자신의 정체성에 대한 믿음은 오히려 확고해져갔고 그런 만큼 개화개방과 부국강병이라는 시대조류와는 멀어져갔다.

이처럼 외부세계와 정치적, 사상적으로 유연하게 타협하고 조정해나갈 여지가 현실정치의 장에서 거의 봉쇄된 가운데 대다수의 조선의 위정자와 지식인들은 기존의 화이관념의 연장선상에서 눈앞에서 전개되는 대외정세를 양이(洋夷)라는 새로운 위협적 요소의 '양적' 증가라는 일종의 '현상적'인 차원의 변화로만 해석하려 했다. 그리하여 조선이 속해 있는 동아시아 질서 자체가 근저에서부터 '질적'으로 변화하고 있음을 예측하지 못하고 구태의연하고 소극적인 대응으로 일관하였으며 가능한 한 '천자의 나라', 중국의 보호우산 속에 편승하려는 의식에 젖어들게 된다.

1860년대에서 청일전쟁에 이르기까지 조선의 위정자나 지식인 사회에서 만국공법이 깊이 성찰되지 못하고 국왕을 비롯한 소수의 개혁세력의 관심의 대상에 머무르고 만 것은 이러한 사정과 깊이 연관되어 있었다. 조선이야말로 중화질서의 정수를 견지하고 있는 유일한 문명국가라는 믿음과 아울러 정치의 논리가 옳고 그름의 이분법적 논의에 의해 재단되어지는 사상적 경향성 위에서, 조선의 전통적인 엘리트들에게 서양의 야만성은 이미 경

과 같이 묘사하고 있다. "이번 사건으로 인해 조선인들은 무덤이 파헤쳐지지나 않을까 하는 두려움에 싸이게 된 것이 분명하다. 외국인들이 입국하는 주된 목적은 시체를 파헤치고 인간의 가장 성스러운 본능을 훼손하는 것이라는 의혹이 엄연한 사실로 입증되었음을 그들은 목격한 것이다. 의심할 나위도 없이 서양인들은 야만족이며, 그들의 대부분은 도둑이라고 조선 사람들은 확신하게 되었다." W. E. 그리피스, 신복룡 역, 『은둔의 나라, 한국』(서울: 평민사, 1985), pp. 511-512. W. E. Griffis, *Corea: The Hermit Nation*(London: Alles, 1882).

험적으로 거듭해서 확인된 바 있었다. 따라서 가능한 외세와의 접촉을 줄이고 무시하되 만약의 상황이 발생할 때에는 중국의 보호우산 속에 편승하려는 의식이 일반적이었다. 이러한 상황에서 만국공법이라는 새로운 국가 간의 패러다임에 공개적으로 관심을 기울이는 것조차 쉽지 않았다.

하지만 조선 정계 '안'에서도 밖에서 일어나는 새로운 패러다임에 관심을 기울이는 정치세력이 서서히 등장하고 있었다. 1882년 8월 국왕이 내린 교서는 이처럼 세계의 달라진 변화상에 주목하고 달라진 무대에 새롭게 적응하겠다는 조선 정부의 국정운영의 청사진을 명확하게 밝히고 있다는 점에서 주목할 만하다.[26] "만국병립의 상황이 바로 세계적 대세이며, 종래의 배외정책이나 양이(攘夷)적 관념은 조선을 세계 속에서 고립시켜 위태롭게 할 뿐이다. '국가평등' 관념에 입각한 새로운 만국공법적 질서에 근거해 조선의 대외관계를 전면적으로 재정립해나갈 것이다. 다만 서양과 공법에 입각해 조약을 맺는 것과 사교(邪敎, 천주교)의 확산은 별개의 문제이다. 조선의 '문명국가로서의 자부심'은 견지하되, 서양의 발달된 기술은 '이용후생의 원칙'에 입각하여 받아들이도록 할 것이다"라고 조선의 국왕이 공개적으로 천명하고 나섰기 때문이다.

그러나 이처럼 세계의 변화상에 주목하고 달라진 무대에 새롭게 적응하려는 모습은 국내외의 다양한 비판과 견제에 부딪치게 된다. 그 와중에서 나타난 임오군란이 주로 외래와 고유의 제요소, 새로운 것과 낡은 것을 둘러싼 갈등 속에서 전통주의자들이 주도하여 일으킨 사건이었다고 한다면, 갑신정변은 당시 조선의 협소한 정치공간에서 보다 급진적인 방식으로 개혁을 추진하고 싶어 하는 진보주의자들이 주도한 사건이었다. 이 두 개의 사건은

---

26) 『承政院日記』 高宗 19年 8月 5日.

동아시아의 패러다임이 전환하던 시점에서 국왕이 주도하던 개화 자강정책의 속도와 변화의 폭을 너무도 과격한 것으로 받아들이는 대다수의 세력과 너무도 온건한 것으로 받아들이는 소수의 세력이 함께 존재하고 있었음을 극명하게 보여준다. 객관적인 '속도'와 사람들이 주관적으로 느끼는 '속도감'이 대단히 다른 차원의 것으로서 '상대적'인 성격을 지니고 있음을 고려해볼 때, 문제는 당시의 개혁속도의 완급(緩急)여부라기보다는 오히려 그동안 축적되어온 사상적 경직성과 무책임한 정치적 관행, 그리고 그것을 유연하고 탄력적으로 인식하고 대처하지 못한 조선의 정치엘리트와 지식인들의 의식과 태도에서 찾아야할지 모른다.

이 두 개의 사건은 서로 정반대되는 방향을 지향하는 세력들이 주도한 사건들이었지만, 타협과 조정 능력을 보여주지 못한 채 급격한 방식으로 일어났다는 그 과정상의 특징이나, 동아시아 질서가 변동하면서 '조선문제'가 첨예한 국제정치적 이슈로 부상하던 와중에서 발생함으로써 주도세력의 주관적인 의도와는 달리 결과적으로 공히 외세의 간섭을 불러들이고 그 간섭을 질적으로 심화시켜 놓았다는 점에서 역설적으로 매우 닮은 것이었다.

이후 갑신정변의 여파로 인한 강렬한 보수회귀의 분위기 속에서 친(親)중국 세력의 득세와 중국의 종주권 획책, 왕권에 대한 견제가 보다 강화되었고, 이로 인한 정치적 구심축의 균열이 더욱 진행되면서 결국 사태는 동학농민봉기라는 아래로부터의 개혁요구와 외세의 개입에 의한 무자비한 탄압, 그리고 조선에 대한 지배권을 놓고 외세 간의 전쟁으로 귀결되어지게 된다. 이처럼 위기의 상황에서 끊임없는 엇박자로 사태가 전개되어가는 양상은 문명사적 전환기의 조선이 주권국가 간의 근대 국제질서라는 새로운 패러다임에 적극적으로 참여할 수 있는 선택의 여지가 급격하게 봉쇄되어가

게 되는 경위를 보여준다.[27)]

19세기에 나타난 이질적인 문명 간의 만남과 문명 기준의 역전이라는 사태는 '조선중화주의'라고 부를 만큼 강한 문명국가로서의 자부심을 견지하던 조선 지식인들에게 '문명의 세계가 야만으로 전락하고 금수들의 세계가 문명세계로 둔갑하는' 것으로 인식되고 있었다는 점에서 '하늘이 무너져 내리고 땅이 뒤집어지는[天崩地壞]' 혼돈의 상황이었다. '살고 싶다. 의롭고 싶다. 그러나 둘 다 가질 수 없다면, 삶을 버리고 의를 택하겠다'(『孟子』)는 신념을 가지고 살아가던 유자들에게 자신의 생존을 위해 '부국강병'으로 매진하라고 하는 것은 '문명세계에서 걸어 나와 금수의 세계로 들어가는 것' 만큼이나 사상적으로 수용하기 어려운 변화였던 것이다.

여기에 아울러 한 가지 부언해두고 싶은 점은 조선 정치개혁 논리에서 내장되어 있는 '동도서기(東道西器)'적 사유방식에 담겨진 문제이다. 동도서기적 사유는 '문명사적 전환기' 조선의 협소한 정치공간에서 정치적 마찰을 줄이고 실용적이고 절충적으로 개화 자강정책을 추진하려는 의도를 담고 있었다. 19세기 패러다임 전환의 상황에서 나타난 중국의 중체서용(中體西用)이나 일본의 화혼양재(和魂洋才)의 경우와 유사한 사유방식을 보여준다는 점은 모두가 지적하는 바와 같다. 그러나 그럼에도 불구하고, 동도서기적 사유방식은 근대국가의 생존문법으로 새롭게 등장한 내셔널리즘으로 이어지는 데는 상대적으로 취약한 사유구조를 가지고 있었음을 주목해볼 필요가 있다. 왜냐하면 '문명사적 전환기'에 나타난 중체서용이나 화혼양재의 사유방식은, 각각 '중체(中體)' 및 '화혼(和魂)'이라는 독자적인 국가의 이미지를

---

27) 강상규, 『19세기 동아시아의 패러다임 변환과 한반도』(서울: 논형, 2008), pp. 49-50.

중심으로 하여, 〈중화문명 vs. 서양〉 혹은 〈대화혼(大和魂= 일본정신) vs. 서양〉이라는 이분법적 의식을 자연스럽게 고취시킴으로써 스스로를 국제 관계에서 '배타적'인 권리를 갖는 독자적 주체로서 인식하기 쉬운 반면, 동도 서기론은 조선이라는 일국적 범위를 넘어선 동서문명의 대비 위에서 사유 가 전개되고 있어 조선의 근대국가로서의 독자적인 성격을 드러내기 어려 운 사상적 딜레마를 내포하고 있었다고 생각되기 때문이다.

물론 중화질서 내에서 조선이 흔히 동국(東國)으로 불려왔다는 점, 그리 고 17세기 후반 이래 중화문명의 정수를 오로지 조선이 승계하고 있다는 조 선중화사상이 19세기 후반에도 이어지고 있었다는 점 등을 고려해볼 때, 당 시 조선의 유자들에게 동도(東道)란 사실상 중화문명을 정통으로 승계하고 있는 조선의 문명을 의미하는 것으로 인식될 수도 있다. 하지만 어떤 식으 로든 동도(東道)는 중화문명 혹은 동양문명의 정수를 의미하는 것으로 이해 될 수 있다는 점에서 당시의 '제국으로서 중화'인 청국에 대해 친화적인 감정 을 부여하고 현실적으로 이에 편승하려는 의식으로 이어지기 쉬웠으며, 이 후에는 아시아주의 혹은 아시아 연대론으로 휩쓸리기 쉬운 사상적 취약성 을 안고 있었던 것으로 생각된다. 더욱이 당시의 '문명개화'의 논리가 일반 적으로 서양을 새로운 문명 기준으로 인정하고 있었음을 고려할 때, 동도서 기론의 심층에 깔려있는 동서의 이항대립적 사유방식은 자기비하와 열등감 에 빠진 지식인들을 일종의 '서도서기(西道西器)' 곧 일방적인 서구식 문명 개화론으로 전향하기 쉽게 만드는 인식론적 매개고리로서의 역할을 담당하 게 되었다는 점도 간과되어서는 안 될 것으로 생각된다.[28]

한편 부국강병의 광풍에 가위눌린 조선인이나 중국인에게 힘에 대한 숭

---

28) 강상규(2008), pp. 203-204.

배와 우승열패적 세계관은 자기 전통에 대한 부정과 멸시의 자세로 나타나게 되었다. 미국 유학 시절(1888년 11월~1893년 10월) 윤치호(1865~1945)가 남긴 일기에는 좌절한 조선 지식인의 '철저한 자기부정'과 '힘의 논리에 대한 강한 긍정'이 다음과 같이 짙게 묻어있다.

> 하나의 민족이 스스로 통치할 능력이 없을 때, 독립할 수 있을 때까지 더 개화되고 더 강한 인민에게 통치 받고, 보호받으며 가르침을 받는 것이 더 좋다.[29]

> 나는 조선 독립문제에 관심이 없습니다. 현재와 같은 정부를 두고는 독립해도 민족에게 아무런 희망을 주지 못할 것입니다. 반대로 애족적이고 인민의 복지에 호의적인 관심을 가진 더 나은 정부를 가지면 다른 나라에 종속되었다 하더라도 실제로는 재앙이 아닙니다.[30]

> 실제로 이 세계를 지배하는 원리는 정의가 아니고 사실상 힘이다. 힘이 정의라는 것이 이 세상의 유일한 신이다.[31]

> 적자생존(適者生存)의 원리는 같은 인종이나 민족의 구성원들 사이에 결코 유효할 수가 없다. 그러나 다른 인종이나 민족 사이에서는 이 원리가 확실히 진리이다. 민족에게 약함보다 더 큰 범죄는 없다. 민족 사이에는 힘이 정의이다.[32]

19세기 문명사적 전환기에 적절하게 대응하지 못한 결과로 나타난 한반도의 국권 상실과 식민지 체험은 거시적인 민족국가의 맥락에서 보면 주체

---

29) 『윤치호 일기』 1889년 12월 24일.
30) 『윤치호 일기』 1889년 12월 28일.
31) 『윤치호 일기』 1890년 2월 14일.
32) 『윤치호 일기』 1891년 11월 27일.

의 상실을 의미하는 것이었다. 따라서 강렬하고 배타적인 저항민족주의를 탄생시키는 분노의 원천이 되었고 후일 한반도의 분단으로 이어지는 국제 정치적 기원이 되었다. 한국인들이 나라를 잃은 후 근대 민족주의 사학의 선구적 존재인 신채호(1880~1936)나 박은식(1859~1925) 등은 유교를 망국(亡國)의 주범으로 지목했다.[33] '예의지방(禮義之邦)'을 지향하던 의식은 '사대주의'로 이해되거나 '노예적 사상'으로 간주되었고, 이른바 '문약(文弱)'은 개혁되어야 할 낡은 전통으로 자리 매김 되었다.

식민지 체험은 또한 사회적인 맥락에서 보면 한국인의 공공의식과 공공선의 왜곡을 초래하는 근원이 되었다. 식민지 하에서 한국인에게 조선은 불식되어야 할 부정적인 대상이었고 제국 일본은 모방하고 지향해야만 될 대상이 되었다. 이러한 상황에서 스스로를 일본에 동일화시키려는 의식적인 노력이 내면화되는 것은 어느 정도 불가피한 현상이 아닐 수 없었다. 개인의 미시사의 영역에서 보면 총력전을 띤 20세기 전쟁 동원의 양태는 전장의 규율이 일상 속으로 침투해 들어오게 함으로써 삶의 공간, 일상의 영역을 전쟁터로 만들어 놓았다. 동일한 문명 내부의 역전 현상으로 말미암아 한국인은 내면에서 제국 일본이라는 타자에게 가위눌림을 당하면서 타자를 두려워하고 미워하면서 한편으로는 타자의 힘을 동경하는 정신적 공황 상태를 맛보게 된다. 힘에 대한 선망과 공포 사이에서 '우승열패의 세계관과 자기 전통에 대한 부정'으로 나아간 윤치호의 슬픈 독백은 '일제강점기'와 '분단시대'를 거치면서 한국인들이 압축적으로 근대를 살아오는 동안 유령처럼 한반도를 배회하게 되었다.[34]

33) 신채호, 「朝鮮歷史上一千年 來第一大事件」(1925); 박은식, 『몽배 김태조(夢拜金太祖)』(1911).

34) 강상규(2008), pp. 51-56.

4. 21세기의 전환과 동아시아: 연속과 불연속

20세기는 혁신의 시대였다. 거대한 공장에서는 컨베이어벨트 시스템이 쉴 새 없이 돌아가고 대량으로 상품이 쏟아져 나온다. 백화점에는 온갖 상품들이 산더미처럼 쌓여가고, 사람들은 욕망을 소비한다. 근대 문명이 안고 있는 문제의 중심에는 끊임없이 앞으로 나아가려는 인간의 욕망과 그 욕망을 부추기는 세계관이 자리 잡고 있다. 세계는 점점 더 발전을 거듭하게 되고 인류의 미래는 오늘보다 더 나은 장밋빛으로 인식된다. 18세기 계몽주의 이후 서구의 지성들이 '세계사의 발전 법칙'을 근대인의 상식으로 심어놓았기 때문이다. '역사의 발전단계' 운운하는 모든 논의는 기본적으로 이러한 직선적 역사인식에 근거한 것이다. 따라서 인류는 다소 불안하더라도 직선으로 치달리는 역사의 기관차에서 심리적 위안을 얻게 된다.

인류의 20세기는 에릭 홉스바움(Hobsbawm, Eric John ernst, 1917~2012)의 표현을 빌면 '극단의 시대'였다. 한편으로는 인류가 과학기술혁명 등에 힘입어 전에 없는 풍요로움을 구가하였으며, 다른 한편으로는 역사에서 전례를 찾아볼 수 없을 정도의 대규모의 전쟁과 핵무기의 등장, 군비경쟁의 악순환, 내란, 이념대결, 집단적 광기와 학살, 혁명과 파괴와 같은 상처로 얼룩진 시대였기 때문이다. '극단의 시대'인 20세기에 동아시아의 한중일 삼국은 어느 나라를 막론하고 필설로 옮기기 어려운 깊은 상흔을 입었다. 그러면서, 세계에서 가장 역동적인 지역으로 부상하고 있다.

동아시아의 19세기가 문명사적 전환기로서 외래의 문명 기준에 의해 고유의 문명 기준이 뒤집히는 '문명 기준의 역전'의 시기였다면, 동아시아의 20세기는 '근대 따라잡기'의 세기라고 해야 할 것이다. 동아시아 국가들이 20

세기에 구체적으로는 서로 매우 다른 궤적을 밟은 듯 보였지만, 각국의 위기의식과 대응방식이 겨누는 창끝이 결국 '근대 따라잡기'라는 동일한 하나의 과녁으로 모아지고 있다고 생각되기 때문이다.

21세기 인류는 디지털화된 세계로 진입하고 있다. 디지털화된 세계에서는 컴퓨터의 성능 향상과 네트워크의 발달에 힘입어 정보를 저장하고 전달하는 수단과 고급정보에 접근하여 획득하는 속도 및 규모가 눈부시게 변화한다. 지구상의 국가, 지역, 시민들의 정보기술력의 격차가 21세기적 불평등을 심화시키는 주요한 원인이 된다. 바로 이 모든 변화의 중심에 지식과 정보를 혁신으로 이어주는 정보처리 및 커뮤니케이션 기술의 혁명적인 발전, 이른바 '정보혁명'이 자리하고 있다. 사회조직의 네트워킹 형태는 다른 시공간에서도 존재해왔지만, 새로운 정보기술 패러다임은 이 네트워킹 형태가 사회구조와 일상생활의 구석구석에까지 파급되도록 하는 물질적인 기반을 제공하고 있다. 현재 인류는 지구화의 흐름과 정보혁명 시대의 도래에서 비롯한 '거대하고 복합적인 전환'의 시기를 맞이하고 있는 것이다.[35]

동아시아의 19세기 전환기 경험이 기본적으로 이질적인 문명 간의 충돌에서 비롯되는 문제였다면, 동아시아의 21세기 전환은 정보혁명과 세계화를 기반으로 한 무한경쟁의 속도전으로 특징지어질 수 있을 것이다. 동아시아에게 있어 19세기의 전환이 문명 기준의 뒤바뀜이라는 문제였던 만큼, 주권국가 간의 국제질서나 부국강병과 같은 외래의 문명 기준을 수용하고 이에 적응하는 것은 오늘날의 상상을 훨씬 뛰어넘는 지극히 어려운 일이 아닐 수 없었다. 하지만 그럼에도 불구하고 간과해서 안 될 사실은 19세기와 20

---

35) Manuel Castells, *The Rise of the Network Society*(Malden, MA: Blackwell, 2000); 하영선 편, 『변화하는 세계 바로 보기』(서울: 나남출판사, 2004); 하영선 · 김상배 편(2006).

세기는 따라잡아야 할 목표와 선두주자가 분명히 존재하고 있었다는 점일 것이다. 따라서 비록 힘들더라도 선두주자를 보면서 '근대의 문법'을 열심히 배우고 따라가면 길이 보이는 듯 했다. 하지만 새로운 세기의 상황은 미래가 불투명하다. 안개에 휩싸여 있는데다 모두가 아직 걸어보지 못한 미답(未踏)의 초행길인지라 도무지 앞이 보이지 않기 때문이다.

더욱이 동아시아는 전통적인 국가 간 분쟁 가능성이 여전히 높은 지역이다. 지역 내 국가들 간의 경제적 격차가 크고, 자본주의와 사회주의, 민주주의의 운영방식 등 체제 간의 상이함이 존재하며, 각국 간의 안보현안과 갈등을 효과적으로 조율하고 의논할 제도적 장치가 부재하다. 그리고 20세기 불행했던 침략과 수탈의 역사에 관한 진지한 대화와 진정한 화해가 이루어지지 않은 채 자기중심적인 '편의(便宜)적 해석'이 무성한 만큼 열등감과 두려움, 적대감과 상호불신이 뿌리 깊게 존재한다. 그런 만큼 민족주의와 애국주의가 항시적으로 잠복하고 있어 필요하면 언제든지 용트림을 할 기세를 하고 있다.

다시 21세기의 생활현장으로 눈을 돌려보자. 쉬지 않고 돌아가는 컨베이어 벨트 위에 몸을 바짝 붙이고 긴장한 채 계속 너트를 조여야하는 사람들의 모습은 이미 공장의 노동현장에서만 존재하는 것이 아니다. 찰리 채플린(1889~1977)의 〈모던타임스〉(1936)에 등장하는 배우들의 모습은 어느덧 현대인의 일상이 되어버렸다. 선착순 경주는 끊임없이 이어지고, 경주에서 낙오한 자, 곧 경쟁력을 확보하지 못한 사람은 인생의 나락으로 떨어지기 십상이다. 여기서 살아남기 위해서는 다른 생각을 할 여유가 없다. 정보혁명, 무한경쟁의 시대를 살아가는 사람의 눈에는 이러한 현장이 그저 진보, 혁신, 갈망, 성취, 갈등, 고독이 뒤섞인 소용돌이로 비춰질 뿐이다. 개인의 실패는 다소 운이 없었다 하더라도 근본적으로 나의 경쟁력이 뒤처지는 데서 비롯된다고 생각하게 된다. 이것은 처음부터 줄곧 계속된 근대사회의 특징이었다.

'무한경쟁'의 원칙에 의해 질주하는 근대 패러다임을 보고 있노라면 한편으로는 '마이더스의 손(Midas touch)'을 연상하게 된다. 과학기술의 혁신은 건드리는 모든 것을 황금으로 변신시켜 놓았고, 현대인은 모두가 자신이 마이더스의 손을 가진 주인공이 되기를 잠시나마 꿈꾸기 마련이다. 하지만 정작 마이더스는 온 세상을 황금으로 만들 수는 있었지만, 결국 자신의 가장 소중한 것을 상실하고 말았다.

이때 간과해서는 안 될 사실은 신기술을 확보하려는 무한경쟁의 불똥이 개인의 영혼을 파괴하는 데 그치지 않는다는 점이다. 쉼 없이 계속되는 속도경쟁은 지구 자체의 자정능력을 흔들어놓고 평형능력을 깨뜨리는가하면, 사회적 불평등을 심화시키는 원인이 된다. 이처럼 개별적으로는 '합리적'인 행위이지만 이러한 행위들이 모이게 되면서 전체적으로는 매우 재앙적인 '비합리적' 결과를 초래하게 되는 사태를 '공유지의 비극(Tragedy of the commons)'이라는 비유는 매우 극명하게 보여준다. 개릿 하딘(Garrett Hardin, 1915~2003)은 '공유지의 비극'이라는 비유를 통해 "개별 행위자들이 공공의식에 입각하여 스스로 자제하는 것만으로는 이러한 부조리한 상황에 대한 충분한 대처가 불가능하다"고 지적한 바 있다. "공동체의 다른 사용자들이 기존의 방식을 고수한다면 공유자원은 궁극적으로 고갈될 것이며, 자제하는 사람들만 자원이 완전히 고갈되기 이전의 '좋은 시절'에 개인적인 이득을 챙기지 못할 것"이라고 통찰한 바 있다.[36] 21세기 인류는 이러한 문명

---

36) 1968년 개릿 하딘은, 잘 알려진 바와 같이, 공동체들이 자신

사적인 과제를 어떻게 해결할 수 있을 것인가.

5. 역사를 움직이는 힘과 한반도 전환기 경험의 현재적 함의

가재는 살아있는 동안 수차례의 '탈피(脫皮)'를 한다. 그런데 그게 쉽지 않다. 그도 그럴 것이 자신의 큰 집게발과 몸통을 기왕에 자신을 감싸고 있던 단단한 껍질 사이로 빼낸다는 것이 간단한 작업일리 없기 때문이다. 더욱이 가재가 탈피를 하는 동안 다른 가재나 주변 물고기의 공격이라도 받게 되면 그야말로 가재는 속수무책으로 당하게 된다. 그래서 탈피를 준비하는 가재는 본능적으로 은밀한 곳으로 숨어들어간다. 가재에게 탈피는 곧 '위기상황'이다. 그러면 가재는 이처럼 대단히 위험한 과정임에도 불구하고 도대체 '왜' 탈피를 하는 것인가. 탈피를 하지 않으면 안 되는 것일까?

가재의 몸은 자신을 감싸주는 단단한 껍질 속에서 성장한다. 하지만 가재의 몸을 보호하는 딱딱한 껍질은 자라나질 않는다. 그러다보니 여태까지 가재를 보호해주던 기왕의 '껍질'이 어느 순간부터 가재의 '몸'에 비해 작아지는 시점, 곧 '모순(矛盾)'이 발생하여 서로 대립하는 지점에 마주치게 되는 것이다. 따라서 가재에게 탈피의 순간은 숙명처럼 다가온다. 몸의 성장이 멈추지 않는 한 가재는 필연적으로 여러 차례 탈피를 해야 하며, 탈피에 수반되는 위기상황을 잘 극복하게 되면 가재에게 탈피는 새로운 환경을 제공하

들의 장기적 이익에 오히려 해가 된다는 것을 알면서도 공유 환경 자원들을 남획하고 왜 과도하게 개발하는가를 '공유지의 비극'이라는 모델을 통해 설명한 바 있다. http://en.wikipedia.org/wiki/Tragedy_of_the_commons (검색일: 2010.1.5).

는 '기회'로 탈바꿈하게 된다.

가재의 몸을 '내용'에 비유한다면 가재의 껍질은 일종의 '형식'이라고 할 수 있을 것이다. 내용과 형식이 서로 잘 어우러지는 상황에서는 별다른 문제가 존재하지 않는다. 그런데 몸이 가만히 있지 않고 자꾸 변해간다. 그러나 껍질은 단단하고 딱딱해서 변하지 않는다. 즉 가재의 내부에서 '변하는 것과 변하지 않는 것' 사이에 대립과 모순이 필연적으로 발생하게 되고 양자 간의 긴장과 갈등이 커져가게 되는 것이다. 이처럼 몸이 커져감에 따라 현재 변화하고 있는 내용과 기존의 형식 '간'에 불일치가 발생하게 되고 그 '모순'이 심화되면, 변화된 내용을 담아낼 수 있는 새로운 형식, 곧 새로운 패러다임이 불가피하게 필요해지게 되는 것이다. 가재의 삶을 '역사'에 비유한다면 가재의 탈피는 기존의 틀 곧 패러다임의 변화가 일어나는 '전환기'에 해당한다.

인간의 삶은 모순으로 가득 차있다. 더욱이 개개인이 어우러져 살아가는 사회는 더더욱 그러하다. 여기서 발생하는 '변하는 것과 변하지 않는 것', '상대적으로 빠르게 변하는 것과 느리게 변하는 것' 사이의 모순과 대립이 끊어지지 않는 한 역사의 수레바퀴는 움직이게 마련이며, 전환의 시점은 어김없이 찾아오게 되는 것이다. 그러면 패러다임이 변화하는 전환기적 상황을 지혜롭게 극복하려면 어떻게 해야 할 것인가.

다시 가재의 탈피현장으로 눈을 돌려보기로 하자. 여기서 다음과 같은 의문을 품게 된다. 가재와 같은 갑각류가 탈피를 해야 하는 이유는 이해가 되는데, 단단하면서도 상대적으로 작은 껍질 속에서 도대체 '어떻게' 더욱 크고 단단한 껍질을 준비할 수 있는 것인가. 가재가 마법이라도 부리지 않는다면 어떻게 이런 일이 가능할 수 있는가. 혹시 막 탈피를 마친 가재에게는 껍질이 존재하지 않다가 탈피를 마친 후에 다시 생기는 것인가? 가재의 탈피 과정을 관찰해보면, 어렵사리 막 탈피를 마친 가재의 몸에는 분명히 새로운 보호막이 씌워져 있다. 그러면 도대체 어떻게 된 것일까?

가재가 온몸으로 보여준 해답은 의외로 명쾌한 것이었다. 새로 생겨난 껍질은 기존의 단단하던 보호막과는 다르게 아주 부드럽고 말랑말랑했기 때문이다. 탈피를 앞둔 가재의 새로운 껍질은 탄력적이고 유연하기 때문에 기왕의 강하고 단단한 껍질 속에서 마치 바람 빠진 풍선처럼 속살에 밀착된 형태로 준비될 수 있었던 것이다. 그리고 탈피를 무사히 마친 뒤 가재의 새 껍질은 풍선처럼 부풀어 오르게 되고 영양분을 공급받으면서 다시 단단한 모습으로 변해가게 된다. 이렇게 가재는 새로운 외피를 둘러쓴 모습으로 거듭나게 되는 것이다. 가재의 탈피과정은 패러다임의 전환기에 '위기'가 수반되는 정황을 이해하게 해주며, 위기상황을 극복하게 되면 전환기는 새로운 '기회'의 모습으로 다가올 수 있음을 명증하게 보여준다. 그리고 패러다임의 전환을 가능하게 만드는 열쇠를 가재의 탈피를 통해 유추한다면, 전환기적 상황일수록 '발상의 전환'을 가능하게 하는 탄력적이고 유연한 사고야말로 전환기의 위기를 풀어가는 핵심적인 관건이라고 할 수 있다. 결국 그것은 새로운 세계에 대한 호기심과 풍부한 상상력, 그리고 그것을 가능하게 하는 도전과 실험정신으로 환언할 수 있을 것이다.

그러면 21세기의 '거대하고 복합적인 전환'의 시기에 미래사회는 어디로 가게 되며, 동아시아는 어디로 가게 될까? 한반도의 운명은 어떻게 이와 맞물려 있을 것인가? 21세기의 전환의 시점에서 한반도에게는 어떠한 역할이 주어지는 것일까? 이에 대해 정해진 답이 있을 리 없다. 여기에서는 오히려 한반도가 지나온 역사적 전환기의 경험을 반추해봄으로써 이러한 미래를 향한 질문에 대한 대답을 더듬어 보려고 한다. 한반도가 속한 정치지형이 역사적으로 변동한 시점은 언제이며, 한반도는 이러한 전환기에 구체적으로 어떠한 역사적 경험을 했던 것인가? 거꾸로 과거를 거슬러 올라가며 살펴보기로 하자.

그러려면 우선 우리 한반도가 경험해온 거대한 지각변동에는 어떤 것들이 있었는지 생각해보아야한다. 현재 우리는 탈냉전 이후의 거대하고 복합적인 전환기의 와중에 서 있다. 그런데 시간을 거꾸로 거슬러 가기 시작하면 20세기 중엽의 '냉전'의 시작과 만나게 된다. 그리고 그 전에 기왕에 근대 국제질서를 주도하던 유럽 세계가 상대적으로 몰락하게 되고 미국과 소련이 부상하게 되는 '두 차례의 세계대전'을 만날 수 있다. 그리고 더 올라가면 19세기의 '서세동점'이라는 전환기와 만나게 된다.

그러면 이런 전환의 와중에서 한반도에서는 무슨 일이 발생하였는가? 탈냉전이 동아시아에서 뒤늦게 전개되고, 현재진행형이라는 점을 고려하면 일단 이 지점은 괄호 안에 넣어두도록 하자. 트루먼 독트린 등을 기점으로 20세기 '냉전'의 기운이 한창 형성되기 시작하던 무렵 1950년 한반도에서는 6.25전쟁 곧 '한국전쟁'이 발발하였다. 이는 한반도 '분단의 고착화'를 의미하는 것이었다. '두 차례의 세계대전'의 경우는 조금 더 복잡하다. 전쟁이 발발했을 때 한반도는 이미 일본 제국주의에게 국권을 상실한 상황이었기 때문이다. 대규모의 전쟁에서 일본이 패배하자 그것은 한반도의 '해방'으로 이어지게 되었다. 그러나 한반도의 해방은 동시에 '분단'의 얼굴을 하고 있었다. 그리고 19세기 '서세동점'이 진행되는 상황에서 일본에서는 일찌감치 조선을 정벌하자는 정한론(征韓論)이 부상했고, 중국에서는 조선을 근대 국제법적 차원의 '속국'으로 만들려는 시도가 구체적으로 진행되었다. 이러한 중일

간의 각축은 서구 열강들과의 정치적 역학관계와 맞물려 결국 한반도의 운명을 둘러싸고 '청일전쟁'과 '러일전쟁'으로 비화되었고 결국 대한제국의 '국권상실'로 이어졌다.

좀 더 거슬러 올라가보자. 현재 세계질서의 패권이 미국에서 다른 곳으로 이동할 가능성이 존재하는지, 그리고 존재한다면 어디로 어떻게 이전하게 될 것인가 하는 문제는 21세기 오늘날의 가장 중요한 화두 중의 하나가 되고 있다. 이러한 점을 고려한다면, 마찬가지로 17세기 중엽 중화질서의 패권이 한족(漢族)에서 만주족으로 이동하게 되는 '명청교체'라는 사태가 중화질서에서 살아가던 한반도에게 얼마나 중요한 변화였는지 가히 짐작할 수 있을 것이다. 그런데 바로 이 시점에서 한반도는 두 차례의 전란(정묘호란, 병자호란)을 경험하게 된다. 조금만 더 거슬러 올라가 보자. 16세기 말 이웃나라 일본은 전국시대(戰國時代)가 종언을 고하고 17세기 초 결국 도쿠가와 막부가 탄생하게 되면서 에도시대가 열리게 된다. 바로 한반도의 이웃나라인 일본이 격변기의 상황을 겪는 와중에 한반도는 두 차례의 왜란(임진왜란, 정유재란)을 치러야 했다. 여기서 주목해 보아야할 것은 한반도가 이처럼 전환기적 상황마다 동아시아의 정치적 긴장관계의 초점으로 떠오르고 있다는 사실이다. 이는 역사적으로 한반도가 동아시아 정치질서의 안정성을 보여주는 바로미터로서의 역할을 하고 있음을 의미한다.

한반도가 이처럼 전환기적 상황마다 동아시아의 정치적 긴장관계의 초점으로 떠오르게 된 데는 한반도의 민감한 지정학적 위치라는 '구조'적인 요인이 자리 잡고 있다. 주지하는 바와 같이, 지정학적으로 동아시아지역은 중국 중심의 문명권이자 한자문명권으로 분류될 수 있는 곳으로서 한반도는 중국이라는 대륙세력과 일본이라는 해양세력이 만나는 길목에 위치한다. 이와 아울러 19세기 후반부터는 미국과 유럽열강들이 해양세력에 그리고 러시아(소련)가 대륙세력에 합류해 들어왔다. 예컨대 19세기에 기록된 다음의 두 문건은 국제정치의 장(場)에서 한반도의 지정학적 위상이 얼마나 민감하게 받아들여지는가를 명확하게 보여주는 사례라고 할 수 있다.

> 본인은 조선을 식민지로 하거나 아니면 단순히 (프랑스) 황제의 보호령으로 함으로써 조선이 (프랑스에) 어떠한 이익을 제공할 수 있는지에 관해서 길게 설명하지 않겠습니다. 이 나라(= 조선)에 군대를 주둔시킨다는 것이 장차 중국과 일본에서 발생할 분쟁에 있어서 얼마나 유용할지는 지도를 한 번 보시는 것으로 충분할 것입니다.[37]

> 조선이라는 땅은 실로 아시아의 요충을 차지하고 있어 형세가 반드시 다투게 마련이며, 조선이 위태로우면 중국과 일본의 형세도 날로 위급해질 것이다. 따라서 러시아가 강토를 공략하려 할진대, 반드시 조선으로부터 시작할 것이다.[38]

첫 번째 문서는 조선에서 프랑스 선교사 처형(병인박해, 1866) 소식을 전해들은 북경주재 프랑스 공사 벨로네(Claude M. Henri de Bellone, 伯洛內, ?~1881)가 본국의 외무장관에게 조선을 공격할 것을 건의하는 보고서의 내용이며, 두 번째 글은 일본 주재 중국 참찬관 황준헌(1842~1905)이 조선에서 건너온 제2차 수신사 김홍집(1842~1896)에게 써서 건네준 『조선책략』의 서두에 등장하는 내용이다. 이러한 언급은 동아시아에서 한반도의 지정학

---

[37] Correspondance politique. Chine. no. 41. 1865-6, folio. 296; Yongkoo Kim, *The Five Year's Crisis, 1866~1871: Korea in the Maelstrom of Western Imperialism*(Incheon: Circle, 2001), p. 31 에서 재인용.

[38] 황준헌, 조일문 역주, 『조선책략(朝鮮策略)』(서울: 건국대학교 출판부, 1977), p. 10.

적 위상을 극명하게 보여주는 수많은 사례 중의 하나일 뿐이다. 그렇게 보면, 냉전이 '해체'되는 21세기 벽두의 새로운 변화의 와중에서 동아시아 위기의 초점으로 '북핵문제'가 떠오른 것도 단순히 역사적 우연이라고만 간주하기 어렵다는 것을 이해할 수 있을 것이다.

그런데 한반도가 역사적으로 경험했던 주요한 위기상황과 역사적 전환의 시기 간에 존재하는 긴밀한 상관관계에 주목하지 않고 한반도가 단지 지정학적 위치로 인해 '많은 외침을 겪어왔다'는 식으로 막연하고 평면적으로 기술하거나 이해하고 넘어가는 것은 문제가 있을 수 있다. 거대한 전환기마다 거의 예외 없이 한반도에서 반복되어 나타났던 국제정치적 사건들의 현재적 함의가 구체적이고 연속적인 맥락에서 논의되지 않은 채, 우연적 혹은 일회적인 '과거완료형'의 사건으로 이해되고 만다면, 전환기 한반도의 역사적 경험이 던지는 간곡한 메시지를 간과하게 될 것이기 때문이다.

이처럼 전환기 한반도의 '역사적' 경험과 '구조적' 사례들은 한반도가 국제정세의 변화에 얼마나 민감하며 또한 취약할 수 있는지, 그리고 이와 아울러 한반도의 역할이 역설적으로 얼마나 중요한지를 선명하게 드러내준다. 한국의 정치가 국제정치 혹은 세계정세에 대한 안목을 왜 동시에 필요로 하는지를 극명하게 보여주는 부분이기도 하다. 뿐만 아니라 21세기를 이해하기위해 보다 장기적인 역사적 시야가 필요한 이유를 잘 보여준다.

6. 결론에 대신하여: '다중거울'과 미래의 선택

거대한 기계문명과 하이테크놀로지 혁명, 그리고 역사의 진보에 대한 믿음은 전 지구를 무한경쟁의 속도전이 치러지는 전쟁터로 만들어 놓고 있다. 효율성이라는 이름으로 전 세계적 차원에서 시장만능주의가 기승을 부리고, 구조조정이 현대인의 일상을 위협하며, 지구적 차원에서나 일국적 차원에서나 양극화, 격차사회의 간극은 나날이 확대되어가는 양상이다. 전 지구적 차원에서 제기되는 평형상태의 와해를 어떠한 계기를 통해 어떻게 막아낼 것인가? 세계화의 도도한 흐름 위에서 나날이 균질화 되어가는 세계에서 어떻게 화이부동(和而不同)의 현실적 묘안을 찾아갈 것인가? 현대사회의 익명성에서 비롯되는 무책임성과 공공성의 해체, 자유주의의 왜곡을 어떻게 견제해야 하는가? 사회적 불평등의 심화에 따른 사회적 불안의 증대와 위험사회로의 진행양상을 어떻게 풀어가야 하는가? 동아시아에 만연해 있는 민족주의와 배타적인 자국중심주의의 독소를 어떻게 해소해갈 것인가? 일방적이고 단정적인 효율성과 합리성의 신화를 딛고 어떻게 다채로운 다성악적 화음을 구사할 것인가? 이러한 모든 문제는 환언하면 '거대하고 복합적인 전환'의 패러다임을 맞이하기 위해 우리가 무슨 준비를 하고 있는가로 요약할 수 있을 것이다.

이러한 시점에서 미국의 유권자들이 "우리가 믿을 수 있는 변화"를 외치는 검은 피부의 인물을 거듭하여 대통령으로 선택한 것이나, '생활정치'라는 구호에 익숙해있던 일본의 유권자들이 전후 줄곧 지속되던 이른바 '55년체제'를 갈아치운 것은 '변화'에 대한 의미심장한 열망의 분출이라고 하지 않을 수 없다. 하지만 앞으로 가야할 길은 여전히 멀고 험하기만 하다.

춘추전국시대 초(楚)나라 사람이 검을 품고 양쯔강을 건너다 그만 강에 검을 빠뜨리고 말았다. 그는 나중에 찾기 위해 검을 떨어뜨린 곳에다 주머니칼로 표시를 해두었다. 배가 목적지에 도착한 후 그는 표시해둔 곳으로 내려가 검을 찾으려 했으나 검은 눈에 띄지 않았다. 이 이야기는 각주구검(刻舟求劍)이라는 유명한 고사성어에 얽힌 이야기다(『여씨춘추(呂氏春秋)』). 누구나 들으면 실소를 금하기 어려운 무슨 바보 이야기처럼 들리지만 조금 더 곰곰이 생각해보면 우리가 다루는 주제에 관한 날카로운 통찰력이 담겨있다. 무엇이 문제였는가? 문제는 요컨대 강물이 흐른다는 것을 의식하지 못했다는 것이다. 만일 그가 흐르는 강물 위에 서 있는 상태가 아니었다면, 이 사람의 행위는 매우 정당한 대응방식이었을 것이기 때문이다.

각주구검이라는 고사성어는 게임의 룰이 변하고 경기장이 바뀌는 상황 즉 패러다임이 변화하는 전환기를 이해할 때 매우 유용하다. 왜냐하면 기존의 패러다임에서는 현실적으로 가장 적절하다고 간주되던 방식이 전환기의 상황, 즉 새롭게 부상한 패러다임에서는 현실적인 해법이 되지 못할 수 있음을 명료하게 시사해주기 때문이다.[39]

하지만 이러한 패러다임의 변환을 감지하고 적절하게 대응하는 것은 말처럼 쉬운 것이 아니다. 19세기 조선의 전통주의자들이 화이관념의 연장선상에서 눈앞에서 전개되는 대외정세를 양이(洋夷)라는 새로운 위협적 요소의 '양적' 증가라는 일종의 '현상적'인 차원의 변화로만 해석함으로써, 조선이 속해 있는 동아시아 질서 자체가 근저에서부터 '질적'으로 변화하고 있음을 전혀 예측하지 못하고 구태의연하고 소극적인 대응으로 일관했던 사례는 실제로 패러다임의 변환을 예측하는 것이 얼마나 어려운 것인지를 잘 드러내준다. 더욱이 패러다임의 변환을 예측한다고 하더라도, 현실정치 공간에서 새로운 비전을 만들어내고 국가의 '안과 밖'으로 광범위한 동의를 끌어낸다는 것은 훨씬 더 난해한 작업이기 때문이다.

---

39) 강상규(2008), p. 56.

한반도의 역사적 경험을 돌이켜보면, 조선의 유교적 정치지형이 탄력성을 상실하면서 '군자 vs. 소인'의 이분법이 횡행했고, 19세기의 문명사적 전환기를 맞이하면서 '문명 vs. 야만'의 방식으로 세상을 구분하려했다. 그리고 20세기 들어서는 식민지와 냉전, 분단과 산업화의 경험을 하게 되면서 '민족 vs. 반민족', '친북 vs. 반공', '좌익 vs. 우익', '민주 vs. 반민주', '영남 vs. 호남', '친미 vs. 반미', '보수 vs. 진보' 등의 편가르기가 일상화되었다. 여기서 다음과 같이 자문하지 않을 수 없다. "이처럼 상극적인 이분법적 사고방식으로 어떻게 우리 앞에 놓여있는 수많은 장벽을 넘어 '상생과 화해'의 패러다임을 열어가는 주역이 될 수 있을까?" "근대의 문법을 넘어 '새로운 관계맺음'을 하는 것은 정녕 불가능한 것인가?" "이제 우리에게는 역사와 세계를 비춰보는 다양하고 보다 입체적인 기준, 일종의 '다중거울'이 필요한 것이 아닐까?"

여기서 '다중거울'이란 용어를 사용한 것은 다음과 같은 의도에서이다. 주지하는 것처럼 거울이란 빛의 반사를 이용하여 물체의 모양을 비추는 도구이다. 우리는 자동차를 운전할 때 여러 개의 거울을 필요로 한다. 이때 각각의 거울들은 어떤 측면을 보다 잘 보여주기 위하여 주변의 상황을 과장 혹은 왜곡된 모습으로 비춰준다. 각각의 거울들은 모두 유용한 것이지만, 어느 것도 그 자체로 충분하거나 완벽하게 주변을 비춰주지는 못한다. 인문사회과학에서 등장하는 모든 이론은 결국 하나의 '보는 눈' 즉 시각을 제공하는 것으로서 예컨대 각기 하나의 특징적인 거울에 비유할 만하다. 일상의 안전운전을 하는데도 자동차의 여러 거울과 함께 이를 적절히 활용하는 노련함이 요구되는데, 깊은 역사의 심연과 복잡하게 변화하는 거대한 세계를 이해하고 미래를 계획하며 오늘을 헤쳐 가는 데는 얼마나 다양하고 입체적인 '다중거울'과 이를 활용하는 안목과 지혜가 필요할 것인지 통찰하지 않으면 안 된다.

앞서 가재의 탈피를 통해 길게 언급한 바와 같이, '변하는 것과 변하지 않는 것' 간의 긴장, 그 내적 모순 위에 진행되는 거대한 역사의 전환은 한반도에게 절체절명의 '위기'일 수도 있으나 동시에 새로운 길을 열어가는 '기회'일 수 있다. 더욱이 한반도는 역사적으로 항상 그 전환의 한복판에서 씨름해온 경험을 가지고 있다. 그만큼 인류 보편의 문제를 근원적으로 성찰하고 발상의 전환을 가능케 하는 능력이 우리에게 절실하게 요구된다는 말이다. 여기서 우리는 다시 과거와 미래를 향해 두 개의 질문을 던지게 된다. "우리가 당시 그들의 위치에 있었다면 우리는 어떻게 했을까?" 이것이 과거에 대한 뼈아픈 성찰을 수반하는 질문이라면, "우리의 선택으로 우리의 후손들은 얼마나 행복할까?"하는 물음은 미래를 향해 우리가 얼마나 지혜롭고 책임 있는 지속가능한 선택을 하게 될지를 되묻는 질문이 될 것이다.

19세기 중엽 조선은 기존의 삶의 방식과는 다른 새로운 패러다임과의 전면적인 만남을 목전에 마주하고 있었다. 하지만 시대의 흐름을 읽고 이처럼 변화하는 세계를 직시하려는 책임감과 비전을 갖춘 정치세력이나 지식인그룹은 좀처럼 부상하지 않고 있었다. 그러나 눈을 감는다고 해서 거대한 변환의 수레바퀴가 그냥 조선을 피해가지는 않았다. 아니 오히려 조선의 약점을 더욱 철저하게 파고들면서 짓밟으려했다. 이제 우리는 다시 전환기의 기로에 섰다.

참고문헌

『孟子』『承政院日記』『呂氏春秋』『尹致昊日記』『易言』『萬國公法』

그리피스, W. E. 신복룡 역. 1985. 『은둔의 나라, 한국』. 서울: 평민사. (Griffis, W. E. 1882. *Corea: The Hermit Nation*. London: Alles).

마루야마 마사오. 김석근 역. 1997. 『현대정치의 사상과 행동』. 서울: 한길사.

마루야마 마사오. 박충석·김석근 역. 1998. 『충성과 반역: 전환기 일본의 정신사적 위상』. 서울: 나남출판사.

박상섭. 2008. 『국가/주권』. 서울: 소화.

박은식. 『몽배 김태조(夢拜金太祖)』(1911). 『박은식전집(朴殷植全集)』 중권(단국대학교 동양학연구소, 1975)에 수록.

신채호. 「朝鮮歷史上一千年 來第一大事件」(1925). 『단재신채호전집(丹齋申采浩全集)』 하권 (을유문화사, 1972)에 수록.

이시다 다케시. 황원권 역. 1984. 『日本의 정치문화』. 서울: 학민사.

조동걸. 1985. 「奧村의 朝鮮國布教日誌」. 『한국학논총』 7.

하영선 편. 2004. 『변화하는 세계 바로 보기』. 서울: 나남출판사.

하영선·김상배 편. 2006. 『네트워크 지식국가: 21세기 세계정치의 변환』. 서울: 을유문화사.

황준헌, 조일문 역주. 1977. 『조선책략(朝鮮策略)』. 서울: 건국대학교 출판부.

강상규. 1998. 「일본의 자기정체성에 관한 연구시론: 근대 일본의 에피스테메로서의 국체」. 『國際/ 地域研究』 7권 3호.

———. 1999. 「근대 일본의 만국공법 수용에 관한 연구」. 『진단학보』 87호.

———. 2005. 「朝鮮の儒教的政治地形と文明史的轉換期の危機」. 東京大學 博士論文.

———. 2006. 「중국의 만국공법 수용에 관한 연구」. 『동양철학』 25집.

———. 2008. 『19세기 동아시아의 패러다임 변환과 한반도』. 서울: 논형.

Castells, Manuel. 2000. *The Rise of the Network Society*. Malden, MA: Blackwell.

Gerschenkron, Alexander. 1962. *Economic Backwardness in Historical Perspective: A Book of Essays*. Cambridge: Harvard University Press.

Green, D. (ed.). 2001. *Constructivism and Comparative Politics: International Relations in a Constructed World*. New York: M.E. Sharpe.

Kennedy, Paul. 1988. *The Rise and Fall of the Great Powers*. New York: Random House.

Kenzaburo, Oe. 1989. "Japan's Dual Identity: A Writer's Dilemma." in Masao Miyoshi and H. D. Harootunian (eds.). *Postmodernism and Japan*. Durham: Duke University Press.

Wendt, Alexander E. 1987. "The Agent-Structure Problem In International Relations Theory." *International Organization*, Vol. 41, No. 3.

──────. 1994. "Collective Identity Formation and the International State." *American Political Science Review*, Vol. 88, No. 2.

Yongkoo, Kim. 2001. *The Five Year's Crisis, 1866-1871: Korea in the Maelstrom of Western Imperialism*. Incheon: Circle.

吉野作造. 1995. 「我國近代史に於ける政治意識の發生」. 『吉野作造選集』 11. 東京: 岩波書店.

植手通有. 1971. 「對外觀の轉回」. 『近代日本政治思想史』. 東京: 有斐閣.

尾佐竹猛. 1932. 『近世日本の國際觀念の發達』. 東京: 共立社.

坂本多加雄. 1994. 「萬國公法と文明世界」. 『日本は自らの来歴を語りうるか』. 東京: 筑摩書房.

田中彰. 1984. 『脱亜の明治維新: 岩倉具視を追う旅から』. 東京: ＮＨＫブックス.

萩原延壽. 2001. 『遠い崖: アーネスト・サトウ日記抄, 14巻＝離日』. 東京: 岩波書店.

福澤諭吉. 1970. 「通俗國權論」. 慶應義塾 編. 『福澤諭吉全集』 4巻. 東京: 岩波書店.

──────. 1995. 『文明論之概略』. 東京: 岩波文庫.

丸山眞男. 1992. 「近代日本思想史における國家理性の問題」. 『忠誠と反逆』. 東京: 筑摩書房.

丸山眞男・加藤周一. 1998. 『翻譯と日本の近代』. 東京: 岩波書店.

색인

· 서명